숫자의 진짜 의미를 읽어내는
재무제표 분석법
Financial Intelligence

Financial Intelligence, Revised Edition
by Karen Berman, Joseph Knight and John Case

Original work copyright © 2013 Business Literacy Institute, Inc.
All rights reserved.
This Korean edition was published by IreMedia Co., Ltd. in 2015 by arrangement with
Harvard Business Review Press through KCC(Korea Copyright Center Inc.), Seoul.

이 책은 (주)한국저작권센터(KCC)를 통한 저작권자와의 독점계약으로 ㈜이레미디어에서 출간되었습니다.
저작권법에 의해 한국 내에서 보호를 받는 저작물이므로 무단전재와 복제를 금합니다.

Financial Intelligence

숫자의 진짜 의미를 읽어내는

재무제표 분석법

아마존 베스트셀러

캐런 버먼, 조 나이트 지음 | 이민주 옮김

이레미디어

이 책을 나의 남편, 딸,
그리고 가족과 친구들에게 바친다
- 캐런 버먼 -

이 책을 나의 부인 도니엘,
그리고 일곱 자녀인 야콥, 조단, 제웰, 제시카, 제임스, 요나,
그리고 요셉 크리스찬에게 바친다
- 조 나이트 -

| 차례 |

Part 1

숫자가 알려주는
진정한 의미에 대해

Part 2

손익계산서의 특징

Part 3

재무상태표는
가장 많은 것을 보여준다

Part 4

현금은 왕이다

Part 5

비율, 숫자가
진짜 말해주는 것 학습하기

Part 6

투하자본이익률에
주목하라

Part 7

재무제표를 한걸음 더 깊이
들여다본다는 것

Part 8

재무적으로
현명한 기업이란 무엇인가

왜 우리에게 재무제표 지식이 필요한가?

나는 하루를 매우 바쁘게 보내고 있다. 그럼에도 굳이 이 책의 번역을 맡기로 한 이유가 있다. 이 책은 내가 경영을 맡고 있는 버핏연구소가 수행하고 있는 비즈니스의 '미국판 버전'이기 때문이다.

이 책의 공동 저자인 캐런 버먼(Karen Berman) 박사는 비즈니스 능력 인스티튜트(BLI ; Business Literacy Institute)라는 기업의 오너이자 최고경영자이다. 이 회사는 우리나라에서는 다소 생소하지만 미국에서는 주요 기업의 임직원들에게 재무회계 지식을 제공하는 것으로 잘 알려져 있다. BLI의 임직원들이 직접 강의를 하기도 하고, 재무지능지수(IQ) 테스트를 수행하기도 하고, 머니맵(Money map)이라는 온라인 비주얼 재무 서비스를 제공하기도 한다.

미국 기업의 임직원들은 비즈니스 능력 인스티튜트가 제공하는 재무회계 지식을 습득하고 나면 자신이 일하는 회사의 현황을 보다 명확하게 이해하게 되고, 회사의 비전과 목표를 수행하기 위해 협력하는 것으로 조사되고 있다. 이 회사의 홈페이지에 들어가보니 개별기업의 특성에 맞는 특화된 교육을 제공하는 것이 강점으로 보였다.

그렇다면 한국의 경우는 어떠한가? 우리나라 기업은 임직원들에게 재무회계 지식을 적극적으로 제공하는 것의 장점에 이제 막 눈을 뜨기 시작하는 단계이다. 그간 국내기업들은 임직원들에게 재무회계 지식을 전하는 것에 적극적이지 않았다. 기업의 경영현황을 임직원들과 공유하자면 먼저 회사의 경영투명성이 확보돼야 하기 때문이다. 이러한 점이 그동안 기업들이 임직원들에게 재무회계 지식을 제공하는 것을 주저하게 만들었다. 그렇지만 그 효과가 하나둘씩 증명되면서 이제는 적지 않은 기업들이 임직원들에게 재무회계 지식을 폭넓게 제공하고 있다.

나는 기업을 대상으로 재무회계 교육을 실시하면서 임직원들이 재무회계 지식을 통해 비전을 공유할 경우 기업의 경쟁력이 얼마나 업그레이드되는지 목격해왔다. 임직원을 움직이게 만드는 것은 추상적인 구호가 아니라 구체적인 숫자이다. 이 구체적인 숫자는 임직원들에게 자신들이 몸담고 있는 기업의 현황을 피부로 느끼게 해주고 각성시킨다.

이 책은 재무회계 초보자에게는 다소 버거울 수 있다. 모든 재무회계 서적이 갖고 있는 근본적인 딜레마이다. 솔직히 번역도 쉽지 않았다. 그렇지만 이 책을 정독하고 나서 얻어지는 소득은 당신의 직장생활과 인생을 풍요롭게 해줄 것이다. 내가 쓴《워렌 버핏처럼 재무제표 읽는 법》과 이 책과 병행한다면 어려움이 없을 것으로 본다.

자본주의 세상을 살아가는 한, 당신은 기업을 피할 수 없다. 직장에 다닌다고 할 때의 직장이란 바로 '기업'을 말하고, 창업이란 '기업'을 새로

일으켜 세우는 것을 말하고, 배우자와 결혼하는 것은 배우자가 다니는 '직장(기업)'을 기반으로 생계를 유지하는 것을 의미하기 때문이다. 그 기업을 이해하는 방법은 바로 재무제표를 읽는 것이다.

이 책 한 권이 독자의 인생을 풍요롭게 할 수 있을까? 감히 그렇게 되기를 바라는 작은 소망을 품어본다.

2015년 12월,

버핏연구소장 이민주

기업의 언어에 귀를 기울여라

직장에 근무하면 재무부서가 아니더라도 회계지식이 필요한 경우가 생각보다 많다. '회계는 나와 상관없어'라는 생각이 착각이었음을 깨닫는 데는 그리 오래 걸리지 않는다. '영업부서는 영업만 잘하면 되지'라고 생각할 수 있다. 하지만 외상거래가 기본인 만큼 거래처의 신용이 매우 중요한데, 거래할만한 사업 파트너인가를 판단할 때 재무제표가 중요한 역할을 한다. 거래처에 외상을 주고 나중에 돈을 받으려면, 거래처가 돈을 가지고 있거나 돈을 잘 벌고 있다는 것을 확인해야 한다.

구매부서도 마찬가지다. 원재료를 안정적으로 조달받기 위해서는 거래처가 탄탄해야 한다. 거래처가 매달 초에 트럭 1대에 원재료를 가득 싣고 오기로 약속했는데, 부도가 나버리면 원재료 조달에 차질이 생긴다. 그렇게 되면 제품을 못 만드니 실적도 악화되지만 무엇보다도 거래처나 고객과의 신뢰에 금이 간다. 이에 대한 손실은 돈으로 따질 수 없을 정도로 치명적이다.

회사의 자산을 구매하고 관리하는 총무부서도 다를 바 없다. 큰돈을 들여 장비에 투자하기에 앞서 이를 공급하는 업체에 대한 재무제표 분석은 필수적이다. 장비를 사오는 것만으로 끝나지 않기 때문이다. 장비를 들여놓은 후 A/S도 받아야 하고 업그레이드도 받아야 하는데, 판매처가 망해버리면 총무부서는 그에 대한 책임에서 자유로울 수 없다.

그 밖의 부서들도 마찬가지다. 결산을 담당하는 재무부서는 말할 것도 없거니와 신사업을 기획하거나 관리회계를 담당하는 부서에 근무한다면 재무지능은 강력한 무기가 된다. 간단하게 회사에서 발생하는 비용을 예로 들어보자. 현금지출이 수반되는 비용인지, 비현금성 비용인지, 고정비인지, 변동비인지, 원가성인지, 판매비인지에 따라 회사의 생산 및 판매 전략이 결정되고 나중에 올바른 경영성과도 측정할 수 있다. 발생한 수익과 비용은 회계기준에 따라 재무제표에 표시되지만, 이를 관리하고 전략을 짜는 부서는 그렇지 않다. 비용 하나를 어떻게 판단하느냐에 따라 생산 및 판매 대안이 바뀔 수 있다. 그래서 원가관리회계는 '회계의 꽃'이라고 불린다.

벌써부터 머리가 아파오는가? 회계는 머리 아프고 복잡한 것이라고 알려져 있지만, 곰곰이 생각해보면 회계에는 사칙연산만 필요하고, 계정과목이라는 것도 결국 한 글자 한 글자 뜯어보면 이해가 가능하다. 또한 누구나 사회생활을 하면서 돈 계산에 합리적이고 정확한 판단을 하는 습관이 있기 때문에 막상 마음을 잡고 회계를 배우기 시작하면 거부감이 덜한 편이다.

공부는 효율적으로 하는 게 좋다. 비(非) 재무부서 근무자가 회계 실무자나 수험생이 보는 두꺼운 책으로 공부할 수는 없는 노릇이다. 업무와 관련해서 들여다봐야 할 책도 많은데 회계책까지 봐야 하다니, 조직에 몸 담고 있는 직장인들의 삶은 고달프다.

그런 의미에서 《숫자의 진짜 의미를 읽어내는 재무제표 분석법》은 이런 고민에서 출발한 책이라고 말해도 과언이 아니다. 저자들 또한 본문에서 "이 책은 조직에 있는 사람들을 위해 쓰여졌다"라고 말한다. 군이 학문으로 표현하자면 이 책은 회계학, 원가관리회계, 재무관리에 나오는 개념과 내용들이 기본적인 조직업무에 필요한 만큼 들어가 있다. 물론 더 전문적인 업무를 하거나 지적 호기심이 강하다면 나중에 상세하게 내용을 다루는 책을 접하면 더 좋겠지만, 그 전에 최소한 이 책을 한 번만이라도 읽게 된다면 재무지능과 재무 관련 마인드 형성에 큰 도움이 될 것이다. 또한 재무제표가 무슨 얘기를 하는지 귀를 기울일 수 있게 될 것이다.

회계는 기업의 언어라고 한다. 숫자로만 표시된 재무제표가 어떻게 언어일 수 있냐고 되물을 수도 있겠지만, 재무제표는 과거와 현재의 기업 상황을 정확하게 알려준다. 회사의 상황이 괜찮은지, 상황이 악화되었다면 더 악화될 가능성이 있는지 계정과목과 금액을 통해 보여준다. 결국 업무 담당자의 역량에 따라 재무제표가 던지는 메시지를 읽어낼 수 있느냐가 판가름날 것이다.

이 책은 저자가 미국인인 관계로 미국 회계기준(US GAAP)과 미국 기업 사례가 실려 있다. 회계 마인드를 갖추고 재무지능을 쌓는데는 더 없이 좋은 책이다. 하지만 미국과 한국 간의 차이가 있기 때문에 이러한 점을 고려하면서 읽어야 할 것이다. 원가관리회계는 회계기준에 따라 발생되는 차이가 별로 없기 때문에 별 문제가 되지 않지만, 다른 기업의 재무제표를 분석하고 판단해야 하는 입장이라면 다르다. 우리나라는 비상장 기업은 일반기업회계기준을, 상장기업은 한국채택국제회계기준(K-IFRS)을 따르므로 관련 서적을 참고하거나 재무제표 사례를 많이 접하기 바란다. 책 본문에 나오는 사업보고서 양식과 주석사항은 국내기업과는 다르므로 책을 읽기에 앞서 이 점을 염두에 두기 바란다.

공인회계사 박동흠

《박 회계사의 재무제표 분석법》,《박 회계사처럼 공모주 투자하기》저자

재무지능이란 무엇인가?

우리는 전 세계 수많은 기업들의 종업원, 매니저, 리더와 일해왔고 이들에게 비즈니스의 재무적 측면을 가르쳤다. 우리의 철학은 간단하다. 회사의 모든 사람들이 재무적 성공이 어떻게 측정되는지를 이해하고, 그들이 회사의 성과에 어떻게 영향을 미치는지 이해한다면 더 잘할 수 있다는 것이다. 그런 것을 이해하는 용어를 '재무지능(Financial Intelligence)'이라고 부른다. 위대한 재무지능이란 사람들이 좀 더 헌신하고 참여하고 있다는 것을 느끼도록 돕는 것이라고 우리는 배웠다. 그들은 자신들이 조직의 일부이고, 그 조직이 성취하고자 하는 것이 무엇이고, 결과에 자신들이 어떤 영향을 미치는가를 잘 이해한다. 그래서 신뢰는 증가하고, 이직률은 감소하고, 재무적 결과는 개선된다.

이 책의 공동 저자인 우리(캐런과 조)는 각자 다른 경로를 통해 이 철학에 도달했다. 캐런은 학문적인 길을 걸었다. 그녀의 박사학위는 종업원과 매니저 입장에서의 정보공유와 재무적 이해가 기업의 재무적 성과에 긍정적인 영향을 미치는가에 집중돼 있다(실제로 종업원과 매니저의 정보공

17

유와 재무적 이해는 기업의 재무적 성과에 긍정적인 영향을 미친다). 캐런은 재무 관련 트레이너가 됐고 비즈니스 능력 인스티튜트(BLI ; Business Literacy Institute)를 설립했다. 이를 통해서 다른 사람들이 재무를 공부하도록 하는데 헌신했다.

조는 재무를 전공해 전공으로 MBA 학위를 받았지만 조직에서의 재무 훈련 관련 노하우는 실제 경험에서 얻은 것이다. 조는 포드자동차와 몇 개의 소기업에서 근무를 마친 후 스타트업 기업인 셋포인트 시스템스 & 셋포인트(Setpoint Systems and Setpoint Inc.)에 합류했다. 이 회사는 롤러 코스터와 공장자동화 설비를 생산한다. 조는 셋포인트사의 오너이자 최고재무책임자로서 엔지니어와 근로자들을 훈련시키는 것이 중요하다는 것을 깨달았다. 그는 2003년에 캐런의 비즈니스 능력 인스티튜트에 공동 오너로 합류했다. 그 이후 그는 수십 개의 회사와 일을 같이 했고, 기업의 재무지능이 활성화되도록 도왔다.

재무지능이란 무엇인가? 재무지능은 여러분이 태어날 때부터 갖고 있거나, 갖고 있지 않은 그런 선천적인 재능이 아니다. 물론 어떤 사람은 다른 사람보다 숫자를 더 잘 다룬다. 소수의 전설적인 사람들은 나머지 사람들이 따라잡을 수 없는 재무적 직관의 천재성을 가지고 있는 것도 사실이다. 그렇지만 그것은 이 책에서 다루고자 하는 내용이 아니다.

대부분의 비즈니스맨들에게 재무지능이란 학습될 수 있는 기술이다. 재무부서에 있는 사람들은 재무지능을 일찍 배우기 때문에 그리스어처럼 들리는 전문화된 언어로 서로 말할 수 있는 것이다. 대부분의 기업체 고위 임원들은 재무부서에서 시작했거나 아니면 최고의 자리로 오르는 동안에 재무기술을 습득했거나, 둘 중 하나다. 왜냐하면 재무부서의 사람들이 무슨 말을 하는지를 알지 못하면 기업을 경영하기가 매우 어렵기 때문이다. 반면에 재무부서에서 일하지 않는 매니저들은 상당히 운이 나쁜 것이다. 그들은 재무기술을 업무과정에서 전혀 습득하지 못하는데, 그래서 회사에서 핵심 보직을 맡지 못하고 소외되고 만다.

원칙적으로 재무지능은 네 가지의 독특한 기술로 구분할 수 있다. 독자 여러분이 이 책을 다 읽고 나면 네 가지 모두에 능숙하게 될 것이다.

1. 기초 이해하기 : 재무지능을 갖춘 매니저들은 금융을 측정하는 도구의 기본을 안다. 손익계산서, 재무상태표, 그리고 현금흐름표를 읽을 줄 안다. 또한 이익과 현금의 차이를 안다. 그들은 왜 재무상태표의 차변과 대변이 일치하는지 알고 있다. 숫자를 두려워하지도 않고 혼돈에 빠지지도 않는다.

2. 기술 이해하기 : 재무와 회계란 과학인 동시에 기술이다. 이 두 가지는 모든 것이 숫자화될 수 없음에도 불구하고 숫자로 표현하기 위해 노력해야만 하는 과목이다. 그래서 이 두 가지 과목은 규칙, 추정, 그리고 가정에 의존해야만 한다. 재무지능을 갖춘 매니저들은 재무에서 기술적 측면이 어느 지점에서 적용되는지 알며, 또한 기술적 측면을 다르게 적용할 경우 결론 또한 다르게 나올 수 있다는 것을 안다. 그들은 그들이 적용하려는 숫자에 대해 질문하고 도전할 준비가 되어 있다.

3. 분석 이해하기 : 일단 재무의 기술을 이해한다면 이 정보는 숫자를 깊이 분석하는데 사용할 수 있다. 재무적으로 똑똑한 매니저들은

투하자본수익률(ROI ; Return On Investment), 그리고 그 밖의 것에 위축되지 않는다. 그들은 이 분석을 그들의 결정을 알리는데 사용하고, 그렇게 함으로써 더 좋은 의사결정을 한다.

4. 큰 그림(Big picture) 이해하기 : 현재 재무를 가르치고 있고 모든 사람들이 비즈니스의 숫자적 측면을 알아야 한다고 생각하지만, 숫자들이 전체의 모든 것을 의미하지는 않으며, 그럴 수도 없다고 확신한다. 비즈니스의 재무적 결과는 텍스트 안에서 이해되어야 한다. 다시 말해 큰 그림의 프레임워크 내에서 이해돼야 한다. 예를 들면 경제, 경쟁구도, 규제, 소비자들의 욕구와 기대의 변화, 그리고 신기술 같은 모든 것들이 여러분이 숫자를 어떻게 이해하고 의사결정을 내리는지에 대해 영향을 미치는 것이다.

그러나 재무지능은 책을 학습하는 것에 그치는 것이 아니다. 많은 훈련과 기술처럼 재무지능은 학습돼야 할 뿐만 아니라 실제로 적용되고 실습돼야 한다. 우리는 실제적 측면에서 이 책이 여러분에게 다음과 같은 것들을 대비하게 할 수 있기를 희망하고 기대한다.

1. 언어를 말하라 : 재무는 비즈니스 언어다. 싫건 좋건 한 가지는 확실하다. 모든 조직에서 재무는 숫자로 되어 있으며, 숫자로 기록되고 분석되고 보고된다는 공통점이 있다는 것이다. 기업에서 재무언어를 중요하게 사용하고, 효과적으로 의견을 나눌 필요가 있다는 사실을 알아둬야 한다. 모든 언어가 그렇듯 처음부터 능통하게 사용할 것을 기대하지 마라. 너무 걱정하지 말고 조금씩 해봐라. 그렇게

20

하다 보면 확신이 들 것이다.

2. 질문하라 : 우리는 여러분이 재무제표를 보고 분석을 할 때 질문의 관점에서 보고, 분석하기를 원한다. 이것은 여러분이 보는 숫자가 반드시 오류가 있기 때문은 아니다. 단지 결정을 내릴 때 사용하는 숫자가 무엇이고, 왜 그렇고, 어떻게 사용해야 하는지가 매우 중요하기 때문이다. 각각의 회사마다 다르기 때문에 때때로 이 모든 변수들을 알아내는 방법은 질문을 던지는 것이다.

3. 업무에서 정보를 사용하라 : 여러분이 이 책을 읽고 나면 아주 많은 것을 알게 될 것이다. 그러니 정보를 사용하라! 현금흐름을 늘리는 데 사용하고, 향후 큰 프로젝트를 분석하는데 사용하고, 회사의 실적을 측정하는데 사용하라. 그렇게 되면 일은 더 재미있어질 것이고 여러분이 회사에 미치는 성과는 더 커질 것이다. 우리는 재무적 결과와 자신들의 직무 사이에 연관성을 파악할 수 있는 종업원과 매니저, 그리고 리더들이 늘어나기를 희망한다. 어느 순간 이들은 업무를 수행할 때마다 특별한 곳에서 아이디어를 얻는 것처럼 보일 것이다.

왜 두 번째 판이 나오게 되었는가?

재무에 관한 개념은 1년, 2년 혹은 수십 년 동안 변하지 않는다. 우리가 이 책의 첫 번째 판을 2006년에 출간했을 때의 기본개념과 아이디어는 지금의 두번째 판(Second edition)과 정확히 똑같다. 그럼에도 출간하는 합리적인 이유가 있다.

우선 금융에 관한 그림이 크게 변했다.《숫자의 진짜 의미를 읽어내는 재무제표 분석법》의 첫 번째 판이 나온 이후로 세상은 우리의 주제와 직접적으로 관련 있는 큰 위기를 경험했다. 갑자기 더 많은 사람들이 재무상태표, 시가회계(Mark-to-market accounting), 유동성 비율에 대해 말하기 시작했다. 금융위기는 회사 내부에서 논의되던 것들을 바꿨다. 회사가 재무적으로 어떻게 행동하는지, 평가를 하는 최선의 방법이 무엇인지, 매니저와 종업원들이 개인적으로 고려해야 할 재무이슈가 무엇인지를 바꿨다. 이러한 논의를 활성화하는 것을 돕기 위해 우리는 다음과 같은 새로운 주제를 본문에 넣었다.

- 일반적으로 인정된 회계원칙(GAAP)과 그것이 아닌 것들에 관한 내용을 다룬다. 오늘날 많은 회사들은 GAAP와 GAAP가 아닌 것을 동시에 사용하고 있다(GAAP는 무엇이고 GAAP가 아닌 것들이 무엇인지, 그리고 왜 이것들이 중요한지 4장에서 발견할 것이다).
- 어떻게 시장이 기업을 평가하는지 조사하는 내용을 다룬다(25장). 버블과 폭락 같은 금융위기는 기업의 재무적 성과를 이해하는 가장 효과적인 방법이 무언가에 관한 새로운 인사이트를 제공한다.
- 투하자본수익률(ROI)에 관한 많은 추가적인 정보를 다룬다. 수익성 지표에 관한 섹션, 자본비용(Cost of capital)에 관한 토론, 투하자본수익률 분석 케이스가 여기에 포함된다.

우리는 이 책의 첫 번째 판을 읽은 전 세계의 사람들로부터 피드백을 모았다. 수천 명으로부터 피드백을 받았고, 수업시간에 우리 교재를 사용한 고객으로부터 피드백을 받았다. 그 피드백 덕분에 몇 가지 새로운 개념을 얻었다. 공헌마진(Contribution margin), 환율이 수익성에 미치는 영향, 경제적 부가가치(EVA ; Economic Value Added)가 여기에 해당한다. 우리는 예약고(Bookings)와 수주잔고(Backlog), 이연수익(Deferred revenue), 순자산이익률(RONA ; Return On Net Asset)을 논의했다. 지금 이 책을 읽는 여러분에게 좀 더 많이 유용할 것이다.

우리는 여러분 회사에 재무지능을 어떻게 늘릴 것인가에 관한 추가적인 정보를 제공했다. 교육 훈련 비즈니스를 수행하면서 많은 회사들과 함께했으며, 이들 중 상당수는 포춘 500대 기업에 포함돼 있다. 이 기업들은 종업원, 매니저, 그리고 리더들을 교육하는데 이것이 필수적이라고 여기고 있다.

그래서 이 책은 재무지능이 발전하는데 도움이 될 것이다. 우리의 경험과 조언이 가치 있기를 바란다. 이 책을 읽는 독자가 개인적으로나 직업적으로나 더 큰 성취를 하기 바란다. 회사가 더 큰 성공을 할 수 있도록 도움이 되기 바란다. 무엇보다도 이 책을 읽고 나면 좀 더 동기부여가 될 것이고, 좀 더 흥미를 느끼게 될 것이고, 비즈니스의 새로운 측면을 이해하는데 흥미를 느끼게 될 것이다.

Part 1
숫자가 알려주는
진정한 의미에 대해

01
숫자를 100% 신뢰할 수 있는가?

뉴스를 꾸준히 본다면 사람들이 회사의 장부를 조작하는 놀라운 방법들이 있다는 사실을 알게 될 것이다. 이런 기업들은 놀라운 매출을 기록하고 비용을 숨긴다. 그들은 자신들의 소유물과 부채를 '부외장부(Off-balance sheet)'로 알려진 의문스러운 장소에 격리시킨다. 이 중 몇 가지는 기법이 매우 단순하다.

예를 들면 소프트웨어 회사가 연말에 고객들에게 비어 있는 상자를 보냄으로써 매출을 늘리는 것은 매우 단순한 기법이다(물론 고객은 이 박스를 되돌려주지만 다음 분기가 되고 나서야 되돌려준다). 다른 기법들은 이해하기가 불가능할 정도로 매우 복잡하다(에너지 기업 엔론을 기억하는가? 회계사와 검찰이 이 회사의 악의적인 거래를 찾아내는데 수년이 걸렸다). 거짓말쟁이와 절도범들이 이 지구상에 존재하는 한 그들은 틀림없이 사기와 횡령을 저지르는 새로운 방법을 찾아낼 것이다.

여러분은 또한 신비로운 재무의 세계를 알게 될 것이다. 기업은 자신들의 장부를 훨씬 더 좋아 보이게 하는 완벽하게 합법적인 방법을 알고 있다. 당연하지만 이러한 합법적인 방법들은 명백한 사기만큼 강력하지는 않다. 이러한 합법적인 방법은 파산한 회사를 오랫동안 수익성 있는 회사로 보이게 할 수는 없다. 그러나 놀랍게도 그렇게 할 수 있는 방법이 있다. 일회성 지출(One time charge)로 불리는 이 기법은 실적이 좋지 않은 한 분기의 재무상 결과로 넣어서 다음 분기를 좋게 보이게 해준다. 예를 들면 어떤 비용의 항목을 바꾸는 것만으로도 회사의 분기 순이익은 상당히 개선되며, 그 회사의 주가를 끌어올리게 해준다. 수년 전 〈월스트리트 저널〉은 퇴직자의 연금급여를 줄임으로써 어떻게 결산결과를 좋아 보이게 하는지 대서특필하기도 했다. 실제로 이 회사는 연금급여를 한 푼도 줄이지 않았다.

재무 전문가가 아니라면 이러한 기법들이 미스터리하게 보일 것이다. 마케팅, 연구개발, 인력개발, 전략결정 등은 명백하게 주관적이며 데이터뿐만 아니라 경험과 판단에 의존하는 문제이다. 그렇지만 재무는 어떤가? 또 회계는 어떤가? 재무와 회계에서 생산되는 숫자는 객관적이다. 희거나 검거나 둘 중 하나이며 논쟁의 여지가 없다. 회사는 파는 것을 파는 것이고, 소비하는 것을 소비하는 것이고, 수익화한 것은 수익화한 것이다. 심지어 분식회계에 관한 한, 회사가 빈 박스를 선적하지 않는 한, 어떻게 이 회사의 임원진은 실제와 다르게 할 수 있다는 말인가? 그리고 사기를 치지 않는 한, 어떻게 손쉽게 결과를 조작할 수 있다는 말인가?

재무의 기술

　회계와 재무란 사실은 다른 비즈니스 과목들과 마찬가지로 과학이자 기술이다. 이것을 최고경영자나 최고재무책임자의 숨겨진 비밀이라고 생각할 수 있겠으나 실은 비밀이 아니다. 재무에 종사하는 모든 사람들이 인정하고 있는 사실이다. 문제는 나머지 사람들이 그것을 잊는 경향이 있다는 것이다. 우리는 경영진에게 보고되는 재무제표나 재무부서의 보고서에 나타나는 숫자가 현실의 정확한 반영체여야만 한다고 믿는다.

　심지어 숫자를 담당하는 사람들조차 모든 것을 다 알지 못한다면, 숫자가 현실을 그대로 반영한다는 것은 진실이라고 할 수 없다. 그들은 회사의 모든 사람들이 날마다 하는 것을 정확히 알지 못하며, 그렇기 때문에 원가를 어떻게 배분해야 하는지 정확히 알지 못한다. 회사의 장비가 정확히 얼마나 사용되었을지 알지 못하기 때문에 어떤 특정 연도에 원가의 얼마를 기록해야 되는지 모른다. 회계와 재무의 기술이란 제한된 데이터를 사용하는 기술이며, 제한된 데이터란 회사가 회사의 업(業)을 얼마나 잘 실제로 수행하는가에 관한 것이다. 회계와 재무란 '현실'이 아니라 '현실의 반영'이다. 또한 회계와 재무의 정확성이라는 건 회계재무가 얼마나 합리적인 가정을 하고, 얼마나 합리적인 추정을 계산해낼 수 있는가에 달려 있다.

　이것은 어려운 일이다. 회계사와 재무 전문가는 때로는 쉽게 수치로 만들 수 없는 것을 수치로 만들어야 한다. 합리적으로 가정하는 것은 어려운 일이다. 때때로 어려운 판단을 해야 한다. 내가 이렇게 말했다고 해서, 회계사와 재무 전문가들이 장부를 조작하려 한다거나 무능하다는 것을 의미하는 것은 아니다. 문제가 복잡해지는 이유는 그들이 하루 종일 비즈니스의 숫자적 측면에 관련된 것들에 대해 교육받은 추정을 해야만 하기 때문이다.

가정과 추정에 관한 결과는 전형적으로 숫자에 관한 바이어스(Bias)를 발생시킨다. 바이어스, 즉 편향이 발생한다는 것이다. 내가 편향이란 말을 사용했다고 해서 우리가 어떤 사람의 정직성을 의심한다고 생각하지 않기 바란다(우리 중 일부는 회계사이며, 이 책의 공동 저자인 조는 명함에 최고재무책임자 직함을 달고 다닌다). 재무적 결과에서 편향은 숫자가 그것을 해석하고 조합하는 사람들의 배경과 경험에 의해 어느 특정 방향으로 왜곡되는 것을 말한다. 그것은 회계사와 금융 전문가들이 보고서를 조합할 때 어떤 특정 가정과 추정을 사용하는 것을 말한다. 편향을 이해하고, 필요할 경우 정정하고, 또한 자신의 것으로 사용하도록 하는 것, 이것이 이 책의 목적이다. 그것을 이해하기 위해서 어떤 질문을 해야 하는가를 알아야 한다. 여러분이 정보로 무장하고 있다면, 충분히 사려 깊은 의사결정을 할 수 있을 것이다.

 박스 정의

우리는 재무를 가능한 쉽게 설명하고 싶다. 대부분의 재무 서적들이 독자들을 혼란스럽게 하는 이유는 독자들이 단어를 알고자 할 경우, 그 단어가 있는 페이지와 부록을 왔다 갔다 하도록 만들기 때문이다. 이렇게 왔다 갔다 하는 동안 생각은 혼란스러워진다. 그래서 필요한 용어를 그 페이지 하단이나 그 근처에 설명해놓을 것이다.

판단의 문제

빈번하게 추정되는 변수를 생각해보자. 언뜻 생각하기에 전혀 추정될 필요가 없는 변수일 것이다. 수익 혹은 매출액이란 특정 기간에 회사가 고객에게 판매한 가치를 말한다. 보통 그렇게 하는 것을 매우 결정하기 쉬운 것으로 생각한다. 그렇지만 문제는 수익을 언제 기록할 것인가이다 (회계사들은 "인식되다recognized"라고 말하기를 좋아한다). 여기에 몇 가지 가능성이 있다.

- 계약이 체결되었을 때
- 제품이나 서비스가 인도되었을 때
- 송장이 발송되었을 때
- 청구서가 지불됐을 때

만약 여러분이 "제품이나 서비스가 인도되었을 때"라고 말한다면 그것은 옳다. 7장에서 보게 되겠지만 앞서 얘기한 것은 손익계산서에서 매출액이 결정되는 기본원칙이다. 하지만 이 기준은 단순하지 않다. 매출액을 이렇게 정의하려면 몇 가지 가정이 필요하다. 사실 "매출액이 매출

 손익계산서Income statement

손익계산서는 월간, 분기별, 혹은 연간 같은 특정 시기의 매출액, 비용, 이익을 보여준다. 손익계산서란 용어 앞에 '통합(Consolidated)'이란 단어가 붙어 있을 때도 손익계산서일 뿐이다. 손익계산서의 맨 하단에 나오는 것이 순이익(net profit, net income, net earnings)이다.

액이 되는 것은 언제인가?"라는 질문은 분식회계에서 핫이슈이다. 2007년 딜로이트 분식회계센터 발표에 따르면, 2000~2006년 미국 증권거래위원회(SEC ; Securities And Exchange Commission)의 분식회계 조사에서 41%가 수익 인식에 관련된 것이었다.

예를 들어 어떤 회사가 고객에게 모든 것을 하나의 금융 패키지로 묶어 제공하는, 유지보수 계약서가 딸린 복사기를 판매한다고 가정해보자. 복사기는 10월에 인도되었는데 유지보수 계약기간은 그로부터 12개월이라고 해보자. 그렇다면 최초 매입가격에서 얼마의 금액이 10월 장부에 기재되어야 하겠는가? 결국 이 회사는 그 해에 책임져야 할 모든 서비스를 아직 다 제공하지 않은 셈이다. 물론 회계사는 그러한 서비스의 가치를 산정해서 그에 따른 수익을 조정할 수 있다. 하지만 이는 아주 중요한 판단을 요구한다.

이러한 예는 단지 가설이 아니다. 제록스의 경우를 보면, 1997~2000년에 수익 인식 기준을 대규모로 위반해, 60억 달러에 이르는 엄청난 규모의 금액을 부적절하게 인식한 사실이 나중에 드러났다. 이 사건의 쟁점은 무엇인가? 제록스는 서비스 및 유지보수를 포함해 4년 임대 계약을 조건으로 장비를 판매했다. 그렇다면 판매가격에서 장비 가격은 얼마이고 후속 서비스 비용은 얼마였겠는가? 회사의 이익감소가 주가폭락으로 이어질 것을 염려하여, 당시 제록스 경영진은 관련 이익과 더불어 예상 수익 비율이 지속적으로 증가하는 것으로 장부에 미리 기록하기로 결정했다. 얼마 지나지 않아, 이 계약에 따른 거의 모든 수익이 판매시점에서 인식되고 있었다.

제록스는 우왕좌왕했고, 사업실패를 감추기 위해 회계장부를 조작하려는 시도를 했다. 바로 여기에 요점이 있다. 명백한 장부조작 외에도, 숫자들을 이렇게도 보이고 저렇게도 보이도록 조작할 여지가 많다는 것이다.

두 번째 재무적 기술의 케이스, 이 케이스는 금융 스캔들에서 매우 빈번하게 등장을 한다. 주어진 원가(Cost)를 자본적 지출(Capital expen-diture), 혹은 영업비용(Operating expenses) 가운데 무엇으로 결정할 것인가 하는 것이다(딜로이트의 조사에 따르면 2000~2006년에 발생한 이 이슈가 금융사기 사례에서 11%를 차지하고 있다). 우리는 상세한 내용을 나중에 상세히 다룰 것이다. 지금 당장 알아둘 필요가 있는 것은 영업비용은 순이익을 즉각적으로 감소시키고, 자본적 지출은 비용을 여러 해 동안 나누게 해준다는 사실이다.

여러분은 다음과 같은 유혹에 빠질 수도 있다. "우리가 만약 모든 사무용품을 매입하고 이것들을 자본적 지출이라고 부른다면, 이익을 늘릴 수 있지 않은가?" 이것이 바로 월드컴(2002년에 파산한 거대 통신 회사)을 문제에 빠뜨렸던 생각이다(파트 3의 툴박스를 자세히 보기 바란다). 그러한 유혹에 빠지지 않으려면 회계 전문가와 개별 회사들은 무엇을 어디에 분류하는지에 대한 규칙이 있어야 한다. 그렇지만 이 규칙은 개인적 판단과 사고에 따라 바뀔 수 있다. 다시 말하지만 이러한 판단은 회사의 이익에 영향을 미칠 수 있으며, 더 나아가 주가에 극적으로 영향을 미치게 된다.

 영업비용Operating Expenses

영업비용은 기업이 일상업무를 유지하기 위해 요구하는 원가이다. 여기에는 급여, 수당, 보험료 등이 포함된다. 영업비용은 손익계산서에 나타나며 매출액에서 차감돼 이익을 결정한다.

우리가 이 책을 쓰는 첫 번째 이유는 투자자가 아니라 회사의 임직원들을 위해서다. 그렇다면 독자들은 왜 이런 것들에 관심을 가져야만 하는가? 그것은 당연한 것이지만 의사결정을 하는데 숫자를 사용하기 때문이다. 여러분은 스스로 예산, 자본적 지출, 직원채용, 그리고 여러 가지 수십 개의 다른 사항에 대해 판단을 내려야 한다(혹은 여러분의 상사가 이런 일을 한다). 이러한 의사결정은 회사 혹은 독자들이 근무하는 업무부서의 재정적 상황에 근거한다. 만약에 숫자의 밑바닥에 깔려 있는 가정과 추정을 모른다면, 그리고 그러한 가정과 추정이 숫자에 변화를 초래한다는 것을 모른다면, 그 결정은 결함이 있는 것이다. 재무지능이란 논쟁의 여지가 없고 근거가 '단단한' 숫자는 무엇이고, 고도의 판단을 요구하는 '연약한' 숫자는 무엇인지를 알아내는 것이다. 게다가 회사 외부의 투자가들, 은행 관계자들, 영업망 담당자들, 고객들은 여러분 회사의 숫자를 의사결정의 근거로 사용할 것이다. 만약에 재무제표에 대한 이해가 부족하고 그 재무제표가 왜 그렇게 보이는지 모른다면, 여러분은 그들이 스스로 이해해주기를 바라는 셈이다.

 자본적 지출 Capital expenditure

자본적 지출이란 컴퓨터 시스템과 장비 같은 장기적 투자로 여겨지는 아이템을 구입하는 것을 말한다. 대부분의 회사들은 일정 금액 이상인 것은 자본적 지출로 분류하고, 일정 금액 미만인 것은 영업비용으로 한다는 규칙을 갖고 있다. 영업비용은 손익계산서에 나타나며 이익을 감소시킨다. 자본적 지출은 재무상태표에 나타나며 오직 자본적 지출의 일부를 감가상각할 때만 손익계산서에 나타난다. 더 자세한 사항은 5장과 11장에 있다.

02
가정, 추정, 그리고 편향 잡아내기

이제부터 재무지능에 대해 조금 더 깊이 들어가보자. 그리고 재무의 '기술적' 측면을 이해해보자. 비록 이 책을 읽는 독자들에게는 초반부에 불과하더라도 나중에 알게 될 개념과 실제에 관한 매우 귀중한 관점을 줄 것이다. 우리는 세 가지 케이스를 들여다보고 몇 가지 단순한, 그렇지만 매우 중요한 질문을 할 것이다

- 숫자 안에 있는 가정(Assumption)들은 무엇인가?
- 숫자들에는 어떤 추정(Estimation)이 있는가?
- 그러한 가정과 추정이 가져올 편향(Bias)은 무엇인가?
- 이것들의 함축적 의미는 무엇인가?

우리가 들여다볼 케이스는 발생액(Accruals), 감가상각(Depreciation),

가치평가(Valuation)이다. 만약에 이런 단어들이 재무 전문가들이 사용하는 이상한 언어의 일부로 들린다면 걱정하지 마라. 이것들을 얼마나 빨리 이해할 수 있는지 안다면 놀랄 것이다.

발생액과 할당, 수많은 가정과 추정들

매달 특정 시기마다 회사의 지휘부가 장부를 마감하느라 몹시 바쁘다는 것을 알 것이다. 바로 이 지점에서 재무 수수께끼가 있는 것이다. 도대체 그런 일들은 왜 그렇게 시간이 걸리는가? 만약 여러분이 재무부서에서 일해본 적이 없다면 하루 정도면 장부마감이 끝날 것이라 생각할 것이다. 하지만 실제로는 2주 혹은 3주일이 걸린다. 왜 그럴까?

시간이 많이 걸리는 이유는 발생액(Accruals)과 할당(Allocations)을 계산하느라 그런 것이다. 지금 당장은 더 알 필요는 없다. 자세한 사항은 11장과 12장에 언급해놓았다. 당분간은 이 페이지 하단에 있는 용어정리를 읽어 보고, 회계사들은 그달 업무의 정확한 그림을 만들어내기 위해 발생액과 할당을 사용한다는 사실을 주목하라. 만약 재무보고가 지난달에 팔았던 제품과 서비스를 생산하는데 얼마의 원가가 소요됐는지 우리에게

 발생액Accruals

발생액은 특정 기간에 기록되는 매출액 혹은 비용 아이템의 일부이다. 예를 들어 제품개발원가는 몇 개의 회계기간에 걸쳐 퍼져 있게 된다. 그래서 전체 원가의 일부는 각각의 달(Month)에 '발생돼' 있을 것이다. 발생액의 목적은 가능한 정확하게 특정 시기의 원가를 매출액에 일치시키기 위한 것이다.

말해주지 않는다면, 어느 누구에게도 도움이 되지 않는다.

발생액과 할당을 결정하는 때 거의 언제나 가정과 추정이 동반된다. 급여를 예로 들어보자. 여러분이 6월에 새 제품라인에서 일을 했는데, 그 라인이 7월에 도입되었다고 해보자. 그러면 할당을 결정해야 하는 회계사는 추정을 해야 하는데, 여러분의 급여 중 얼마를 제품비용에 일치시켜야 하는지를 결정해야만 한다(왜냐하면 최초의 제품에 여러분의 많은 시간을 썼기 때문이다). 그리고 개발원가에 얼마나 많은 금액을 부여할 것인가도 결정해야 한다(왜냐하면 그 제품개발에도 참여했기 때문이다). 또한 회계사는 6월의 얼마를 7월로 이연해야 되는지를 결정해야 한다. 이러한 질문에 대해 회계사가 어떻게 답하느냐에 따라 손익계산서의 모습을 극적으로 변경시킬 수 있다. 제품원가는 매출원가에 들어간다. 만약 제품원가가 상승하면 매출총이익은 감소한다. 매출총이익은 제품의 수익성을 측정하는 주요 지표이다. 그러나 개발원가는 연구개발비(R&D ; Research and Development cost)에 들어간다. 연구개발비는 손익계산서의 영업비용에 들어가며 매출총이익에는 전혀 영향을 미치지 않는다.

또 예를 들어 회계사가 당신의 급여를 7월 제품원가가 아니라 6월 개발원가로 전부 결정했다고 해보자. 이것은 노동은 제품제조와는 직접 관련이 없으며, 제품원가로 분류되지 않아야 한다고 가정하는 것이다. 그렇지만 이 가정에는 두 가지 오류가 있다.

할당Allocations

할당이란 기업 내부에서 원가를 다른 부서나 활동에 배분하는 것을 말한다. 예를 들어 최고경영자의 급여에 해당하는 경비(Overhead cost)는 기업의 영업부서에 할당된다.

- **첫 번째 오류** : 개발원가가 그렇지 않았을 경우보다 크다는 것이다. 이 원가를 분석하는 해당 기업의 임원진은 제품개발이 너무 비싸므로 나중에 다시는 제품개발을 하지 않겠다고 결정할 수도 있다. 만약 그러한 일이 발생한다면 회사는 제품개발을 덜하게 되고, 그리하여 회사의 미래를 위험에 빠뜨릴 수도 있는 것이다.
- **두 번째 오류** : 제품원가가 그렇지 않았을 경우보다 적다는 것이다. 이는 차례로 제품가격 결정과 직원고용 같은 중요한 의사결정에 영향을 미칠 것이다. 아마도 수익성 높은 제품처럼 보이는 것들을 생산하기 위해(해당 수익이 의심스러운 가정을 반영하고 있음에도 불구하고) 더 많은 사람들을 채용하게 될 것이다.

물론 대부분 기업의 개별 직원들 급여는 별 차이가 없다. 그렇지만 어떤 한 개인을 지배하는 가정(Assumption)은 그 부서 전체에 적용되는 경향이 있다. 워싱턴에서는 여기저기서 말해주는 급여가 얼마 지나지 않아 곧바로 자신의 실제 급여가 된다는 말이 있다. 어찌 되었든 이 사례는 우리가 앞서 질문했던 것에 대한 답변이다. 그렇다면 숫자에 있는 가정은 무엇인가?

여러분의 시간은 제품을 연구하는데 사용됐고, 7월 제품을 생산하는 것과는 크게 관계가 없다. 이 경우 추정은 무엇인가? 여러분의 급여는 연구원가와 생산원가 사이에 어떻게 분배되어야 하는가? 그렇다면 편향이란 무엇인가? 편향은 높은 개발원가, 그리고 낮은 제품원가이다. 이것들이 의미하는 바는 무엇인가? 개발원가를 너무 많이 걱정하면 제품가격은 낮을 것이다.

과연 누가 재무에서 신랄함과 미묘함이 없다고 말하는가? 회계사와 재무 전문가들은 회사의 성과에 관한 가장 정확한 그림을 만들기 위해 노력한다. 이 과정에서 그들이 알아낸 것은, 정확한 숫자는 절대 얻어낼 수 없다는 것이다.

감가상각에 관한 숙고

두 번째 사례는 감가상각의 사용이다. 감가상각의 개념은 복잡하지 않다. 예를 들어 어느 회사가 고가의 기계류나 운송장비를 몇 년에 걸쳐 사용할 것을 기대하고 이것들을 구입한다고 가정해보자. 그러면 회계사는 이러한 구입 건에 대해 다음과 같이 생각한다. 전체 원가를 한 달의 수입에서 빼기보다(그렇게 되면 그 회사나 업무부서는 그달에 적자를 기록할 것이다) 원가를 장비의 가용연도에 걸쳐 골고루 부여해야만 한다.

예를 들어 어느 기계의 가용기간이 3년이라고 하자. 우리는 그 원가를 1년에 3분의 1씩 기록해야 한다(이를 "감가상각한다"고 말한다). 다시 말해 단순 평균 감가상각법을 사용할 경우 해마다 원가를 3분의 1씩, 매달 36

감가상각비Depreciation

감가상각이란 장비와 다른 자산의 원가를 손익계산서에 나와 있는 제품과 서비스의 총원가에 할당하는 방법이다. 이는 발생액(Accruals)과 동일한 아이디어에 기반하고 있다. 우리는 제품과 서비스의 원가를 가능한 판매된 것과 일치시키고 싶어한다. 토지를 제외한 대부분의 투자는 감가상각된다. 회계사들은 지출된 원가를 해당 아이템의 사용연한에 배분하려 한다. 2~3장에 감가상각에 관한 더 자세한 내용이 있다.

분의 1씩이다. 그 방법이 기계가 매출액을 창출하는 소요비용에 더 일치한다(이는 나중에 5장에서 깊게 다룰 중요한 아이디어다).

이 이론은 완벽하게 상식적이다. 실제로 회계사들은 그 장비의 일부를 정확히 어떻게 감가상각할 것인지에 대해 많은 방법을 알고 있다. 그 판별법은 상당한 영향을 미칠 수 있다. 항공사를 예를 들어보자. 수년 전 항공사들은 비행기가 기대했던 것보다 더 오래 사용된다는 사실을 발견했다. 항공업계 회계사들은 감가상각 스케줄을 장기간으로 책정했다. 그 결과 회계사들은 매출액에서 매달 감가상각을 적게 했다. 그래서 무슨 일이 일어났는지 짐작하겠는가? 항공사의 이익은 급증했고, 항공사들은 예전보다 비행기를 빠르게 매입할 필요가 없다는 사실을 반영했다. 그러나 다음과 같은 사실에 주목해야 한다. 회계사들은 비행기가 얼마나 오랫동안 사용될 수 있는지 가정했어야만 했다. 그 판단에 근거해 이익의 숫자 편향은 급증한 것이다. 또한 모든 내포적 의미가 흔들렸다. 투자자들은 주식을 더 사기로 결정했고, 항공사 경영진은 더 많은 배당을 할 여유가 있다고 생각했다.

가치평가의 다양한 방법들

재무의 기술 마지막 케이스는 기업의 가치평가와 관련돼 있다. 다시 말해 기업의 값어치가 얼마인지를 계산하는 것이 바로 기업가치평가이다. 주식시장에서 거래되는 기업들은 주식에 의해 날마다 가치가 매겨진다. 그날의 주가가 어떻게 되었든 간에 주가에 발행주식수를 곱한 것이 그 기업의 값어치이다. 그 숫자를 우리는 시가총액(Market capitalization,

Market cap)이라고 부른다.

그렇지만 그 숫자가 반드시 어떤 특정한 상황에서의 그 회사 가치를 반영하는 것은 아니다. 예를 들어 기업인수(Takeover)를 시도하는 경쟁사는 해당 회사 주가에 프리미엄을 붙인 값을 치를 준비를 할 수 있다. 왜냐하면 타깃이 되는 회사는 경쟁사 입장에 보면 더 많은 값어치가 있기 때문이다. 물론 주식시장에서 거래되지 않는 수백만 개 회사들의 가치를 다 매길 수는 없다. 이러한 회사들이 사고팔릴 때 매입자나 매수자는 다른 가치평가법에 의존해야만 하다.

재무기술에 대해 이야기해보자. 이 기술의 상당 부분은 어떤 가치평가법을 선택하느냐에 달려 있다. 다른 가치평가법은 다른 결과를 가져온다. 각각의 가치평가법은 그 숫자에 서로 다른 편향이 끼어 있다는 것을 의미한다. 예를 들어 회사가 산업용 밸브를 생산하는 다른 기업을 인수하기 위해 검토한다고 가정해보자. 또한 인수대상은 그 회사가 하고 있는 비즈니스와 궁합이 잘 맞는다. 이것은 '전략적' 인수다. 그렇다면 회사는 얼마를 지불해야 할까?

물론 여러분은 그 회사의 순이익을 찾아볼 수 있을 것이다. 또한 주식시장으로 가서 그 회사와 유사한 회사를 찾아 시장가치가 얼마인지 알아볼 수도 있을 것이다(이런 것을 주가수익배수법Price-to-earnings method이라고 한다). 아니면 산업용 밸브 회사가 해마다 얼마의 현금을 창출하는지 찾아볼 것이다. 그 회사의 현금흐름을 산다고 생각할 수 있다. 그리고 그 미래의 현금흐름이 현재는 얼마인지를 계산할 수 있을 것이다(이것을 현금흐름할인법Discounted cash flow method이라고 한다). 아니면 간단하게 그 회사의 자산을 들여다 볼 수 있다. 공장, 장비 같은 재고자산 뿐만 아니라 그 회사의 명성과 고객리스트 같은 무형의 자산도 생각해볼 수 있다. 그러고 나서 이러한 자산들이 얼마의 가치가 있는지 추정한다(이것을 자산가치평가법Asset valuation method이라고 한다).

말할 필요도 없이 이러한 각각의 방법들은 수많은 가정과 추정을 담고 있다. 예를 들어서 주가수익배수법(Price-to-earnings method)은 주식시장은 어느 정도 합리적이며 그 가격은 정확하다고 가정하고 있다. 물론 주식시장은 전적으로 합리적이지 않다(만약 주식시장이 고평가돼 있다면 타깃으로 하는 회사의 값어치는 주식시장이 낮을 때 비해 더 높을 것이다). 게다가 '이익(earnings)' 수치라는 건 우리가 파트 2에서 보게 되겠지만 그 자체가 추정이다. 이 방법에 관련된 문제는 다음과 같다. 우리가 현금흐름을 계산할 때 이자율, 다시 말해 '할인율(Discount rate)'은 얼마인가? 우리가 얼마로 정하느냐에 따라 그 가격은 어마어마하게 변한다. 또한 자산가치평가법도 그 자체는 단지 각각의 자산이 얼마일까에 관한 추정에 불과하다.

이 같은 불확실성이 충분하지 않다면 20세기 말의 즐겁고, 격렬하고, 우리의 신경을 건드렸던 닷컴(.com)붐을 되돌아보라. 야망에 찬 인터넷 회사들은 밀려드는 열렬한 벤처 캐피탈에 의해 여기저기 마구 생겨났다. 보통 벤처 캐피탈 같은 투자자들은 투자할 때 그들의 돈이 얼마인지 알고 싶어한다. 어떤 회사가 이제 막 창업을 했다면 이 회사를 파악하기란 대단히 어렵다. 이 회사의 이익은 제로이다. 영업현금흐름은 어떠한가? 물론 이것도 제로이다. 자산은 어떠한가? 이것도 없는 것이나 마찬가지다. 보통의 경우 이것은 벤처 캐피탈이 초기 단계의 기업을 꺼리는 이유다. 그렇지만 닷컴붐 시기에 그들은 폭풍우에 계산을 내맡겼고, 비정상적이라고 불리는 방법에 의존했다. 투자가들은 인터넷 회사에 고용된 엔지니어의 숫자를 들여다보았고, 그 회사의 웹사이트 조회수를 계산했다(이는 벤처 캐피탈 담당자의 눈을 휘둥그레지게 만들었다). 내가 알고 지내는 어느 열정적인 젊은 CEO는 단순히 수많은 소프트웨어 엔지니어를 고용했다는 이유만으로 수백만 달러를 끌어모았다. 그리고 1년도 채 되지 않아 이 회사 사무실 입구에는 "팝니다(For lease)"라는 문구가 붙었다.

닷컴시대의 가치평가법은 지금 되돌아보면 어처구니가 없어 보인다. 비록 그 당시에는 그렇게 나쁘다고 생각하지 않았지만, 이 사례는 미래에 어떤 일이 벌어질지 우리가 얼마나 아는 게 없는지를 보여준다. 그렇지만 우리가 앞서 언급했던 나머지 방법들은 합리적이다. 문제는 각각의 방법이 다른 결과를 이끄는 편향이 있다는 것이다. 이것이 의미하는 바는 심오하다. 기업들은 이러한 가치평가법에 근거해서 매도되거나 매수된다. 기업들은 가치평가법에 근거해서 대출을 받는다. 만약 자신이 일하고 있는 회사의 주식을 가지고 있다면, 그 주식은 가치를 평가받고 있는 것이다. 그러므로 재무지능을 갖춰야만 한다. 그리고 그 지식에는 반드시 숫자들이 어떻게 계산되는지가 포함돼야 한다.

03
왜 재무지능을 늘려야 하는가?

지금까지 우리의 토론은 상당히 추상적이었다. 재무의 기술을 소개했고, 왜 재무의 기술이 재무지능에 필수요소인지를 이해하도록 설명했다. 자, 이제 우리가 서문에서 말했던 주제를 다시 생각해보자. 바로 재무지능의 혜택이다. 이 책을 읽는 독자들은 자신의 전문 분야에서 재무기술에 대한 약간의 토론이 있었기 때문에 이 책이 가르쳐주는 것을 깊게 이해할 수 있었고, 이 책이 무엇을 이야기하는지를 알 수 있다.

초보자는 이 책이 다른 재무서적과 다르다는 것을 알아둘 필요가 있다. 이 책은 기초적인 재무지식을 필요로 하지 않는다. 그렇다고 해서 완전 초보자를 위한 회계 수준은 아니다. 우리는 이 책에서 차변과 대변이라는 용어를 절대 쓰지 않을 것이다. 우리는 또한 총계정원장이나 시산표를 절대 언급하지 않을 것이다. 이 책은 재무지능에 관한 것이며, '숫자들이 진정으로 의미하는 것(Knowing What the Numbers Really Mean)'에 관한 것이다.

이 책은 회계사가 되려는 사람을 위해 쓰인 것이 아니라, 조직에 있는 사람들을 위해 쓰였다. 리더, 매니저, 직원처럼 재무적 관점에서 자신이 몸담고 있는 회사에서 어떤 일이 일어났는지를 알고 싶어하는 그런 조직의 사람들, 그리고 그 정보를 업무에 활용하고 보다 효과적으로 관리할 수 있는 사람들을 위한 것이다. 간단히 말해 이 책을 읽은 후 재무재료를 어떻게 해석할지 알게 될 것이고, 숫자에 있는 잠재적 편향을 어떻게 파악하는지 알게 될 것이고, 또 재무제표에 있는 정보를 업무에 어떻게 하면 효과적으로 사용할 수 있는지 알게 될 것이다. 지표를 어떻게 활용하는지 알게 될 것이며, 투하자본이익률과 운전자본경영을 배울 것이다. 이 두 개념은 의사결정을 향상시키고 조직에 미치는 영향을 향상시키는 개념이다.

만약에 이 책을 읽는 독자들이 재무지능을 향상시킨다면 수많은 사람들 중에서 돋보일 수 있을 것이다. 최근 우리는 전국적으로 조사를 했다. 표본은 미국에 있는 비 재무부서의 매니저였고, 이들에게 21개의 재무 관련 질문을 했다. 그 질문들은 재무담당 임원이나 신입 재무담당 직원은 누구나 알 수 있는 개념에 근거하고 있다. 안타깝게도 응답자들의 점수는 평균의 38%에 불과했다. 이 점수는 어떤 기준으로 보더라도 낙제 수준이다. 그들의 응답을 기준으로 판단하건대, 대다수는 이익(Profit)과 현금(Cash)을 구별할 줄 몰랐다. 또 많은 사람들이 손익계산서와 재무상태표를 구별하지 못했다. 70% 정도는 잉여현금흐름(Free Cash Flow)의 정확한 정의도 알지 못했다.

이 책을 끝낼 때쯤이면, 앞에서 나왔던 질문은 물론이고 그 이상도 알게 될 것이다. 그것이 바로 이 책을 읽는 당신이 여러 사람들 중 뛰어나다고 말한 이유이다.

재무지능의 혜택

재무지능의 향상이 단지 테스트에서 좋은 점수를 받는 것만을 의미하는 것은 아니다. 재무지능은 독자들에게 실질적인 혜택을 아주 많이 안겨 줄 것이다. 그 이점은 다음과 같다.

회사를 비판적으로 평가하는 능력이 커진다

이 책을 읽는 지금, 당신의 고용주가 급여를 지급할 수 있을 정도로 충분한 현금을 가지고 있다고 확신하는가? 현재 판매되고 있는 제품과 서비스가 실제로 얼마나 수익성이 있는지를 알고 있는가? 자본적 지출에 관한 제안을 말할 때 투하자본수익률, 다시 말해 ROI 분석은 정말 확실한 데이터인가?

재무지능을 늘린다면 방금 한 질문에 대해 보다 확실한 인사이트를 얻을 것이다. 만약 그렇지 않다면 AIG, 리먼 브라더스 혹은 워싱턴뮤츄얼 (Washington Mutual, 미국 최대 저축은행으로 2008년 세계 금융위기 여파로 JP모건 체이스가 인수)이 겪었던 것 같은 악몽을 겪을 것이다. 이들 기업은 외견상 재무재표의 실적은 양호했지만 알고 보니 분식회계를 했거나 이익을 부풀렸음이 밝혀졌다. 이러한 회사들에 근무했던 대부분의 사람들은 이러한 상황에 대해 전혀 낌새를 차리지 못했다.

예를 들어 자신이 1990년대 후반에 월드컴(나중에 MCI로 이름이 바뀌었다)이라는 거대 통신회사에 근무했다고 해보자. 월드컴의 전략은 인수를 통한 성장이었다. 문제는 이 회사가 인수에 필요한 충분한 현금을 창출하지 못하고 있었다는 것이다. 그래서 월드컴은 주식을 현금 대신 사용했고, 인수대상 기업에게 부분적으로 월드컴 주식을 지불했다. 이는 월드컴이 자사의 주가를 절대적으로 높게 유지해야만 한다는 것을 의미했다. 그렇지 않을 경우 인수는 너무 값비쌀 것이다. 회사의 주가를 높게 하기 위해서는 이익을 높게 유지해야 한다. 월드컴은 인수대금을 차입을 통해서 갚았다. 차입을 많이 하는 회사는 이익을 높게 유지해야만 한다. 그렇지 않으면 은행이 대출을 중단하기 때문이다. 이런 이유로 월드컴은 높은 이익을 보고해야 한다는 심각한 압력을 받았다.

결국 그것이 월드컴 분식회계의 원인이었다. 월드컴은 고의적으로 이익을 높였다. 월드컴은 비용을 과소계상하고, 영업원가를 자본적 지출로 계상하는 것을 포함한 아주 다양한 회계조작을 통해 이익을 부풀렸다. 경제 전문지 〈비즈니스 위크(Business Week)〉는 법무부의 기소장을 요약해 이것을 보도했다. 월드컴이 스스로가 주장한 것처럼 수익성이 있지 않

영업권 Goodwill

영업권은 어느 기업이 다른 기업을 인수할 때 역할을 한다. 영업권은 인수된 자산 (다시 말해 자사의 시장가치에서 추정부채를 차감한 금액)과 그 기업을 인수하기 위해 지급된 총액의 차이이다. 예를 들어 만약 어느 기업의 순자산(net asset)이 100만 달러이고 인수자가 300만 달러를 지불했다면, 영업권 200만 달러가 인수자의 재무상태표에 들어간다. 그 200만 달러는 인수자의 실물자산에 반영되지 않은 모든 자산을 반영한다. 이름이나 명성이 영업권에 포함된다.

다는 사실을 모두가 알게 되었을 때, 그 사상누각은 무너졌다. 월드컴의 현금창출 능력은 인수를 통한 성장전략과 보조를 맞추지 못했다. 대출과 주식을 통해서 잠시 동안은 생존할 수 있을 것이다. 하지만 영원히 생존할 수는 없는 법이다.

타이코 인터내셔널이라는 회사를 살펴보자. 한동안 타이코는 기업들을 인수하는 또 다른 거대 기업이었다. 2년 동안 600개의 기업을 인수했다. 다시 말해 하루에 1개 이상의 기업을 인수한 것이다. 이러한 인수 때문에 타이코 재무상태표의 영업권은 은행 담당자들이 신경을 곤두세울 정도로 증가했다. 은행가와 투자자는 재무상태표에 너무 많은 영업권이 있는 것을 보고 싶어하지 않는다. 그들은 자신들이 만질 수 있는(그리고 만일의 경우에 매각할 수 있는) 자산을 좋아한다. 그래서 타이코에 일부 회계적 불일치가 있다는 소문이 퍼지자 은행가들은 곧바로 타이코가 추가적으로 기업을 인수하는 것을 막았다. 오늘날 타이코는 인수에 집중하기보다 유기적인 성장과 영업에서의 우월성에 집중하고 있다. 현재의 재무적 그림은 이 회사의 전략과 일치한다.

금융적으로 뛰어난 모든 매니저가 AIG나 타이코의 의심스런 상황을 발견할 수 있다고 말하는 것은 아니다. 월스트리트의 수많은 똑똑한 사람

 재무상태표 Balance sheet

재무상태표는 특정 시점의 자산, 부채, 자본을 말한다. 다시 말해 재무상태표는 특정 날짜에 기업이 무엇을 소유하고 있고, 무엇을 빚지고 있고, 그것이 어느 정도의 값어치가 있는지를 보여준다. 재무상태표(Balance sheet)라는 용어는 자산총계가 부채총계와 자본총계의 합계액과 같다는 의미에서 유래했다. 재무적으로 똑똑한 매니저는 모든 재무제표가 결국에는 재무상태표로 흘러간다는 사실을 알고 있다. 우리는 이 모든 개념을 파트 3에서 설명할 것이다.

들조차도 속았다. 독자들이 좀 더 많은 지식을 알게 된다면 현재 근무하고 있는 회사의 트렌드를 파악하는 도구를 갖추게 될 것이고, 숫자들 이면에 있는 이야기를 더 잘 이해할 수 있게 된다. 모든 질문에 대한 해답을 갖고 있지 않더라도, 언제 어떤 질문을 던져야 하는지를 알고 있어야 한다. 회사의 성과와 향후 전망을 평가할 수 있는 것은 언제나 가치 있는 일일 것이다. 또한 기업이 어떻게 비즈니스를 수행하고 기업의 목표들을 어떻게 하면 가장 효과적으로 지원하는지를 배울 수 있을 것이다.

숫자에 있는 편향을 잘 이해하게 된다

우리는 많은 숫자들에 있는 편향에 대해 논의했다. 그렇지만 그래서 어쨌단 말인가? 편향을 이해한다는 건 도대체 어떤 유용성이 있는가?

매우 큰 유용성이 있다! 그것은 지금 근무하는 기업의 재무 및 회계 부서에서 제공하는 재무 데이터에서 발생하는 질문에 대해 지식과 확신을 줄 것이다. 이 지식과 확신이 바로 재무지능이다. 재무 및 회계부서에서 제공하는 재무 데이터의 밑바탕에 깔린 가정, 추정을 파악할 수 있을 것이다. 또한 여러분의 의사결정과 행동은 언제나 탄탄한 근거를 갖게 될 것이다.

예를 들어 여러분이 생산부서에 근무하고 있는데 몇 개의 새로운 장비를 구입하는 것을 제안했다고 하자. 그러면 상사는 그 구매가 왜 필요한지 자신에게 설명해주기를 원한다. 이는 그 기계에 대한 현금흐름분석과 운전자본 필요량을 포함한 재무 데이터를 파헤쳐야 한다는 것을 의미한다. 이 모든 숫자들이 놀랍게도 가정과 추정에 기반하고 있다. 그 숫자들이 무엇인지 안다면 합리적인지 아닌지를 조사할 수 있을 것이다. 만약 그렇지 않다면 가정을 변경하고, 추정을 조정하고, 현실적인 분석을 만들어내 그 분석이 당신이 제안한 의견을 지지하도록 할 수 있을 것이다.

또 다른 예를 들어보자. 이 책의 공동 저자인 조는, 똑똑한 엔지니어는 회사가 CAD/CAM 기기를 자신들에게 5,000달러에 사야 한다는 분석을 쉽게 만들어낼 수 있다고 말한다. 이 엔지니어는 새 컴퓨터의 특징과 처리 속도 때문에 하루에 1시간을 절약할 수 있다고 가정한다. 그는 하루에 1시간씩 절약한 것을 1년 동안의 시간으로 계산하고(매우 빠르게 계산했다!) 그 기기를 사는 것은 머리를 쓸 일이 없는 쉬운 결정임을 보여준다. 그런데 재무적으로 유능한 상사는 그 가정들을 보고 다른 상황을 제시할 수 있다. 예를 들어 그 엔지니어가 새 기계의 뛰어난 특징을 활용해 게임을 한다면 하루 근무시간당 1시간을 잃는 것이라고 말이다.

재무지식이 뛰어난 매니저가 용어의 내용을 쉽게 바꿈으로써 더 나은 의사결정을 만드는 것을 보면 정말 놀랍다. 조가 포드자동차에 근무했을 때 바로 그 교훈을 얻었다. 조와 다른 재무 담당자들이 선임 마케팅 디렉터에게 재무적 결과를 프리젠테이션했다. 그들이 좌석에 앉고 나서 디렉터가 그들을 똑바로 바라보더니 "이 재무 데이터를 보기 전에 어느 정도 시간이 걸리는지 알고 싶습니다"고 말했다. 처음에 조와 다른 사람들은 그가 무슨 말을 하는지를 바로 알지 못했다. 그때 불이 켜졌고 조가 대답했다. "2시간이 걸릴 겁니다." 디렉터가 말했다. "좋아요. 자 이제 얼마나 오랫동안 요리를 해야 되는지 알았으니 시작해보죠." 이때 나오는 숫자들에는 가정과 추정이 있고, 그 추정들에 대해 그가 질문을 해야 한다는 것을 알았다. 디렉터는 회의에서 주어진 숫자가 얼마나 근거가 있는지를 물었고, 재무 담당자들은 필요할 경우 어떤 근거에서 숫자가 나왔는지 편안하게 설명했다. 디렉터는 그렇게 숫자를 활용해 의사결정을 내렸다.

만약 그런 지식이 없었다면 어떤 일이 벌어질까? 간단하다. 회사의 회계 및 재무 담당자들이 결정을 통제하게 된다. 우리는 여기서 '통제'라는 단어를 사용했다. 왜냐하면 결정은 숫자들에 근거하고 있기 때문이다. 또한 그 숫자들이 회계사의 가정과 추정에 근거하고 있다면, 회계사와 재무 담당자들이 효과적인 통제권을 갖게 되는 것이기 때문이다(비록 회계사와 재무 담당자들이 통제하려고 하지 않더라도 그렇게 된다). 이게 바로 무엇을 질문해야 하는지 알아야 하는 이유인 것이다.

결정 및 분석을 위한 숫자와 재무도구 활용능력이 길러진다

프로젝트에서 투하자본수익률이란 무엇인가? 회사가 수익성이 높을 때도 돈을 낭비할 수 없는 이유는 무엇인가? 회계부서가 아님에도 외상매출금에 집중해야만 하는 이유는 무엇인가? 날마다 이런저런 질문들을 스스로에게 한다(혹은 어떤 사람이 그런 질문을 하고 자신은 이런 질문에 답을 안다고 가정한다). 의사결정을 하기 위해, 부하들에게 업무를 지시하기 위해, 회사 혹은 부서의 미래에 대한 계획을 수립하기 위해 재무지식을 활용하기를 기대한다. 우리는 어떻게 그렇게 하는지를 보여줄 것이고, 그리고 결과와 무슨 관련이 있는지를 논의할 것이다. 이 과정에서 재무적 전문용어는 가능한 적게 사용할 것이다.

회사가 이익이 잘 나는데도 재무부서가 돈을 절대 낭비하지 말라고 말하는 이유를 생각해보자. 우리는 현금과 이익이 기본적으로 다르다는 사실에서 출발할 것이다. 나중에 16장에서 설명하겠지만 지금은 기본에 집중해보자. 이익이란 매출액에 기반하고 있다. 매출액이란 제품이나 서비스가 인도됐지만 대금은 받지 못한 때에 인식된다는 것을 기억하라. 그래서 손익계산서의 최상단에서 비용을 차감하면 이익이 결정하는데, 최상단은 약속에 불과한 경우가 많다. 고객은 아직 대금을 지불하지 않았으며, 매출액이라는 숫자가 실제 현금을 반영하지 않는 것은 물론이고, 손익계산서 하단도 사정은 마찬가지다. 만약에 모든 일이 잘 진행된다면 매출채권을 회수하고 그래서 이익에 상응하는 현금을 갖게 될 것이다. 하지만 진행과정 동안에는 현금이 들어오지 않는다.

자 이제 자신이 매우 빠르게 성장하는 기업에 근무한다고 생각해보자. 회사는 수많은 서비스를 좋은 가격에 판매하기 때문에 매출액과 이익은 많다. 이 기업은 가능한 빨리 사람들을 채용하며, 그들이 회사에 출근하자마자 급여를 지급한다. 그러나 이들이 벌어들이는 모든 이익은 매출채권의 지급기한인 30일 혹은 60일 후에 결제가 이뤄지기 전까지는 현금화되지 않는다. 이것이 수익성 높은 회사의 최고재무책임자일지라도 종종 현금이 빠듯하기 때문에 현금을 쓰지 말라고 말하는 이유이다.

이 책은 재무지식을 늘리는데 초점을 맞추고 있지만, 개인 생활에서도 많은 것들을 배울 수가 있다. 집이나 자동차, 보트를 구입한다고 생각

현금Cash

재무상태표에 나타나 있는 현금이란 회사가 은행에 보유하고 있는 돈을 말하며, 여기에 주식이나 채권처럼 현금화할 수 있는 다른 것들을 더한 것이다. 실제로 현금은 단순하다. 나중에 우리는 현금흐름을 측정하는 것에 대해 논의할 것이다. 지금 말하는 현금은 우리가 아는 실제로 차갑고 단단한 그것을 말한다.

해보라. 이 책에서 얻게 될 지식은 그러한 결정들에도 적용될 수 있다. 혹은 미래를 위해 어떻게 계획하고 어떻게 투자할 것인지 결정한다고 생각해보라. 이 책은 투자를 다루지 않지만 기업의 재무를 이해하기 위한 책이다. 가능한 투자기회를 분석하는데 도움을 줄 것이다.

어떻게 재무지능이 기업에게 도움을 주는가?

우리의 업무는 재무능력을 가르치는 것이고, 그리하여 우리의 학생들인 리더와 매니저와 종업원들의 재무지능을 늘리는 것이다(혹은 그렇게 되기를 희망한다). 우리는 학생들이 배우는 것이 중요한 주제라고 생각한다. 또한 우리는 재무지능이 어떻게 기업에게 도움을 주는지도 살펴보겠다. 다음은 기업이 얻을 수 있는 혜택들이다.

조직 전체의 균형 강화

재무 담당자들이 기업의 결정을 지배하는가? 아니, 그래서는 안 된다. 재무부서의 힘은 생산부서, 마케팅 부서, 인사담당 부서, 고객서비스 부서, IT 부서 그리고 기타 부서들과 힘의 균형이 맞춰져야 한다. 비 재무부서에 있는 매니저들이 재무에 대해 잘 알지 못한다면, 그리고 이들이 재무적 결과를 어떻게 측정해야 하는지 알지 못하고, 재무적 결과를 기업평가에 사용할 줄 모른다면 회계와 재무부서는 필연적으로 우위에 있게 된다. 회계와 재무부서의 사람들이 숫자에 만들어내는 편향은 의사결정에 영향을 미치며, 심지어 의사결정을 만들어내기도 한다.

더 나은 결정

매니저들은 일상적으로 시장, 경쟁, 고객, 그리고 그밖에 알고 있는 것들을 결정에 활용한다. 여기에 재무분석을 통합하게 되면 결정은 더 나아진다. 우리는 오로지 숫자에 근거해서 결정을 내리는 것이 만능은 아니라고 생각하지만, 숫자를 무시하는 것 역시 매우 비정상적인 것이라고 생각한다. 훌륭한 재무분석은 매니저들에게 미래를 들여다보는 창을 제공해준다. 그래서 재무분석은 매니저들을 좀 더 현명해지도록 도움을 주고 정보에 기반한 선택을 하도록 도움을 준다.

더 나은 조직 정렬

만약 조직의 모든 사람들이 비즈니스의 재무적 측면을 알게 된다면 가질 수 있는 조직의 힘을 상상해보라. 모든 사람들이 아마도 전략과 목표에 맞춰서 일을 할 것이다. 모든 사람들은 건강한 수익성과 현금흐름을 만들어내기 위해 팀의 일원으로서 일을 할 것이다. 모든 사람들이 사내 정치를 통해 직위를 얻기 위한 술수를 쓰기보다 비즈니스 언어로 소통할 것이다.

재무적으로 현명해지는 것을 가로막는 장애물

우리는 많은 사람들, 많은 기업들과 일을 하면서 이들이 매우 좋은 결과를 원했음에도 실제로는 그 결과를 쉽게 얻지 못한다는 사실을 알았다. 사실상 우리는 몇 가지 예측 가능한 장애물에 부딪쳤다. 그 장애물은 개인적 차원의 장애물이기도 하고, 조직적 차원의 장애물이기도 하다.

첫 번째 장애물은 많은 사람들이 수학을 싫어하고, 수학을 두려워하고, 수학을 하고 싶어하지 않는다는 것이다. 하지만 재무지능을 위한 클럽에 가입해보면 대부분의 재무가 덧셈과 뺄셈으로 이뤄져 있다는 사실을 알고 놀랄 것이다. 재무 전문가들은 자신들이 원할 때는 곱셈을 하고 나눗셈을 한다. 우리는 이차함수와 곡선 밑의 면적을 구하지 않는다(엔지니어 분들에게는 미안하다). 그러니 두려워하지 마라. 수학은 쉽고 계산기는 저렴하다. 재무적으로 똑똑해지기 위해 꼭 천재일 필요는 없다.

두 번째 장애물은 회계와 재무부서가 정보를 꽉 쥐고 있다는 것이다. 혹시 지금 다니고 있는 회사의 재무 담당자들이 자신들의 분야에서 오래된 접근 방법을 고수하고 있지는 않은가? 숫자를 보유하고 통제하고, 마지막 프로세스에는 마지못해 참여하려고 하지 않는가? 그들은 통제와 명령 준수에 집중하고 있지 않는가? 만약 그렇다면 데이터에 접근하기 어려울 수도 있다. 하지만 그럼에도 여전히 업무 미팅에서 말했던 숫자들을 활용할 수 있다. 또 결정을 내리는데 도구로 활용할 수 있다. 혹은 숫자 이면의 가정에 대해 질문할 수도 있다. 그렇게 함으로써 회계와 재무 담당자들을 즐겁게 할 수 있다는 사실에 놀랄 것이다. 우리는 그런 일을 지켜보는 것이 즐겁다.

세 번째 장애물은 여러분의 상사가 숫자에 관해 질문하는 것을 원하지 않는 것이다. 만약 그렇다면 상사는 숫자를 좋아하지 않을 것이다. 그는 아마도 가정, 추정, 그로 인해 만들어진 편향을 알고 싶어하지 않을 것이다. 여러분의 상사는 숫자의 희생자인 것이다! 그럼에도 계속 말하면 결국 상사들은 이것이 자신에게도 도움이 되고 부서와 회사에도 도움이 된다는 사실을 알게 된다. 여러분이 그들을 도와줄 수 있다. 많은 사람들이 그렇게 할수록 재무적으로 더 똑똑해지는 사람들이 더 많아질 것이다. 또한 몇 가지 리스크를 갖고 시작할 수 있다. 그렇지만 당신의 재무지식은 여러분에게 새로운 권력을 줄 것이고, 몇 가지 꼼꼼한 질문을 할 수도 있다.

네 번째 장애물은 시간이 없다는 것이다. 그러니 책을 읽을 시간이라도 만들어라. 사업차 한두 번 출장을 갈 때 이 책을 가지고 가라. 몇 시간만 투자하면 과거보다 재무를 더 많이 알게 될 것이다. 교대로 그 책을 계속 갖고 있어라. 이 책의 여러 장(Chapter)들은 의도적으로 짧게 만들어져 있으며, 자투리 시간에 언제든지 읽을 수 있게 돼 있다. 그리고 1990년대와 2000년대에 있었던 일부 기업의 재무적 속임수에 관한 사건들도 이 책에 넣었다. 이 책을 조금 더 재미있게 하고, 이러한 속임수에 얼마나 속기 쉬운가를 보여주기 위해서이다. 물론 모든 회사가 속임수를 쓴다는 것은 아니다. 오히려 대부분의 회사들은 자신들이 이뤄놓은 성과를 공정하고 정직한 그림으로 보여주기 위해 최선을 다한다. 하지만 악당들의 이야기는 언제나 재미있지 않은가?

앞에서 언급한 장애물들을 극복하고 이 책을 읽어라. 그리고 회사에 관한 것들을 학습하라. 얼마 지나지 않아 재무기술에 관해 건강한 의견을 갖게 될 것이고, 또 재무지능을 늘리게 될 것이다. 이 책을 읽는다고 해서 재무 MBA 학위를 얻는 마술을 부릴 수는 없지만, 숫자에게 매우 고마워할 수는 있을 것이다. 재무 전문가들이 말하는 바를 이해하고 평가할 수 있게 되고, 또한 그들에게 적절한 질문을 할 수 있는 사람이 될 것이다. 숫자는 더 이상 여러분을 놀라게 하지 않을 것이다. 많은 시간이 걸리지 않을 것이며, 그 과정이 고통스럽지도 않다. 오히려 경력에 많은 도움을 줄 수 있을 것이다.

04
회계사들이 따르는 규칙을
왜 따를 필요가 없는가?

　우리는 이 책에서 회계절차에 관해 최소한의 것만 넣을 계획이다. 그래도 회계사들이 일반적으로 따르는 폭넓은 일반적인 회계규칙에 대해 알고 있는 것이 좋을 것이라 생각한다. 이 규칙들은 왜 회계사들이 어떤 추정과 가정에 의존하고, 또 다른 것에는 의존하지 않는지를 이해하는데 도움을 줄 것이다. 게다가 일부 회사들은 이러한 규칙들을 따르지 않고 자신들만의 고유한 재무제표를 갖고 있다. 이러한 문서들 역시 매우 값어치가 있다.

　자, 이제 시작해보자. 간단히 말하면 이렇다. 미국의 회계사들은 수년 전까지 GAAP(Generally Accepted Accounting Principle, 일반적으로 인정된 회계원칙)로 알려진 가이드라인에 의존하고 있다. GAAP는 미국 기업들이 재무제표를 준비할 때 사용하는 모든 규칙, 기준, 절차를 포함한다. GAAP의 규칙은 미국 금융회계기준위원회(FASB)와 공인회계사회(AICPA)가 재정하고 운영해왔다. 미 증권거래위원회(SEC)는 미국 주식시장에 상장돼 있는 기업들에 대해 GAAP의 규정들을 따를 것을 요구해왔다. 대부분의 비공개기업들, 비영리기구, 정부기관들도 GAAP를 사용한다. 엄밀히 말해 이 규칙들은 미국 기업들에게만 적용되기 때문에 '미국 GAAP'라는 용어를 써야 한다(국제표준에 관해서도 설명할 것이다). 만약 GAAP 규정들을 펼쳐 놓으려고 한다면 그 분량이 10만 페이지가 넘을 것이다. GAAP를 활용해 재무제표를 준비하는 회계사들은 일반적으로 감가상각 같은 특정 분야의 전문가이다. 저자인 우리들도 모든 분야를 다 읽고, 모든 분야의 전문가인 사람을 만나본 적이 없다.

규칙이 아닌 규칙들

GAAP의 목적은 회사의 재무보고에 기반해 의사결정을 내리는 투자자, 채권자, 외부 관계자들에게 유용한 정보를 제공하는 것이다. 또한 기업의 경영진과 매니저에게 도움이 되는 정보를 제공하는 것이다. 이 정보는 기업의 경영성과를 향상시키고 이 회사의 기록을 유지하는데 유용하게 하기 위한 목적이 있다.

그렇지만 GAAP 규칙들은 대부분의 사람들이 생각하는 그런 '규칙'이 아니다. 예를 들어 '이러한 비용은 정확히 이 방식으로 해라' '매출액은 정확히 이 방식으로 해라' 하는 식으로 강제적인 형태를 갖고 있지 않다. GAAP 규칙들은 가이드라인이자 원칙이기 때문에 해석자에게 판단의 여지를 준다. 회사의 회계사들은 주어진 원칙들이 자신들의 기업에 어떻게 적용되는지 알아내야만 한다. 이것이 재무기술의 큰 부분이다. 기억하라. 회계사와 재무 전문가들은 숫자를 통해 현실의 그림을 만들려고 한다. 이 그림은 정확하지도 완벽하지도 않다. 그것은 개인의 상태에 따라 어느 정도 조정될 필요가 있다. GAAP는 그러한 것을 허용한다.

만약 공개기업의 재무보고서에 있는 주석(Footnotes)을 들여다본다면, 해당 기업의 회계사들이 GAAP 가이드라인을 어떻게 해석하는지 보게 될 것이다. 예를 들어 2010년 포드자동차의 재무제표에는 다음과 같은 주석이 있다.

> 미국 GAAP에 의거해 우리는 매각 예정인 처분 그룹들에 대해 재무상태표에 나와 있는 자산과 부채의 총액을 기재할 것을 요구받고 있다. 또한 우리는 상대적인 재무상태표를 제공하기 위해 이전 시기에 매각 예정인 처분 그룹의 자산과 부채의 총액도 기재하고 있다.

와우! 도대체 이런 재무적 전문용어를 어디에 쓴다는 말인가? 적어도 회계사들은 GAAP에 관련된 활동을 다른 재무 전문가들이 이해할 수 있도록 설명한다.

때때로 회계사들은 그들의 재무를 다시 다른 언어로 말하는 경우도 있다. 아마도 그들은 새 정보를 발견했거나 오류를 발견했을 수 있다. 아마도 GAAP 규칙은 바뀔 것이다. 예를 들어 애플은 2010년 1월 5일 보도자료를 통해 2009년의 실적을 다음과 같이 다시 밝혔다.

개정된 회계원칙의 소급적용

새로운 회계원칙들은 아이폰과 애플TV가 고객들에게 인도되었을 때의 매출액과 제품 코스트 대한 회사의 인식에 영향을 미친다. 역사적 회계원칙에 근거하면 회사는 아이폰과 애플TV의 매출액을 구독회계(Subscription accounting)에 근거해 작성하도록 요구받는다. 왜냐하면 회사는 때때로 미래의 정해지지 않은 소프트웨어 업그레이드를 무료로 제공하는 경우가 있기 때문이다. 구독회계에 따르면 아이폰과 애플TV 매출액과 그것과 관련된 제품 코스트는 판매시점까지 연기되며, 이 제품들의 추정 경제적 연한에 근거한 정액법에 관해서 인식된다. 그래서 아이폰과 애플TV에 관련된 매출액과 코스트의 상당액이 연기되는 결과를 가져온다.

애플은 2007 회계연도에 아이폰을 판매하기 시작했기 때문에, 새 회계원칙들이 모두 이전 회계연도에 적용된 것처럼 소급해서 모두 적용했다.

다시 한 번 말하지만 앞의 내용은 재무 담당자가 아닌 사람들이 알고 싶어하는 것 이상일 것이다. 하지만 만약 애플이 해마다 어떤 성과를 냈는지 측정하고자 하는 투자자라면 정확히 왜, 그리고 어떻게 재무제표를 변경했는지 이해할 필요가 있다. 그렇지 않다면 배(pear)와 복숭아(peach)를 비교하고 있는 것이다.

왜 GAAP가 중요한가?

GAAP는 몇 가지 이점이 있다. 이 회계원칙은 투자자와 다른 사람들에게 회사와 회사, 산업과 산업, 특정 연도와 다른 연도를 비교하는 믿을 만한 방법을 제공한다. 만약에 모든 회사가 재무제표를 다르게 작성한다면, 그 회사들이 작성한 원칙들이 아무리 합당하게 느껴지더라도 결과는 통역가가 없는 상황과 같을 것이다. 어느 누구도 이해할 수 없을 것이다. 그리고 그 어느 누구도 포드자동차와 제너럴모터스를 비교할 수 없고, 마이크로소프트와 애플을 비교할 수 없을 것이다.

또한 GAAP는 모든 것이 정당하다는 것을 확신시키려고 시도한다. 사람들은 언제나 규칙을 회피하는 방법을 궁리한다. 전설적인 투자자 워런 버핏의 그 유명한 말을 생각해보자. 예를 들어 그는 1988년 주주서한에서 다음과 같이 경고했다.

GAAP를 적극적으로 활용해서 사기와 분식회계를 저지르는 매니저들이 있다. 그들은 투자자와 채권자들이 GAAP를 근거해 만들어진 결과물을 마치 복음인 것처럼 받아들인다는 사실을 알고 있다. 이러한 사기꾼들은 '상상력이 풍부하게' 규칙들을 해석하며, 기술적으로는 GAAP에 부합하는 비즈니스 거래를 기록한다. 그렇지만 그것은 실제로는 세계의 경제적 망상을 보여 준다.

기관을 포함한 투자자들이 지속적으로 상승행진을 보이는 보고된 '이익'에 기반해 가치평가를 하는 한 확신할 수 있어야 한다. 매니저와 프로모터들은 그러한 숫자를 만들어내기 위해 GAAP를 악용한다. 진실이 뭐든 간에 말이다. 수년 동안 파트너인 찰리 멍거와 나는 엄청난 규모의 회계 기반 사기를 목격해왔다. 많은 이들이 적발되지 않았으며, 사기꾼 중 처벌받는 사람은 극소수였다. 몇 개의 총을 훔치는 것보다 많은 양의 볼펜을 훔치는 쪽이 더 안전하다.

이러한 단점에도 불구하고 GAAP는 시금석을 제공하고 대부분의 회사들이 따르는 가이드라인을 제공한다. FASB(미국재무회계기준위원회)와 AICPA(미국공인회계사회)는 새로운 이슈와 관심사를 반영하기 위해서 규칙들을 개정하고 업데이트하고 있다. 그래서 GAAP는 시간이 흐름에 따라 발전하는 살아있는 유기체와 같다.

핵심원칙들

GAAP의 기본과 GAAP에 기반한 재무상태표를 만들어내는 것에는 몇 가지 원칙들이 있다. 이러한 원칙들을 아는 것은 재무제표에서 무엇이 발견되고 무엇이 발견되지 않는지 아는 것에 도움을 준다.

화폐 단위와 역사적 원가

이 원칙은 재무제표에 있는 모든 아이템들은 달러, 유로 혹은 그게 뭐든 간에 화폐 단위로 표시된다는 것을 말한다. 이것은 또한 어떤 회사가 자산을 구매한 가격을 말하는데, 회계사들은 이를 역사적 원가(Historical cost)라고 부른다. 역사적 원가는 그것의 가치를 결정하는 근거이다(자산이란 기업이 소유하고 있는 것이다). 우리는 여기서 몇 가지 재무기술 이슈를 다루겠다. 예를 들면 현재의 건물은 이것이 만들어졌을 당시보다 일반적으로 값어치가 있다. 장부에 기록된 이 건물의 가치는 회사가 애초에 기록했던 원가일 것이다. 하지만 일반적으로 주식이나 채권 같은 금융자산은 역사적 원가로 평가하지 않는다. 회계사들은 금융자산에 대해서는 현재의 시장가치로 평가하도록 요구받는다. 우리는 이것을 시가회계(Mark-to-market accounting)라고 한다. 이것은 다음 파트 3의 툴박스에서 논의하게 된다.

왜 재무제표의 주석(Footnotes)이 그렇게 자주 유용한지를 알 수 있을 것이다. 주석은 자산이 어떻게 평가되는지를 말해주며, 회사의 자산이 재무제표에 기재된 것보다 많은지 적은지 알 수 있다.

보수주의

GAAP는 회계사들이 보수적이기를 요구한다. 이것은 정치나 라이프스타일을 의미하는 것이 아니다. 오직 회계에 한한 것이다(물론 전형적인 회계사들이 다른 측면에서도 왜 보수적인지 설명하기도 하지만). 예를 들어 회계에서 보수주의란 손실이 예상될 때 그 손실이 숫자화되자마자 재무제표에 나타나야 한다는 것을 의미한다. 회계사들은 이것을 손실인식하기라고 부른다.

보수주의는 이익에서는 정반대다. 회사가 이익이 기대되면 회계사는 그 이익이 실제로 발생하는 것이 확실하게 될 때까지 기록할 수 없다. 다음의 경우를 생각해보자. 어느 회사가 매출을 올렸다고 가정해보자. 그러면 회계사는 그 매출을 장부에 바로 기록할 수 있는가? GAAP에서는 오직 다음의 네 가지 조건을 만족시킬 경우에만 장부에 기록할 수 있다고 말한다. 다음은 그 네 가지 조건이다.

- 첫째, 협의가 존재한다는 설득력 있는 증거가 있어야 한다. 이는 매출이 실제로 발생했다는 것을 회사가 확신한다는 것을 의미한다.
- 둘째, 배송이 되었거나 서비스가 제공되어야 한다. 판매된 것은 어느 정도 고객에게 배달된 것이다.
- 셋째, 판매자가 구매자에게 제공하는 가격이 확정됐거나 확인할 수 있어야 한다. 가격은 알려져야만 한다.
- 넷째, 획득성이 합리적으로 확인돼야 한다. 만약에 획득할 수 없다고 생각한다면, 매출로 계산할 수 없다.

대부분 이런 경우는 쉽게 충족된다. 회계사들은 오직 마진에 관해서만 개인적 판단을 해야 한다.

지속성

GAAP는 규칙이라기보다 가이드라인을 제공한다. 그래서 회사들은 자신들이 사용한 회계방법과 가정하는 방식에서 선택을 할 수 있다. 하지만 회사가 어떤 특정 방식이나 방법을 선택하면 반드시 그 방식이나 방법을 사용해야 한다. 비즈니스의 근거가 변하지 않는 한 방식과 방법을 해마다 바꿀 수는 없다. 합리적인 이유 없이 회계사들이 가정을 바꾸기로 결정한 다면 아무도 결과를 연간단위로 비교할 수 없게 된다. 또한 매니저인 여러분은 숫자들이 실제로 무엇을 말하는지 알 수 없다. 그렇게 되면 기업들은 방식이나 가정들을 해마다 숫자들이 더 좋아 보이도록 바꿀지도 모른다.

완전한 공개

완전한 공개는 바로 이전의 가정 및 지속성과 관련 있다. 만약 어느 기업이 회계방식이나 가정을 변경하고 그 변경이 물질적인 영향을 가져 온다면(즉각적으로 '물질적인 것' 이상의), 그 기업은 변경사항과 그 변경사항이 재무에 미치는 영향을 공개해야만 한다. 그 논리를 볼 수 있어야 한다. 보고서를 읽을 때 숫자들이 의미하는 것이 무엇인지를 완벽하게 알기 위해, 변화와 그 변화가 미치는 영향을 알 필요가 있다. 기업들은 이런 요구사항을 진지하게 받아들이는데, 다음의 사례에서 보듯이 포드자동차는 2010년 재무제표에서 그 변화를 공시했다. 그 변화가 물질적인 영향을 일으키지 않음에도 포드자동차는 공시한 것이다. 이것이 바로 적절한 보수적 접근법이다.

재무적 자산의 변경. 2010년 1분기에 우리는 재무적 자산의 변경과 관련된 새로운 회계기준을 채택했다. 이 기준은 재무적 자산의 변경에 매우 큰 투명성을 요구하며, 변경된 자산에서의 회사의 지속적인 개입을 요구한다. 이 기준은 미국 GAAP에서의 특수 목적 법인의 합법화라는 개념을 제거하고, 또한 재무적 자산의 승인취소라는 요구조건을 변경한다. 이 새로운 회계기준은 우리의 재무적 조건에 중요한 영향을 미치지 않으며 생산의 결과 혹은 재무제표의 공개에 관해서도 영향을 미치지 않는다.

구체성

구체성이란 회계학적 관점에서 말하면 '중요한 것'을 말한다. 여기서 중요한 것이란 회사의 재무상태를 알고 있는 투자자가 내리는 판단에 영향을 미치는 '어떤 것'이다. 중요한 이벤트나 작은 정보는 모두 공개되어야 한다. 일반적으로는 재무상태표의 주석으로 공개되어야 한다. 애플은 2011년 회계연도에 다음과 같은 내용을 포함시켰다.

2011년 9월 24일, 이 보고서에 표기한 연간 기간의 마지막 날에 우리 회사는 완전히 해결되지 않았고 정상적인 비즈니스에서 발생한 다른 법률 절차와 주장들뿐만 아니라, 다음에 논의된 다양한 법률적 절차와 주장들을 준수한다. 경영진의 의견으로는 어느 회사가 상당한 손실을 입었다는 합리적인 가능성은 전혀 없다. 상당한 손실이라는 건 손실 위기상황과 관련해 기록된 증가를 넘어서는 것이다. 회사를 상대로 하는 법률적 절차와 주장들의 가능성은 희박하다. 하지만 경영진이 그러한 결과가 일어날 가능성이 거의 없다고 판단한다 해도, 만약 1개 혹은 2개 이상의 법률적 문제가 경영진의 예상과 달리 회사에 적대적인 방향으로 결론이 난다면, 같은 보고기간에서 회사의 특정보고 기간의 통합 재무상태표에는 아주 나쁜 영향을 미칠 수 있다.

다시 말해 우리는 법정소송에서 손실을 보기를 기대하지 않지만 틀릴 수도 있는 것이다. 앞에서 말한 핵심원칙 다섯 가지는 GAAP에만 있는 유일한 것은 아니지만, 가장 중요하다고 할 수 있다.

국제표준

전 세계의 100여 개 국가들도 GAAP와 다른 표준들을 사용한다. 이 표준들을 IFRS(국제회계기준, International Financial Reporting Standard)로 불린다. GAAP와 마찬가지로 IFRS는 조직이 재무제표를 작성할 때 준수해야 할 가이드라인과 규칙들이 있다. IFRS의 목표는 가능한 쉽게 서로 다른 나라의 기업과 기업을 비교하기 위한 것이다. IFRS의 규칙들은 GAAP 규칙에 비해 단순하다.

2015년 11월 현재, 미국은 '일반적으로 인정된 회계원칙(US-GAAP)'을 채택하고 있다. 원래는 2011년에 IFRS를 도입할 예정이었으나 회계기준 변경에 따른 혼란 등을 이유로 지체되고 있다. 그렇지만 미국의 주요 대기업들은 국제 거래상의 편의를 위해 미국 회계기준(US-GAAP)과는 별개로 IFRS 재무제표를 작성하고 있다.

예를 들어서 2011년 7월에 〈월스트리트〉의 기사에 따르면 대기업과 소기업의 사이에 논쟁이 벌어지고 있다. 국제적으로 비즈니스를 빈번하게 수행하는 대기업들은 일반적으로 IFRS를 원하고 있고, 미국을 넘어서는 비즈니스가 거의 없는 소기업들은 IFRS를 해야 할 필요성을 느끼지 못하고 있다. IFRS로 이전하는 것은 모든 재무상태표가 똑같은 언어를 사용하는 것을 의미하는데, 우리는 그것이 긍정적인 영향을 미칠 것이라 보고 있다.

GAAP가 아닌 보고

이 장의 초반부에 어떤 회사들은 그들의 정식 GAAP 재무제표뿐만 아니라 GAAP를 따르지 않는 다른 양식들도 준비한다고 말했던 것을 기억하는가? 진짜다. 많은 회사들이 GAAP의 규칙과 가이드라인과 숫자들을 따르지 않는 숫자들을 보고하고 있다. 이것들은 GAAP 방식이 아닌 숫자들이라고 불린다. 어떤 기업들은 종종 기업 내부에서 경영을 목적으로 사용하기도 한다.

이것은 기업들이 이중장부를 갖고 있다는 것을 의미하는 걸까? 실제로는 그렇지 않다. 그 기업들은 자신의 비즈니스를 이해하는데 GAAP의 방식이 아닌 숫자들을 사용한다. 이들은 기업경영과 무관한 일회성 이벤트나 GAAP의 가이드라인을 걱정하지 않고, 자신의 비즈니스를 이해하기 위해 GAAP이 아닌 숫자를 사용한다.

심지어 많은 기업들이 월스트리트 애널리스트와 대중에게 GAAP 방식과 더불어 GAAP가 아닌 방식으로 보고하고 있다. 그들은 GAAP가 아닌 숫자가 기업들의 성과를 좀 더 정확히 설명한다고 믿고 있다. 일부 GAAP 방식이 아닌 숫자들이 성과를 측정하는 중요한 측정치라고 생각하는 것이다. 비즈니스에 장기적 전망과는 무관한 숫자들을 제외하고 회사의 재정상황을 보여주기를 원하는 것이다. 그들은 그렇게 나온 숫자들이 회사의 성과를 더 잘 이해하고 연간 비교를 더 용이하게 한다고 믿기 때문에 GAAP가 아닌 방식으로 보여준다. 예를 들어 스타벅스가 2011년 3분기의 성과를 보도자료로 배포한 것을 보라.

- 연결영업마진은 13.7%인데 이는 GAAP 기준으로 전년대비 120베이시스(Basis) 포인트 오른 것이다. 그리고 GAAP가 아닌 것으로 했을 경우 40베이시스 포인트가 오른 것이다.
- 미국의 영업마진은 GAAP 방식에 근거했을 때 300 베이시스 포인트가 증가해서 18.8%를 기록했다. GAAP 방식이 아닌 것에는 전년대비 210베이시스 포인트가 증가했다.
- 해외의 영업마진은 GAAP 방식에 근거했을 때 200베이시스 포인트가 증가해 12.2%를 기록했으며, GAAP가 아닌 방식을 기준으로 했을 때 전년대비 140베이시스 포인트를 기록했다.

'베이시스 포인트'란 1%의 1/100을 말한다. 그러므로 100베이시스 포인트는 1%와 동일하다. 영업마진에 관해서는 나중에 21장에서 배우게 될 것이다. 지금은 이익을 측정하는 수단이 영업마진이라고 이해하면 된다. 한마디로 스타벅스는 GAAP 방식과 GAAP 방식이 아닌 것을 기준으로 했을 때 이익을 냈음을 보고한 것이다. 기자회견이 끝났을 때 스타벅스는 GAAP가 아닌 방식에 대해 설명했다.

이번 보도자료 배포에서 언급되었던 GAAP 방식이 아닌 재무측정은 회사 운영, 매장, 폐쇄에 관련된 비용을 제외한 것이다. 우리 경영진은 이 같은

GAAP가 아닌 방식이 우리 회사의 이전 시기와 향후 더 나은 영업성과를 이해하고 평가하는데 더 뛰어나다고 믿는다. 좀 더 구체적으로 말해 역사적 GAAP 방식이 아닌 역사적 재무측정의 경우 경영진은 구조조정 비용을 차감한다. 왜냐하면 이런 원가는 미래의 기대되는 영업비용을 반영하지 않으며, 또한 회사의 미래영업성과를 의미 있게 평가하는데 기여하지도 않고, 우리 회사의 지난 시기에 비교하는 것에도 기여하지 않기 때문이다.

아이러니하게도 GAAP 규칙들은 GAAP 방식이 아닌 숫자들을 지배하는 요구사항을 갖고 있다. 기업들은 일반적으로 자신들이 어떻게 GAAP 방식인 숫자들에서 GAAP 방식이 아닌 숫자들로 넘어갔는지 숫자들로 보여준다. 이것은 종종 연결진술(Bridge statement)이라고 불린다. 우리는 이 연결진술을 깊이 파고들지 않을 것이다. 하지만 만약 그것에 흥미를 느끼고 있다면 재무제표의 주석이나 보충자료를 들여다보면 된다.

GAAP에 대해 충분히 이야기했으므로 이제는 재무지능의 매력적인 부분으로 뛰어들어보자. 우선 3대 재무제표로 시작해보자.

TOOL BOX

원하는 것을 갖는다는 것

만약 여러분이 회사에 대한 개선안을 만들었을 때 상사가 충격에 빠진 모습을 상상해보라. 회사의 재무적 그림이 상세히 표현돼 있고, 속해 있는 부서가 얼마나 기여했는지를 보여주는 그런 그림이라고 해보자.

그렇게 하기 어렵다고? 그렇지 않다. 일단 이 책을 한 번 읽는다면 어떻게 데이터를 모으고 해석할 수 있는지를 다음의 내용처럼 알게 될 것이다.

- **기업의 지난 수년간 매출액 성장, 이익증가, 마진개선** : 만약 비즈니스가 잘 진행되고 있다면 상급 매니저들은 새로운 계획과 기회를 생각하게 된다. 그들은 여러분 같은 경험자가 필요하다.
- **회사에 남아 있는 재무적 도전들** : 재고자산회전율은 개선될 수 있는가? 영업마진 혹은 영업채권은 어떤가? 만약 비즈니스의 재무적 성과를 개선하는 특별한 방법을 제안한다면 여러분은 물론이고 당신의 상사도 돋보일 것이다.

- **회사의 현금흐름포지션** : 아마도 회사가 열심히 일하는 직원들을 먹여 살리는 많은 잉여현금흐름을 가지고 있다는 것을 보여줄 수 있을 것이다.

이와 동일한 일이 다음 직업에 지원할 때도 적용된다. 전문가들은 구직자들에게 면접시 인터뷰 담당자들에게 질문을 하라고 말한다. 만약 재무에 관련된 질문을 인터뷰 담당자들에게 하게 된다면, 여러분이 비즈니스의 재무적 측면을 이해하고 있음을 보여주게 된다. 다음과 같은 질문들을 시도해보라.

- 회사는 이익을 내고 있는가?
- 회사는 흑자 자본을 가지고 있는가?
- 회사는 직원급여를 제공할 만큼 충분한 유동비율을 가지고 있는가?
- 매출액은 증가세인가, 감소세인가?

이 모든 것들을 어떻게 평가하는지를 알지 못한다면 이 책의 나머지를 읽어라. 그러면 배울 수 있을 것이다.

담당자들과 그들이 하는 일

누가 재무와 회계를 책임지고 있는가? 직위와 직함은 회사마다 다르다. 그렇지만 관련 부서에 고위직으로 일하고 있는 사람들을 살펴보면 다음과 같다.

- **최고재무책임자**(CFO ; Chief Financial Officer) : CFO는 재무적 관점에서 조직의 경영과 전략을 담당한다. 그는 모든 재무적 기능을 감독한다. 기업의 감독자와 회계 담당자는 CFO에게 보고한다. CFO는 일반적으로 임원진의 한 사람이며, 종종 이사회에 배석한다. 재무적 문제는 CFO 선에서 끝난다.

- **회계 담당자**(Treasurer) : 회계 담당자는 회사의 내부적 측면은 물론 외부적 측면에도 초점을 맞춘다. 그들은 은행과의 관계를 강화하고, 유지하며, 현금흐름을 관리한다. 자본을 관리하고 자본구조에 관련된 의사결정을 내리고 예측하는 것을 책임지고 있다. 또한 회계 담당자는 투자자와의 관계 및 주식에 기반한 증권의 결정에 책임을 지고 있다. 이상적인 재무 담당자란 인간성을 갖춘 재무 전문가이다.

- **회계 검사원**(Controller) : 회계 검사원이 주로 초점을 맞추는 일은 순수하게 회사 내부이다. 회계 검사원의 업무는 정확하고 신뢰할 수 있는 재무보고서를 제공하는 것이다. 회계 검사원은 일반회계, 재무보고, 비즈니스 분석, 재무계획, 자산관리, 그리고 내부통제를 책임진다. 그는 매일매일의 거래가 정확하고 올바르게 되었는지 체크한다. 회계 검사원에게서 우수하고 지속적인 데이터를 전달받을 수 없다면 CFO와 회계 담당자는 자신들의 업무를 수행할 수가 없다. 회계 검사원은 때때로 '콩을 세는 사람(Bean counter)'이라고 불린다. 이 용어를 사용할 때는 조심해야 한다. 일부 회계사들은 자신

들이 콩을 세는 사람이라고 불리는 것을 기분 나빠한다. 왜냐하면 그들은 자신들을 콩을 세는 사람이 아니라 재무 전문가로 생각하기 때문이다.

공개기업의 공시의무들

주식시장에서 거래되는 기업들의 주식은 누구나 매입하고 거래할 수 있다. 이 기업들은 정부기구에 많은 보고서를 일상적으로 제출해야만 한다. 미국에서 이 같은 정부기구는 증권거래위원회(SEC)이다. 증권거래위원회가 요구하는 여러 양식들 중 가장 널리 알려지고 많이 이용되고 있는 것은 연간보고서이다. 연간보고서는 흔히 '10-K'라고 불린다. 이는 수많은 주주들에게 배포되는 화려한 브로셔와는 다르다. 브로셔는 CEO와 의장(Chairman)의 편지를 포함하고 있는 것이 특징이다. 또한 회사의 제품과 서비스, 원형차트와 컬러 그래프, 그리고 다른 마케팅에 관한 홍보성 정보를 담고 있다.

반면에 증권거래위원회에 제출하는 10-K는 일반적으로 단조로운 흑백의 텍스트와 데이터로 가득 차 있다. 이 모든 것은 증권거래위원회에서 요구하는 사항이다. 회사연혁, 경영진의 보수, 비즈니스 리스크, 법률적 행위, 경영진 의사록, 재무제표(4장에서 언급되었던 GAAP에 의거해 준비되어야 하는 것을 말한다), 재무제표에 대한 주석, 재무적 통제와 절차 같은 아이템을 포함한다. 여러분은 이것들로부터 아주 많은 것들을 학습할수 있다. 이와 더불어 공개기업들은 10-Q로 알려진 분기보고서를 3개월마다 제출해야 한다. 10-Q는 10-K보다 제출기간이 훨씬 짧다. 대부분의 10-Q는 그 회사의 가장 최근 재무사실을 보고하는데 할애된다. 마지막 10-Q는 10-K에 포함되어 있기 때문에 기업들은 10-Q를 1년에 세 번 작성한다.

분기의 마지막과 연간의 마지막은 우리가 흔히 쓴 달력과 일치하지 않는다. 기업 회계연도의 마지막은 회사가 설립된 어떤 날짜가 될 수도 있고, 분기는 그것으로부터 계산된다. 예를 들어서 어느 기업의 마지막 연도가 1월 31일이라면 분기는 2~4월, 5~7월, 8~10월, 11~1월이다. 10-K, 10-Q, 그리고 다른 형식들을 개별기업의 웹사이트와 증권거래위원회의 홈페이지에서 찾을 수 있다. 이 홈페이지는 에드거(EDGAR)로 불리는 데이터베이스를 사용하고 있으며 어떻게 사용하는지에 관한 활용법을 담고 있다.

Part 2
손익계산서의 특징

05
이익은 추정치이다

경영학자 피터 드러커(Peter Drucker)가 말했듯 이익이란 기업의 독립성을 판단하는 기준이다. 여기서 '독립성(Sovereign)'이란 단어는 돈에 관한 한 적합한 단어이다. 이익을 내는 기업은 고유의 방식을 갖고 있으며, 이런 회사의 매니저들은 그들이 원하는 방향으로 회사를 운영할 수 있다. 하지만 회사의 이익이 발생하지 않게 되면 기업의 내·외부 관계자들이 그 비즈니스에 간섭하기 시작한다. 수익성이란 여러분이 매니저로서 얼마나 평가받는가에 관한 것이기도 하다. 여러분은 회사에 수익성에 기여하고 있는가? 혹은 회사의 수익성을 갉아먹는 존재인가? 날마다 수익성을 늘리는 방법을 연구하고 있는가? 혹은 모든 것이 잘될 것이라는 희망에 따라 업무를 수행하고 있지는 않은가?

여기 우리에게 익숙한 속담이 있다.《피터의 법칙(The Peter Principle)》의 저자 로렌스 피터(Laurence Peter)와 요기 베라(Yogi Berra)는 다음과 같이 말했다.

"우리가 어디로 가고 있는지 모른다면, 아마도 우리는 다른 곳으로 휘말려 가고 있는 것이다."

만약 여러분이 회사의 수익성에 어떻게 기여하는지 모른다면 효율적이지 않은 것이다.

사실 비즈니스에 종사하는 너무나도 많은 사람들이 이익이 뭔지 제대로 알지 못한다. 심지어 이익을 어떻게 계산하는지도 모른다. 뿐만 아니라 그들은 특정 기간 동안에 회사의 이익이 수많은 추정과 가정을 반영하고 있다는 것을 모르고 있다. 쉽게 말해 재무의 기술이란 이익창출의 기술이라고 할 수 있다. 또 다시 말해 어떤 경우에는 실제보다 이익을 더좋게 만드는 기술이라고 말할 수 있다. 우리는 이번 장에서 어떻게 기업들이 그렇게 하는지를 볼 것이다. 비록 극단적으로 가는 경우는 많지 않지만 합법적으로 혹은 비합법적으로 많은 기업들은 상당히 노골적으로 그렇게 한다.

우리는 손익계산서의 기본을 이해하는데 초점을 맞출 것이다. 왜냐하면 이익(Profit)이란 손익계산서에 나오는 것, 그 이상도 그 이하도 아니기 때문이다. 이 문서를 이해하는 법을 배우게 되면 회사의 수익성을 이해하고 평가할 수 있게 될 것이다. 손익계산서에 나와 있는 항목들을 통제하는 법을 배워라. 그러면 여러분이 수익성에 어떻게 기여하는지를 알수 있게 될 것이다. 이익을 결정하는 것에 관련된 기술을 배워라. 그러면 재무지능을 확실하게 늘릴 수 있을 것이다. 심지어 여러분이 가고자 하는길도 찾아낼 수 있을 것이다.

매우 사소한 회계

　우리는 이전 장에서 회계절차의 오직 사소한 부분만을 사용할 것이라고 약속했다. 그렇지만 이번 장에서는 약간의 회계개념을 설명하려고 한다. 왜냐하면 이것을 이해한다면 손익계산서를 완벽하게 파악하게 될 것이고, 손익계산서가 무엇을 말하려고 하는지 이해할 수 있기 때문이다. 하지만 그 전에 마음속에 있는 편견부터 없애보겠다.

　손익계산서는 어떤 회사의 한 달, 한 분기, 일 년, 다시 말해 주어진 기간 동안의 이익을 보여주기 위한 것임을 알 것이다. 손익계산서가 그 기업이 특정 기간에 얼마나 많은 현금을 벌었는지, 얼마나 많은 금액을 소비했는지, 얼마나 많이 남아 있는지를 보여주는 것이라고 결론을 내릴지도 모르겠다. 바로 그 '남아 있는 것(Left over)'이 회사의 이익이 되는 것이라고 말이다. 그렇지 않은가?

　아쉽게도 그렇지 않다. 회계를 이런 방식(현금기반 회계Cash-based accounting)으로 하는 매우 소수의 기업들을 제외하면 손익계산서에 관한 그런 개념은 완벽한 오해다. 사실상 손익계산서는 출입문 앞의 현금, 출입문 바깥의 현금, 그리고 남아 있는 현금과는 매우 다른 것을 측정한다. 손익계산서는 매출액, 원가 혹은 비용, 그리고 이익을 측정한다.

　모든 손익계산서는 매출액에서 시작한다. 어떤 기업이 제품이나 서비스를 고객에게 전달하면 기업은 "매출액을 만들었다"고 한다. 고객이 그 제품이나 서비스에서 아직 지불하지 않았다고 해도 신경 쓰지 마라. 그 기업은 문제가 되는 기간 동안에 손익계산서 맨 위쪽에 그 매출액을 기재할 것이다. 수중의 현금은 전혀 바뀌지 않을 것이다. 물론 소매상이나 레스토랑 같은 현금 기업들에게 매출액과 현금유입은 똑같지만 말이다.

그렇지만 대부분의 기업들은 매출액을 회수하기까지 30일 이상을 기다려야 한다. 더군다나 항공기 같이 사이즈가 큰 제품을 제조하는 업체는 매출액을 회수하기까지 수개월을 기다려야 할 것이다. 보잉 같은 큰 기업을 경영하게 된다면, 회사가 급여와 영업원가를 지급하기 위해 많은 현금을 보유하고 있는 것을 보게 될 것이다. 우리는 '운전자본(Working capital)'이라고 알려진 이 개념을 다룰 것이다. 운전자본은 이 책의 파트 7에 나온 문제를 평가하는 데도 도움을 줄 것이다.

그리고 손익계산서에 있는 '원가' 라인은 어떤가? 기업이 보고하는 원가와 비용은 반드시 그 회사가 특정 기간 동안에 수표에 기재한 것과 반드시 일치하지는 않는다. 손익계산서에 나온 원가와 비용이란 해당 기간 동안에 매출액을 발생시키기 위해서 부담하는 것들을 말한다. 회계사들은 이것을 '수익비용대응의 원칙(Matching principle)'이라고 부른다. 모든 원가는 손익계산서에 표시된 기간 동안의 매출액과 대응해야만 한다. 그리고 이것은 이익이 어떻게 결정되는지 아는 것의 열쇠이다. 대응의 원칙이라는 건 반드시 알아야 할 회계학이다. 예를 들면 다음과 같다.

- 잉크와 토너 공급자가 고객에게 향후 수개월 동안 판매하기 위해 6

 수익비용대응의 원칙 Matching principle

수익비용대응의 원칙이란 손익계산서를 준비할 때 근간이 되는 회계규칙이다. 이 원칙을 단순하게 말하면 "월간, 분기, 혹은 연간의 특정 기간 이익을 결정하기 위해 원가를 매출액에 연결시켜라"이다. 다시 말해 회계사의 주요 업무는 매출액을 발생시키는데 소요된 모든 원가를 정확히 기록하는 것이다.

월에 한 트럭분의 카트리지를 매입했다면, 이 카트리지의 원가 전액은 6월에 기록되지 않는다. 손익계산서에는 카트리지가 판매됐을 때만 각각 기록된다. 그 이유는 수익비용대응의 원칙 때문이다.

- 배송회사가 1월에 트럭 1대를 향후 3년 동안 사용하기 위해 매입했다면 이 트럭의 원가는 1월 손익계산서에 나타나지 않는다. 대신 3년에 걸쳐서 감가상각된다. 손익계산서에는 매달 트럭 원가의 36분의 1씩 나타난다(단순 정액법으로 감가상각법을 가정한다면 그렇게 된다). 왜 그런가? 바로 수익비용대응의 원칙 때문이다. 트럭이 36개월 동안에 수행하는 일과 관련된 원가이다.

- 수익비용대응의 원칙은 심지어 세금에도 적용된다. 기업은 세금을 분기에 한 번에 낼 수 있다. 그렇지만 회계사는 그 달의 수익에 해당하는 세금을 반영하는 숫자를 손익계산서에 넣을 것이다.

- 수익비용대응의 원칙은 제조기업은 물론이고 서비스기업에도 적용된다. 예를 들면 컨설팅 회사는 청구시간을 판매한다. 청구시간이란 각각의 컨설턴트가 고객과 일을 하는 시간을 말한다. 회계사는 여전히 마케팅원가, 재료원가, 연구원가 등 시간과 연관된 모든 비용을 매출로 대응시킬 필요가 있다.

이로써 우리가 얼마나 현금주의와 거리가 먼지 알 수 있을 것이다. 현금이 얼마나 오갔는지를 추적하는 것은 현금흐름표라고 알려진 재무제표의 또 다른 기능이다. 또한 우리가 얼마나 단순한 객관적 현실에서 떨어져 있는지를 알 수 있을 것이다. 회계사들이 돈의 흐름을 배분할 수 없다. 그들은 어떤 원가가 매출액과 관련 있는지를 생각해야만 한다. 가정을 만들어내고 추정을 드러내야만 한다. 이 과정에서 회계사들은 숫자에 관련된 편향을 발생시킬 수 있다.

손익계산서의 목적

원칙적으로 손익계산서는 기업이 제공하는 제품이나 서비스가 수익성이 있는가를 계산하고자 노력한다. 손익계산서에서 회계사들이 가장 노력하는 부분은 특정 기간 동안 회사가 창출하는 매출액과 그러한 매출액을 창출하는 과정에 투입된 원가(해당 기간에 기업 운영에 들어간 것도 포함), 그리고 발생할지 모르는 이익을 보여주는 것이다.

편향이 발생할 가능성은 있다. 이를 찾아내는 것은 거의 모든 매니저가 중요시하는 부분이다. 판매 매니저는 자신이 속한 팀이 어떤 종류의 이익을 창출하는지 알아야 한다. 그래야 고객들이 원하는 디스카운트, 판매조건에 관한 의사결정을 내릴 수 있다. 마케팅 매니저는 어떤 상품이 가장 수익성이 있는지 알아야 한다. 그래야 마케팅할 때 강조할 수 있다. 인사담당 매니저들도 마찬가지다. 신입사원을 채용할 때 회사의 전략적 최우선 순위가 무엇인지 알아야 하기 때문이다.

시간이 흐르면 잘 운영되는 회사의 이익과 현금흐름표는 비슷해질 것이다. 이익은 현금으로 바뀔 것이다. 그러나 3장에서 보았듯 주어진 기간에 이익을 냈다고 해서, 청구서를 갚을 수 있는 현금을 갖고 있는 것을 의미하지는 않는다. 이익이란 언제나 예측이다. 추정에 시간을 낭비하지 마라. 이러한 교훈을 바탕으로 손익계산서를 분해해보자.

06
손익계산서 해독하기

이번 장의 제목(Cracking the Code of the Income Statement)에 '암호 (Code)'라는 단어를 사용했음에 주목하라. 손익계산서는 해석이 필요한 암호처럼 보이기도 한다. 그 이유가 여기에 있다. 이 책과 유사한 책들에서(심지어 이 책의 후반부에서) 귀엽고 작은 샘플 같은 손익계산서를 볼 수 있다. 그것들은 다음과 같이 생겼다.

매출액	$ 100
매출원가	50
매출총이익	50
비용	30
법인세	5
순이익	$ 15

일단 한번 정의에 관해 약간의 도움을 받는다면 앞에 나온 숫자를 계산하는데 많은 도움이 필요하지 않을 것이다. 심지어 계산기 없이도 숫자 계산을 할 수 있다. 그럼 이제 현실세계의 손익계산서를 체크해보자. 이는 여러분이 다니고 있는 회사 혹은 다른 회사의 연간보고서에서 발견하게 될 손익계산서를 말한다. 회사 내부에서 사용되는 상세한 손익계산서라면, 아마도 수많은 페이지로 이루어져 있을 것이다. 문장마다 수많은 숫자들이 있을 테고, 프린트가 너무 작아서 거의 읽을 수 없을 것이다. 심지어 그것이 연간보고서에서 찾는 '연결재무제표'라도 말이다. '계열회사로부터의 수입(엑슨모빌에서 나온 단어이다)', '매입한 무형자산의 감모상각(휴렛팩커드 재무제표에 나온다)' 등 알 수 없는 신비로운 제목(the label)으로 가득찬 수많은 줄을 포함하고 있기 때문이다. 재무 전문가를 제외하고는 누구든 읽기를 포기하게 만들고 낙담시키기에 충분하다(심지어 전문가들도 혼란스러워한다).

그러므로 우리가 손익계산서를 이해하기 위해 절차를 이행하고 있는 동안은 인내심을 가지길 바란다. 재무지능을 끌어올리는 과정이 괴롭고, 속을 쓰리게 해서는 안 되지 않겠는가? 이 과정을 배우게 되면 그러한 부담에서 벗어날 수 있을 것이다.

손익계산서 읽기

숫자에 관해 생각하는 것을 시작하기 전에 손익계산서를 이해하는 데는 몇 가지 맥락이 필요하다.

제목

맨 윗줄에 손익계산서라고 쓰여 있는가? 아마 그렇지는 않을 것이다. 대신에 거기에는 이익과 손실계산서(Profit and loss statement) 혹은 영업계산서(Operating statement)라고 쓰여 있을 것이다. 이 모든 용어들은 똑같은 것을 말한다. 종종 제목(The label) 일부에 연결(Consolidated)이라는 단어가 보일 것이다. 만약 그러한 단어가 있다면 회사의 전체 손익계산서를 보고 있는 것이다. 그것은 매우 자세한 아이템이라기보다 주요 카테고리의 총합을 의미하는 손익계산서이다.

손익계산서에 수많은 다른 이름들은 사람들을 미치게 만들 수 있다. 우리는 연간보고서의 손익계산서를 이익계산서(The statement of earnings)로 부르는 어떤 고객을 만난 적이 있다. 어떤 기업의 주요 부서는 그것을 손익계산서(Income statement)로 불렀는데, 또 다른 부서에서는 그것을 이익과 손실계산서(Profit and loss statement)라고 불렀다! 이 모든 용어들이 가리키는 것은 동일하다. 그래서 회계와 재무를 담당하는 사람들은 종종 오해를 받기도 한다. 재무나 회계지식이 없는 일반 사람들에게 어렵고 혼란스럽게 용어를 사용함으로써 무슨 일이 일어났는지 알지 못하게 한다고 말이다. 혹은 앞에서 언급한 서로 달라 보이는 용어들이 실은 같은 것을 가리키는 똑같은 용어들임을 알고 있다고 생각하는 것일지도 모른다. 어찌되었든 우리는 이 책에서 손익계산서(Income statement)라는 용어를 쓸 것이다.

하지만 만약 맨 위의 칸에서 재무상태표(Balance sheet)나 현금흐름표(Statement of cash flows)를 본다면 다른 문서를 갖고 있는 것이다. 여기서 말하는 제목은 우리가 방금 앞서 언급한 단어들 중 한 가지를 포함하고 있어야 한다.

손익계산서는 무엇을 측정하는가?

손익계산서는 회사 전체를 위한 것인가? 아니면 손익계산서는 부서 혹은 비즈니스 단위를 위한 것인가? 대기업들은 전형적으로 손익계산서를 만드는데 이것은 전체 조직을 위한 것뿐만 아니라 개별 매장, 공장처럼 비즈니스의 다양한 파트들을 위한 것이다. H. 토마스 존슨(H. Thomas Johnson)과 로버트 S. 카플란(Robert S. Kaplan)의 《관리회계시스템의 적합성 상실(Relevance Lost)》에서는 어떻게 제너럴모터스가 20세기 전반기에 부문 시스템을 발전시켰는지를 설명하고 있다. 이때의 손익계산서는 각각의 부서를 위한 손익계산서였다. 제너럴모터스가 그렇게 한 것에 대해 찬사를 보내지 않을 수 없다. 작은 비즈니스 단위를 위해 손익계산서를 만들어내는 것은 대기업에 있는 매니저들에게 그 부분에 대한 어마어마한 통찰력을 제공한다. 부서 혹은 비즈니스 단위의 재무상태표는 일반적으로 한 부서 혹은 단위 이상의 원가에 대한 할당 혹은 추정을 요구한다는 것을 기억해야 한다.

이제 실체를 파악했다면 기간을 체크해야 한다. 손익계산서는 학교의 보고서 형식과 마찬가지로 항상 특정한 기간을 말하는 것이다. 한 달, 한 분기 혹은 일 년, 올해 초부터 현재까지 등의 기간 말이다. 어떤 기업들은 일주일 가량의 짧은 기간을 위해 손익계산서를 만들기도 한다. 이때 대기업들의 손익계산서에 나오는 숫자들은 일반적으로 반올림되고 마지막

제로는 사라진다. 그러므로 맨 위칸에 있는 작은 노트를 주목해야 한다. '단위 100만(in millions)'이라고 쓰여 있으면 숫자에 0을 6개 붙이라는 뜻이고, '단위 1,000(in thousands)'은 0을 3개 붙이라는 뜻이다. 언뜻 상식처럼 들리는데 실제로도 그렇다. 하지만 이런 사소한 것들이 종종 재무 초보자들이 간과하는 것이기도 하다.

실제 VS 추정

대부분의 손익계산서는 실제(Actual)이다. 만약 다른 제목이 없다면 지금 보고 있는 것이 실제라고 가정할 수 있다. 손익계산서들은 매출액, 원가, 이익이 '실제로(Actually)' 얼마나 발생했는지를 보여준다. 만약 공개기업의 재무제표를 보고 있다면, 이 재무제표는 일반적으로 인정된 GAAP에 의해 작성되었다고 볼 수 있다. 만약 비공개기업이라면 그 숫자들이 GAAP에 근거해 작성되었는지를 확인할 필요가 있다(실제로Actually라는 단어에 따옴표를 했는데 그 이유는 어떠한 손익계산서든 추정, 가정, 편향에 의해서 만들어졌다는 사실을 상기시키기 위해서이다. 이 부분은 책 후반부에서 좀 더 자세히 다룰 것이다).

또한 추정(Pro forma) 손익계산서와 GAAP가 아닌 손익계산서가 있다. 추정이란 그 손익계산서가 계획임을 의미한다. 예를 들어 만약 신사업에 대해 계획을 짠다면 향후 1~2년의 손익계산서를 짤 것이다. 이것은 다시 말해 여러분이 매출액과 원가에서 장래에 발생할 것에 대해 희망하고 기대하는 것들이다. 그런 계획을 추정(Pro forma)이라고 부른다. GAAP가 아닌 손익계산서는 비정상적이거나 일회성 금액은 제외했을 것이다. 혹은 GAAP의 원칙을 약간 완화한 것이라 할 수 있다(더 자세히 알고 싶다면 4장을 참조하라).

예를 들어 어떤 회사가 특정 연도에 대규모 상각(Write-off)을 해야만 한다고 하자. 그래서 손익계산서 아래 대규모 손실을 처리했다고 하자(상각에 대한 더 자세한 내용은 파트 2의 후반부에 더 자세하게 나온다). 실제의 손익계산서와 더불어, 그것은 상각이 없을 경우에 어떤 일이 벌어지는지 준비하기 위한 것이다. 혼란스럽게도 많은 기업들은 GAAP가 아닌 손익계산서를 추정손익계산서라고 부른다. 오늘날 이 용어는 추정(Projections)이라는 단어에 남아 있다.

추정손익계산서가 바로 그것이다. 추정손익계산서들은 미래에 관한 이론적인 추정들이다. 하지만 GAAP가 아닌 손익계산서들은 다르다. 그것들은 현실을 반영하지만 신중하게 해석되어야만 한다. 기업들이 대중 소비를 위한 문서 같은 것들을 준비할 때 표면적인 목적은 지난해(상각이 없을 때)와 올해(만약 엄청난 상각이 없었다면)를 비교해 보여주기 위한 것이다. 그렇지만 거기에는 때때로 잠재적인 메시지가 있다. 그 문장에는 "이것 봐! 상황이 겉보기만큼 나쁘지 않잖아. 우리는 단지 상각 때문에 돈을 잃었을 뿐이야"라는 말이 들어 있는 것이다. 물론 상각은 실제로 발생했고 실제로 회사도 돈을 잃었다. 대부분의 경우에는 GAAP가 아닌 재무제표는 물론이고 GAAP 방식인 재무제표도 보기를 원한다. 만약 이 가운데 하나를 골라야 한다면 GAAP 방식이 더 우월하다. 냉소적인 사람들은 때때로 GAAP 방식이 아닌 재무제표를 나쁜 요소들은 다 뺀 손익계산서로 묘사한다. 물론 GAAP 방식이 아닌 재무제표가 때때로 공정할 때도 있지만, 대부분은 공정하지 않다.

큰 숫자들

어느 누가 손익계산서를 보든 거기에는 세 가지 중요한 카테고리가 있을 것이다. 첫 번째는 매출액(Sales)이다. 매출액은 항상 맨 위에 있다. 사람들이 '맨 위칸의 성장(Top-line growth)'을 언급할 때 바로 그것이 매출액 성장을 의미한다. 원가(Costs)와 비용(Expenses)은 중간에 있다. 이익(Profits)은 맨 아래 칸에 있다. 만약 비영리기업의 재무제표를 보고 있다면 이익이라는 단어는 흑자/적자(Surplus/deficit) 혹은 순매출액(Net revenue)으로 불릴 것이다. 손익계산서를 따라가다 보면 이익의 하위 단위인 작은 단위가 나올 것이다. 영업이익이 이익의 하위 단위이다. 우리는 이 모든 것들을 9장에서 설명할 것이다.

매출액에 대비해 큰 숫자들을 살펴봄으로써 무엇이 기업에게 중요한지를 말할 수 있다. 예를 들어 매출액 다음에는 매출원가(Cost of goods sold)가 나온다. 서비스업에서는 이 칸이 서비스원가(COS, Cost of services)로 나온다. 때때로 수익원가(Cost of revenue)도 볼 수 있을 것이다. 만약 그 칸이 매출액에서 큰 비중을 차지하고 있다면, 회사의 경영진은 그 부분을 꼼꼼하게 관찰하고 있다고 할 수 있다. 내기를 해도 좋다. 여러분은 어쩌면 회사에서 업무에 적합한 아이템에 무엇이 포함되어 있는지 알고 싶어할지도 모르겠다. 만약 이 책을 읽는 독자가 판매 매니저라면 판매비용(Selling expenses)이라고 쓰여진 라인에서 정확히 무슨 일이 일어났는지 알 필요가 있다. 알고 있듯이 회계사들은 다양한 비용들을 어떤 범주에 넣을 것인지에 대한 재량권이 있다.

만약 이 책을 읽고 있는 독자가 재무 전문가가 아니라면 '매입 실물자산의 감모상각(Amortization of purchased intangible asset)' 같은 아이템들은 일반적으로 무시할 수 있다. 대부분 밑줄이 그어져 있는 그 같은 제목들은 어찌되었든 맨 아래칸에 위치한다. 만약 그 제목들이 중요하다면 주석에 설명되어야 한다.

상대적 데이터

연간보고서에 나와 있는 연결손익계산서는 지난 3년 동안 어떤 일이 벌어졌는지를 보여주는 전형적인 세 개의 숫자 칸을 보여주고 있다. 내부 손익계산서는 아마도 더 많은 칸이 있을 것이다. 예를 들어 다음과 같은 것을 보게 될 것이다.

실제 매출액 퍼센트	예산 매출액 퍼센트	차이 퍼센트
Actual % of sales	Budget % of sales	Variance %

혹은 다음과 같은 것들이 있다.

실제 지난 시기	$ 차이 (+/−)	% 차이
Actual previous period	$ Change(+/−)	% Change

이 같은 표의 숫자들은 우리를 겁먹게 만든다. 그렇다고 미리 겁먹을 필요는 없다. 첫 번째 케이스에서 '매출액 %'는 단순히 매출액 대비 비용

의 규모를 보여주는 것이다. 매출액 라인은 주어진 것이며(고정 포인트이다) 나머지 모든 것들은 이것과 비교된다. 많은 기업들이 각각의 주어진 아이템들에 대해 목표로 하는 '매출액 %'를 설정하고 있으며, 만약 상당한 정도로 차이가 날 경우 바로 후속조치에 들어간다.

예를 들어 고위 임원진이 판매비용은 매출액 대비 10%를 넘어서는 절대 안 된다고 결정했다고 하자. 만약 12%를 넘는다면 판매조직은 더 주의를 기울이는 것이 좋다. 그것은 예산과 편차(Variance)에도 똑같이 적용된다(여기서 편차는 차이를 뜻한다). 만약 실제 숫자가 예산을 벗어난다면(다시 말해 편차가 높다면) 누군가가 왜 그런가를 알고 싶어한다는 것을 확신할 수 있다. 재무적으로 똑똑한 매니저들은 예산에 대한 편차를 확인하고 있으며 왜 그런 편차가 벌어졌는지를 찾아낸다.

두 번째 케이스에서 손익계산서는 단순하게 그 회사가 지난 분기 혹은 지난해 대비 어떻게 했는지를 보여준다는 것이다. 때때로 비교 시점은 '전년동기(Same quarter last year)'이다. 다시 말하지만 만약 어떤 상당한 규모의 숫자가 잘못된 방향으로 옮겨졌다면, 누군가는 왜 그런가를 알고 싶어할 것이다.

간단히 말해 손익계산서의 요지는 무엇이 변하고 있는지 보여주는 것이다. 즉 어떤 숫자들이 그들이 있어야 할 곳에 있는지, 또 어떤 숫자들이 그렇지 않은지를 보여주는 것이다.

주석

내부 손익계산서는 주석(Footnotes)을 포함할 수도 있고 포함하지 않을 수도 있다. 만약 주석을 포함하고 있다면 꼼꼼히 읽어볼 것을 권한다. 이 주석들은 회계사들이 생각하기에 모든 사람들이 주위를 기울여야만 하는 그 무엇을 말해주기 때문이다. 연간보고서에서 발견되는 외부 손익계산서는 약간 다르다. 그것들은 일반적으로 아주 많은 주석들이 있으며, 보통은 그것을 건너뛰고 싶을 것이다. 일부는 흥미롭고 또 다른 일부는 그다지 흥미롭지 않다.

왜 모든 주석들인가? 회계원칙들은 재무 전문가들에게 어떻게 그런 총액에 이르렀는지를 설명하도록 요구한다. 그래서 대부분의 주석들은 그 숫자들이 어떻게 결정됐는지 보여주는 유리창 같은 것이다. 다음은 월마트의 연간보고서이다. 이 보고서에 나오는 다음의 내용들은 단순하고 명백하다. 이 보고서는 미 증권거래위원회가 요구하는 연간보고서이며, 회계기준연도는 2011년 1월 31일이다.

매출원가

매출원가는 실제 제품원가, 공급자로부터 회사의 창고·매장·클럽으로 이동하기까지의 물류원가, 회사창고로부터 매장, 클럽, 샘스클럽(미국 대형할인매장) 부문의 창고와 수입분배센터까지 이르는 물류원가를 포함한다.

그렇지만 다른 주석들은 길고 복잡할 수 있다. 예를 들면 2010년 10월 31일자 휴렛팩커드(HP)의 연간보고서에 나오는 다음과 같은 주석처럼 말이다.

HP의 현재 매출인식 정책들은 2009년과 2010년 보고서의 매출과 관련된 것이다. 예를 들어 하드웨어, 소프트웨어, 라이선스, 그리고 서비스 같은 다양한 요소를 포함하고 있을 때는 HP는 판매가격 체계를 근거로 매출을 각각의 요소에 배분한다. 판매가격은 중간유통상의 특수하고 객관적인 증거(VSOE ; Vendor Specific Objective Evidence)에 근거한다. 만약 VSOE가 적정하지 않다면 제3자(TPE ; Third Party Evidence)에 근거하거나 혹은 VSOE와 TPE 둘다 적합하지 않다면 추정 판매가격(ESP ; Estimated Selling Price)에 근거한다. 한 가지 이상의 소프트웨어가 포함된 경우라면 매출액이 각각의 소프트웨어가 아닌 상품을 위해 배분되고, 소프트웨어 제품은 앞서 언급한 판매가격에 기반하여 상대적 판매가를 사용한 소프트웨어 제품에 할당된다. 만약 그 배분이 하나의 소프트웨어 제품 이상을 포함하고 있다면 소프트웨어 제품에 포함하는데, 소프트웨어 매출액 인식을 위한 가이던스를 사용한 각각의 소프트웨어 제품에 할당된다.

앞의 휴렛팩커드 주석은 매출액 인식을 설명하는 아홉 개 문단 중 하나이며, 우리가 7장에서 다루는 매출액 인식의 하나이다. 다른 것은 제쳐놓고 여기서 중요한 것은 휴렛팩커드가 이 이슈에 접근하는 방식을 설명했다는 것이다. 매출액이 언제 인식되는가의 결정은 재무기술의 핵심 요소이다. 단순하게 월마트의 주석은 항상 간단하며, 휴렛팩커드의 주석은 항상 복잡하다고 생각하면 안 된다. 우리가 여기에서 보여주는 사례는 연간보고서의 손익계산서에서 발견하게 될 주석들의 다양성을 설명하고 있을 뿐이다.

때때로 주석을 읽다보면 기업들에 관한 몇몇 매우 흥미로운 것들은 발견하게 될 것이다. 그러니 그것들을 즐길 줄 알아야 한다(우리가 예전에 주석은 흥미롭다는 말을 하지 않았던가?). 그럼에도 만약 주석에서 필요로 하는 설명들을 발견하지 못했다면 최고재무책임자에게 물어봐라. 그는 틀림없이 적절한 답변을 해줄 것이다.

하나의 큰 규칙

각종 보고서를 읽기 위해서는 규칙들이 필요하다. 손익계산서를 마주할 때마다 생각하기에 앞서 규칙 하나는 절대 잊지 말아라. 그 규칙은 다음과 같다.

손익계산서에 나와 있는 많은 숫자들은 추정과 가정을 반영하고 있다는 사실을 기억하라. 회계사들은 어떤 부분에서는 추정치를 넣어야 할지, 또 다른 곳에서는 넣지 않아야 할지를 결정해야만 한다. 또한 한편으로는 추정하는 것을 결정해야만 하고 다른 곳에서는 추정하지 않는 것을 결정해야만 한다.

이것이 재무기술이다. 만약 이것을 기억한다면 이 책을 읽는 당신의 재무지능은 다른 수많은 매니저들의 수준을 능가한 것이라 할 수 있다. 그러므로 몇몇 중요한 카테고리를 좀 더 자세히 살펴보자. 만약 다른 손익계산서 샘플을 찾을 수 없다면 책에 부록으로 나와 있는 샘플을 사용해라. 분명히 처음에는 상당히 복잡해 보일 것이다. 그렇지만 조만간 그 양식과 용어에 익숙해질 것이고, 그렇게 된다면 손익계산서가 무엇을 말하는지 이해하기 시작할 것이다.

07
매출액, 관건은 인식이다

우리는 손익계산서의 맨 위칸에서부터 시작할 것이다. 이미 앞에서 지적했듯이 매출액(손익계산서의 맨 위칸)은 종종 수익으로 불린다는 것을 말했다. 여기까지는 괜찮다. 두 단어가 똑같은 것이라는 사실은 나쁘지 않다. 어차피 둘 다 사용할 것이고, 유사하기 때문이다. 그렇지만 주의할 것이 있는데, 어떤 기업들(그리고 많은 사람들은)은 맨 위칸을 '수입'이라고 부른다. 인기 회계 소프트웨어인 퀵북(Quick Books)은 '수입'이라는 용어를 사용한다. 대부분의 은행과 금융기관도 '수입'이라는 용어를 사용한다. 이것은 우리를 매우 혼란스럽게 하는데 '수입'은 종종 손익계산서 맨 아래 칸의 '이익'을 의미하기 때문이다(우리는 지금 손익계산서의 맨 꼭대기에서 언어와 전쟁을 치르고 있다. 도대체 이 혼란을 누가 바로잡을 것인가?).

기업은 제품이나 서비스가 고객에게 도달하는 때를 매출액으로 기록하거나 인식할 수 있다. 단순한 원칙이다. 그렇지만 우리가 이 책의 앞에서 언급했듯이, 현실에서는 매우 복잡한 상황에 처하게 된다. 매출액이 언제 기록될 수 있는가에 관한 인식은 손익계산서의 기술적 측면 중 하나이다. 그것은 회계사들이 가장 신중을 기하는 부분으로 매니저들도 가장 세밀하게 이해해야만 한다. 그러므로 이 부분이야말로 재무 소비자인 여러분의 기술이 활용되는 분야이다. 만약에 상황이 올바르게 진행되는 것처럼 보이지 않는다면, 질문을 해라. 그리고 만약 만족스러운 답변을 얻을 수 없다면 그때는 주의해야 할 때이다. 매출액 인식은 재무사기가 가장 빈번하게 일어나는 곳이다.

불명확한 가이드라인

GAAP 가이드라인 중 회계사들이 매출액을 인식하기 위해 가장 의존하는 가장 중요한 것은 수익은 획득되어야만 한다는 것이다. 제조기업은 제품을 선적해야만 한다. 서비스기업은 업무를 수행해야만 한다. 이는 언뜻 생각하면 공정한 것처럼 보인다. 그렇다면 다음과 같은 상황에 대해서는 뭐라고 할 것인가?

- 회사는 대규모 고객을 위해 시스템 통합 업무를 해준다. 전형적인

 매출액Sales
매출액 혹은 수익은 어느 주어진 기간 동안 회사가 고객에게 제공한 모든 제품 혹은 서비스의 달러 환산 가치이다.

프로젝트는 디자인을 하는데 6개월이 필요하며 고객은 이를 승인한다. 그리고 디자인을 실행하는데 12개월이 걸린다. 모든 것이 완성되기까지 고객에게는 아무런 실제 가치가 없다. 이때 이 프로젝트는 매출액을 언제 획득하는가?

- 회사는 소매업자에게 판매하는 도매상이다. 인도 전 매출인식법(Bill-and-hold)을 사용한다면 제품을 필요로 하기 훨씬 전에 고객들에게 제품을 매입하는 것을 허용한다(인기 있는 크리스마스 아이템이 여기에 해당한다). 고객들을 위해 제품을 보관한 다음 나중에 그것을 배송한다. 그렇다면 회사는 언제 매출액을 획득할까?

- 여러분은 건축회사에서 일하고 있다. 회사는 고객들에게 빌딩에 관한 설계를 제공하고, 지역의 건축을 담당하는 정부 당국과 협상을 하고, 건축 혹은 재건축을 감독한다. 이 회사가 제공하는 모든 서비스는 기업의 수수료에 포함되는데, 수수료는 일반적으로 건축원가의 일정 비율로 표시된다. 그렇다면 기업이 매출액을 획득하는 때를 어떻게 결정하는가?

우리는 이 같은 질문들에 대해 정확한 답변을 제공할 수 없다. 왜냐하면 회계실무가 기업마다 다르기 때문이다. 바로 그것이 포인트이다. 정확히 어떤 경우에도 변치 않는 답변이란 없는 것이 포인트이다. 프로젝트 기반의 회사들은 전형적으로 프로젝트가 어떤 단계에 도달할 때 매출액 일부를 인식하는 것을 허용하는 규칙이 있다. 그렇지만 원칙은 가변적이다. 어느 기업 손익계산서의 맨 위칸에 있는 '매출액'의 숫자는 항상 매출액을 언제 인식할 것인가에 관한 회계사의 판단을 반영한다. 그리고 판단이 존재하는 곳에는 논쟁의 여지가 있는 것이며, 심지어 조작의 여지마저 있는 것이다.

조작의 가능성

조작의 유혹은 강렬하다. 예를 들어 소프트웨어 회사를 생각해보자. 이 회사가 유지와 업그레이드를 포함한 계약을 5년에 걸쳐 판매한다고 해보자. 그러면 이 회사는 매출액을 언제 인식하는가에 대한 판단을 내려야만 한다.

이제 이 소프트웨어 회사를 실제로는 대기업의 계열사라고 가정해보자. 이 대기업은 월스트리트에 이익전망치를 보고해야 하는 대기업이다. 안타깝게도 이번 분기에 소프트웨어 회사의 모기업은 주당순이익 전망치가 약간 빗나갈 예정이다. 만약 그렇게 된다면 월스트리트의 반응은 그리 좋지만은 않을 것이다. 월스트리트가 민감하게 반응하면 이 회사 주가는 처참하게 하락할 것이다.

아하(이 회사 사무실에서는 사람들의 생각을 들을 수 있다)! 여기는 소프트웨어 부문이다. 우리가 이 소프트웨어 부문의 매출액을 바꾼다고 가정해

 주당순이익EPS : Earnings Per Share

주당순이익이란 회사의 순이익을 발행주식수로 나눈 값이다. 주당순이익은 월스트리트가 가장 관심 깊게 들여다보는 숫자이다. 월스트리트는 많은 회사들의 EPS의 예상치를 갖고 있다. 그리고 이 예상치가 충족되지 않으면 주가는 하락할 가능성이 크다.

보자. 50% 증가 대신에 75% 증가했다고 가정해보자. 이 논리는 이 비즈니스에서 초기 업무가 아주 과다하다는 것이다. 그래서 그들은 제품을 공급하고 서비스를 배송하는데 드는 원가는 물론이고, 매출을 만드는데 들어가는 원가와 노력을 인식해야만 한다. 이렇게 매출액을 수정하면(추가 매출액을 인식하면) 갑자기 주당순이익(EPS)은 월스트리트가 기대하는 수준까지 급증하게 된다.

흥미롭게도 이러한 조정은 불법이 아니다. 이 조정에 대한 설명이 재무상태표 주석에 나타나 있을 수도 있고 그렇지 않을 수도 있다. 아마도 이 책의 6장에서 휴렛팩커드(HP)가 2009년과 2010년의 회계연도에 언급한 매출액 인식 기준에 관련된 주석을 주목했을 것이다. 이 회사는 2008년에 똑같은 섹션에서 매출액 정책에 대해 달리 말하고 있다.

2008 회계연도에 HP는 매출액을 공정가치에 근거해 각각의 요소에 배분했다. 다시 말해 소프트웨어 매출액에 대해 VSOE 공정가치에 근거해 매출액을 인식했다. HP는 우선 매출액을 서비스가 완료되지 않은 공정가치에 배분했고 잔여 매출액은 서비스가 완료된 매출액 요소에 배분했다.

그리고 그 밖의 수많은 라인들이 있다.

우리가 4장에서 언급했듯이 손익계산서의 맨 아래칸에 실질적인 영향을 미치는 회계변경은 이 같은 방식으로 주석에 기재돼야만 한다. 그렇지만 실질적인 것과 실질적이지 않은 것을 누가 결정하는가? 이 책을 읽는 독자들은 이 질문의 답을 알고 있다. 바로 회계사들이다. 사실상 현재 대비 75%로 매출액을 올리는 것은 이 소프트웨어 회사의 현실을 감안했을 때 더 정확한 것일 수도 있다. 그렇지만 회계방식에서 이 같은 조정은 좋은 재무분석일까? 혹은 이익예상치를 만들기 위한 필요성을 반영하는가? 여기에는 편향이 존재하는가? 기억하라. 회계란 제한된 데이터를 사용해 가능한 한 정확하게 기업이 어떻게 성과를 내는지를 보여주는 기술이다. 손익계산서에 나오는 매출액은 추정치이며 최상의 추측일 뿐이다. 이 사례는 추정치가 어떻게 편향을 가져올 수 있는지 보여준다.

편향을 조심해야만 하는 사람은 투자자뿐만이 아니다. 매니저들 또한 편향을 조심해야 한다. 왜냐하면 그것이 그들 업무에 직접적인 영향을 미치기 때문이다. 예를 들어 자신이 세일즈맨이라고 해보자. 당신과 당신의 스태프는 매달 매출액 숫자에 집중한다. 사람들을 그 숫자에 근거해 운영한다. 여러분은 그들과 성과에 대해 논의한다. 또한 해고와 채용에 관한 결정을 내리며 보상과 인정에 관한 결정도 내리는데, 이 모든 것들이 숫자를 바탕으로 한다.

이제 회사는 소프트웨어 회사가 했던 것을 한다. 회사는 몇 가지 목표를 달성하기 위해 매출액 인식방법을 변경한다. 갑자기 스태프들이 엄청나게 잘하는 것처럼 보인다! 모든 사람들에게 보너스가 지급된다! 그렇지만 조심해라. 강조되고 있는 매출액 숫자는 아마도 이전의 매출액 인식과 똑같이 좋아 보이지 않을 수 있다. 만약 매출액 정책이 변경되었다는 사실과 보너스를 생략했다는 사실을 알지 못했다면, 실제로 실적이 개선되지 않았는데도 보상을 받고 있는 것이다. 이때 재무지능이 등장한다. 여기서 재무지능이란 매출액이 어떻게 인식되고, 매출액 숫자에서 실제 변수가 무엇이었는지 분석하고, 실제적인 성과의 변화에 기반한(혹은 기반하지 않는) 보너스를 받는 것을 이해하는 것을 의미한다.

이와 별도로 분식회계는 아마도 손익계산서의 맨 위에 있는 매출액에서 가장 빈번하게 발생할 것이다. 많은 기업들이 상당히 의심스러운 방식으로 매출액 인식을 한다. 이 이슈는 특히 소프트웨어 산업에서 민감하다. 소프트웨어 기업들은 종종 그들의 제품을 재판매자에게 공급하며, 재판매자는 최종 사용자에게 판매한다. 월스트리트로부터 그들의 수치에 관해 압력을 받는 제조기업들은 빈번하게 마지막 분기에 유통업자에게 주문 받지 않은 소프트웨어를 배송하려는 유혹에 빠진다(이 방식은 '제품 밀어내기Channel stuffing'로 알려져 있다). 이런 일이 소프트웨어 기업에서만 발견되는 것은 아니다.

예를 들어 비테세(Vitesse)라는 반도체 기업은 2010년에 미 증권거래위원회로부터 1995년부터 2006년까지 당시 경영진이 저질렀던 행위들 때문에 기소되었다. 이 기소 중에는 "제품 선적에 관한 매출액을 부적절하게 기록하기 위해서 채널 제품 밀어내기를 한 음모"가 포함돼 있다. 비테세로부터 제품을 선적받은 중간유통업자는 그 제품을 반환할 수 있는 "무조건적 권리"를 가졌다. 이 권리는 부속문서와 구두약속에 의해서 성립됐다. 비테세와 경영진은 그 기소를 타결했다. 이 회사는 나중에 "주로 매출액 인식과 재고자산에 관련된 부적절한 회계절차를 악용했으며 이러한 절차를 숨기기 위해 회계기록을 준비하거나 변경했다"고 인정했다. 새 경영진은 장부를 깨끗하게 만들었다.

이러한 절차에 관련해 항상 확실한 길을 걸었던 기업으로는 인터넷 플래시 플레이어와 기타 제품들을 생산하는 매크로미디어(Macromedia)가 있다. 제품 밀어내기가 업계에 심각한 문제가 되고 있을 때, 매크로미디어는 자발적으로 중간유통업자에게 제공되는 재고자산의 추정치를 보고함으로써 이 제품의 채널이 고의적으로 배송되지 않고 있음을 보여주었다. 이러한 메시지가 주주와 종업원에게 전하는 것은 명백했다. 매크로미디어는 이러한 관행에 빠져들지 않을 것이라는 뜻이었다(매크로미디어는 나중에 어도비에 인수됐다).

재무 스캔들에 관해서 다음 번에 읽을 때는 어떤 사람이 매출액에 관련된 숫자를 혼돈시키지 않는지 우선 체크해라. 불행하게도 그 같은 일은 일상적으로 일어난다.

수주잔고와 예약

사기와 조작을 별도로 하면 매출액은 그 회사가 고객에게 제공한 제품이나 서비스에 대한 달러 액수를 보여준다. 하지만 그것이 회사의 매출액 성공을 측정하는 유일하게 중요한 것은 아니다. 대부분의 경우에 그만큼 중요한 것으로는 계약체결은 되었지만 아직 선적출발이 되지 않은 주문(Order)이 있다. 다시 말해 주문은 부분적으로 완성된 프로젝트에 대해 아직 인식되지 않은 매출액이다. 또한 그것은 파이프라인에 들어 있는 것의 가치이다. 이처럼 아직 인식되지 않은 매출액을 기업들은 수주잔고(Backlog)와 예약(Bookings)이라고 한다.

많은 상장기업들이 애널리스트와 주주들에게 자사의 미래전망을 알려주기 위해 수주잔고와 예약을 보고한다. 그들은 다양한 방법으로 이 숫자를 공개한다. 예를 들어 우리 고객 중의 한 사람은 계약의 전체 가치와 연간 가치를 동시에 추적한다. 물론 예약은 새 주문이 오면서 날마다 변할 수 있고, 기존의 주문이 취소되거나 수정되면서 바뀔 수 있고, 부분적으로 완성된 프로젝트의 업무가 수행되면서 바뀔 수 있다. 어떤 경우에는 수주잔고 혹은 예약이 어떤 트렌드를 의미하는지를 결정해야 할 때가 있다. 예를 들어 증가하는 수주잔고는 증가하는 매출액을 가리킬 수 있다. 혹은 그 회사의 제품문제가 증가하고 있음을 의미할 수 있다. 어떤 일이 진행되고 있는지를 알아내는 방법은 주어진 기간에 이 회사의 어느 정도의 수주잔고가 매출액으로 바뀌는지를 측정하는 것이다. 예를 들어 어떤 회사는 수주잔고의 75%가 향후 6개월 만에 매출액으로 바뀌기를 기대한다고 말할 수 있다.

이연수익

보통 항공티켓을 살 때 항공사는 구매자의 신용카드를 곧바로 결제한다. 티켓을 산 사람이 3주 동안 여행할 계획이 없다 하더라도 말이다. 회계사들은 그런 금액을 이연수익(Deferred revenue)이라고 부른다.

이연수익은 우리가 이 장에서 따로 논의해야만 할 것처럼 들리지만 매출과 관련이 있다. 그것은 결국 매출로 전환될 것이지만 여기에 속하지는 않는다. 보수적 GAAP의 원칙을 기억하는가? 부분적으로 매출액은 실제로 획득되었을 때(그리고 오직 그 때에)에 인식되어야만 한다. 이연수익은 입금된 금액이지만 아직 획득되지는 않은 것이다. 그래서 손익계산서에는 산입될 수 없다. 대신 회계사들은 이연수익을 재무상태표의 부채로 계상한다. 다시 말해 그 기업이 다른 누군가에게 빚을 진 것으로 계상하는 것이다. 이번 사례에서 보면 항공사는 티켓을 산 사람에게 비행을 해 주는 것을 빚지고 있는 것이다. 우리는 이연수익을 파트 3에서 심층적으로 다룰 것이다.

08
원가와 비용, 정답은 없다

대부분의 매니저들은 비용과 관련해 경험이 풍부하다. 그렇지만 그러한 경험에 무수히 많은 추정과 잠정적 편향이 있다는 사실을 아는가? 주요 아이템을 한번 조사해보자.

매출원가 혹은 서비스원가

손익계산서에 나와 있는 비용은 2가지 기본적 카테고리로 나뉜다. 첫 번째는 매출원가(COGS, Cost Of Goods Sold)이다. 일반적으로 이 카테고리에는 몇 가지 다른 이름들이 있다. 예를 들어 서비스기업에서는 서비스원가(COS, Cost Of Services)라고 한다. 단순함을 위해서 우리는 'COGS 혹은 COS'라는 축약어를 사용할 것이다. 어쨌든 중요한 것은 이름이 아니라 그것이 무엇을 포함하고 있느냐다.

매출원가라는 것은 제품을 제조하거나 서비스를 배달하는데 직접적으로 관련된 모든 원가를 측정하기 위한 것이다. 예를 들어 재료비, 노무비가 여기에 해당한다. 만약 이 규칙이 수많은 해석이 가능하다고 생각한다면 당신은 돈 위에 군림하고 있는 것이다. 회계부서는 매출원가에 무엇을 포함하고 무엇을 다른 곳에 넣어야 하는가에 대한 의사결정을 해야만 한다. 이 결정 중 일부는 아주 쉽다. 예를 들어 제조기업에서는 다음의 비용들이 원가에 포함된다.

- 제조라인에서의 사람들의 임금
- 제품제조에 사용된 원재료의 원가

그리고 다음과 같은 원가들은 명백하게 제외된다.

- 회계부서에서 사용된 공급원가(예를 들어 종이)
- 사무실 인사담당 매니저의 임금

애매한 부분들도 있다. 매우 많은데, 예를 들면 다음과 같다.

매출원가COGS ; Cost of Goods Sold **혹은 서비스원가**COS ; Cost of Sold
매출원가 혹은 서비스원가는 비용의 한 카테고리이다. 그것은 제품을 생산하거나 서비스를 배달하는데 직접적으로 관련된 모든 원가를 포함한다.

- 제품생산 공장을 운영하는 사람의 임금은 어떤가?
- 공장 감독관의 임금은 어떤가?
- 매출에 대한 커미션은 어떤가?

이 모든 것들은 직접적으로 제품제조와 관련 있는 것들인가? 혹은 이 것들은 인사담당 매니저의 원가처럼 간접비용인가? 서비스업종에서도 똑같은 애매모호함이 있다. 서비스기업의 서비스원가는 전형적으로 서비스를 제공하는데 따르는 노동력을 포함한다. 그렇지만 그룹의 감독관은 어떤가? 그룹감독관의 임금은 일반운영의 일부이므로 서비스원가에 포함돼서는 안 된다고 주장할 수 있다. 또한 그룹의 감독관은 직접 서비스를 수행하는 직원들을 지원하고 있으므로 서비스원가에 포함돼야 한다고 주장할 수 있다. 이런 것들은 모두가 판단을 필요로 한다. 여기에 명백하고 빠른 규칙은 없다.

솔직하게 말해 어떤 명확한 정답이 없다. GAAP는 수천 페이지에 달하며, 많은 페이지에 상세한 규칙들을 설명하고 있다. GAAP에 "공장 매니저는 제외된다" 혹은 "감독관은 포함된다"라고 쓰여져 있다고 생각할지도 모르겠다. 그렇지만 그런 행운은 없다. GAAP는 오직 가이드라인을 제공할 뿐이다. 기업들은 그러한 가이드라인을 가지고 자신들의 특별한 상황에 부합하는 논리를 적용할 뿐이다. 회계사들이 늘 말하듯, 핵심은 합리성과 지속성이다. 기업의 논리가 합리적이고 그 논리가 지속적으로 적용되는 한, 그 논리가 무엇을 원하건 무조건 "OK!"인 것이다.

어떤 것이 포함되어야 하고 어떤 것이 포함되지 않아야 하는지에 관해 다음과 같은 시나리오를 생각해보라.

- 건축 사무소에서 엔지니어링 분석부서를 운영하고 있다. 지난 시기 해당 부서 스태프들의 급여는 서비스원가에 포함되었다. 그런데 지금은 재무 담당자들이 이러한 원가들을 서비스원가에서 제외했다. 그것은 완벽하게 합리적이다. 해당 부서가 건축 디자인을 완성하는 것과 많은 관련이 있다고 해도, 어떤 특정한 업무와 직접적으로 관련되어 있다고 말할 수는 없기 때문이다. 그래서 이 변화가 문제가 되는가? 정말 그럴 수 있는가? 물론이다. 해당 부서의 속한 여러분과 여러분의 스태프는 더 이상 흔히 말하는 '라인 위의' 일부가 되지 않는다. 이제 당신은 회사 레이더 스크린에서 다르게 등장할 것이다. 만약 회사가 영업이익에 집중한다면 경영진은 서비스원가를 신중하게 모니터할 것이다. 서비스원가에 영향을 미치는 부서는 그들이 목표를 달성하기 위해 필요한 모든 것을 갖출 수 있도록 아낌없는 지원을 받게 될 것이다. 일단 여러분이 서비스원가에서 벗어난다면, 다시 말해서 '라인 밑에 있다면' 관심을 받는 수준은 매우 낮아질 것이다.
- 이 책을 읽는 여러분은 월간 100만 달러의 영업이익을 만드는 것을 책임지고 있는 공장의 매니저다. 그런데 이번 달 영업이익의 목표

🖱 라인의 위와 아래

라인(Line)이란 일반적으로 매출총이익을 말한다. 손익계산서의 매출총이익 라인의 위에는 일반적으로 매출액과 매출원가가 있다. 이 라인의 아래에는 영업비용, 이자비용, 법인세가 있다. 차이는 무엇인가? 라인의 위에 있는 아이템들은 라인의 아래에 있는 아이템에 비해 변동성이 크며, 그래서 매니저들의 관심을 더 받는다는 것이다.

가 2만 달러에 못 미쳤다. 그런데 그때 매출원가 가운데 2만 5천 달러가 '공장수주의 계약관리'라는 항목의 아이템으로 있는 것을 발견했다. 이것이 매출원가에 속할까? 여러분은 담당자에게 이 원가를 영업비용으로 옮기도록 강력하게 요청한다. 담당자는 동의한다. 변경이 이뤄진 후 목표는 달성되었고 모두가 행복하다. 외부인은 무엇이 벌어지고 있는지를 보고 나서 영업마진이 개선되었다고 믿는다. 이 모든 것들은 목표를 달성하기 위해서 만들어놓은 변경에서 기인한다.

다시 한 번 말하지만 이 같은 변경사항들은 합법적이다. 합리성과 지속성의 테스트를 만족시키기만 한다면 말이다. 심지어 이번 달의 매출원가에서 비용을 빼내 다음 달에 그것을 그 자리에 집어넣을 것을 요청할 수도 있다. 필요한 것은 담당자가 납득할 수 있을 정도의 충분한 합리성이다(변경이 실질적이라면 감사도 설득해야 한다). 그리고 변경이 실질적이라면 그 변경을 공개할 필요가 있다. 물론 그 규칙을 한 회계연도에서 다른 회계연도까지 지속적으로 바꾸는 것은 나쁜 형태일 것이다. 우리가 회계사들에게서 요구하는 한 가지는 지속성이다.

영업비용, 무엇이 필요할까?

매출원가에서 어떤 원가가 제외되었을 때 그 원가는 어디로 가는걸까? '라인 아래 부분'은 어디에 있는가? 그것은 원가의 다른 기본적인 카테고리이다. 바로 영업비용(Operating expenses)이다. 어떤 기업들은 영업비용을 '판매 및 일반 관리비(SG&A ; Sales, general, and administration expenses)'라고 부른다. 다른 기업들은 SG&A를 하위 카테고리로 분류하고 판매와 마케팅을 그들의 고유한 라인으로 둔다. 어느 기업은 종종 이 구분을 각각의 상대적 규모에 근거를 둔다. 마이크로소프트는 판매와 마케팅 비용을 별도의 라인으로 두기를 선호하는데, 그것은 이 회사에서 판매와 마케팅 비용이 큰 비중을 차지하기 때문이다. 이와 대조적으로 바이오 기업인 제네테크는 판매와 마케팅을 판매와 일반 관리비에 포함시키는데, 이는 좀 더 전형적인 접근법이다. 두 기업 모두 연구개발비를 분리시키는데, 이것은 연구개발비가 상대적으로 중요하기 때문이다. 그러므로 일하고 있는 회사가 어떻게 비용을 분류하는지 관심을 가져야 한다.

영업비용은 종종 경비(Overhead)로 불린다. 이 카테고리는 임대료, 유틸리티, 전화기, 연구, 그리고 마케팅 같은 아이템을 포함한다. 또한 경영진과 스태프의 급여(인사, 회계, IT 기타 등등)에 덧붙여 회계사가 매출원가에 속하지 않는다고 결정한 모든 것들을 포함한다.

어쩌면 영업비용을 비즈니스의 '콜레스테롤'이라고 생각할지 모르겠다. 좋은 콜레스테롤은 신체를 건강하게 만들지만 나쁜 콜레스테롤은 동맥경화를 일으킨다. 좋은 영업비용은 여러분이 속해 있는 비즈니스를 강하게 하는데 반해, 나쁜 영업비용은 순이익을 떨어뜨리며 비즈니스 기회

> **영업비용** Operating expenses
> 영업비용은 비용의 또 다른 주요 카테고리이다. 이 카테고리는 제품을 제조하거나 서비스를 전달하는데 직접적으로 관련되지 않은 원가를 포함한다.

를 활용하는 것을 막는다(나쁜 영업비용의 또 다른 이름은 '불필요한 관료체제'이다).

매출원가와 영업비용에 관해서 한 가지만 더 이야기해보자. 보통 매출원가가 변동비(생산량에 따라 변하는 원가)와 동일하며 그래서 영업비용은 고정비라고 생각할 것이다. 예를 들면 재료비는 변동비이다. 더 많이 생산할수록 더 많은 재료를 구매해야 한다. 그리고 재료비는 매출원가에 포함된다. 인사부서에 있는 사람들의 급여는 고정비이며 그것들은 영업비용에 포함된다. 하지만 실제로는 그렇게 단순하지 않다. 예를 들어 감독관의 급여가 매출원가에 포함된다면 그 라인의 아이템은 단기적으로는 고정된다. 10만 개의 위젯(물건)을 생산해내든 15만 개를 생산해내든 단기적으로는 고정돼 있다. 판매비도 생각해보라. 판매비는 전형적으로 판매 및 일반 관리비의 일부이다. 커미션을 지급하는 판매인력을 가지고 있다면 판매비는 어느 정도 변동비이다. 그렇지만 판매비는 매출원가라기보다 영업비용이다.

감가상각과 감모상각의 위력

판매와 일반 관리비에 종종 묻혀 있는 영업비용의 또 다른 파트로는 감가상각(Depreciation)과 감모상각(Amortization)이 있다. 이들 비용을 어떻게 다루느냐에 따라 손익계산서의 이익이 큰 영향을 받는다.

우리는 이전 파트에서 감가상각의 사례를 다뤘다. 예를 들어 배달용 트럭을 구입하고, 그 트럭이 사용될 것이라 생각되는 기간의 3년으로 나누는 것이다. 우리가 말했듯이 그것은 수익비용대응의 원칙의 한 예이다. 일반적으로 감가상각이란 트럭 혹은 기계 같은 실물자산에 대한 그것의 추정 사용연한에 따른 '비용'이다. 이 모든 것들이 의미하는 바는 회계사는 그 자산이 어느 정도의 기간에 사용될 것이며, 전체 코스트에 어느 정도의 비율로 배분할 것이며, 그리고 그 금액을 손익계산서에 비용으로 계상하느냐는 것이다. 그렇지만 이러한 무미건조한 문장들을 재무 기술자들이 재량껏 악용할 수 있다. 이를 막기 위해서는 좀 더 세밀한 규정이 필요하다. 왜냐하면 감가상각에 관한 가정들이 기업의 실적에 어떻게 영향을 미치는지를 정확히 보게 될 것이기 때문이다.

이 사안을 단순화해보자. 예를 들어 업무가 행해지는 1개월의 절반 기간에 우리는 1만 달러어치의 비즈니스를 했다. 운전수의 급여, 가스비 같은 간접원가로 5,000달러를 계상하고 3,000달러를 임대료, 마케팅 비용 같은 경비로 계상한다. 해당 월의 초기에는 배달용 트럭을 3만 6,000달러에 매수한다. 우리는 그 트럭이 최소 3년 동안 사용가능할 것이라고 기대했으므로 매달 1,000달러를 감가상각한다(단순 정액법에 의한 감가상각법). 그러므로 이 경우 극도로 단순화된 손익계산서는 다음과 같다.

매출액	$10,000
매출원가	$ 5,000
매출총이익	$5,000
비용	$ 3,000
감가상각비	$ 1,000
순이익	$ 1,000

그렇지만 우리의 회계사들은 미래를 정확하게 알아낼 수 있는 수정구슬이 없다. 그들은 트럭이 3년 동안 존속할 것이라는 것을 정확히 알지 못한다. 그저 가정일 뿐이다. 몇 가지 대안을 생각해보라.

- 트럭이 오직 1년 동안만 존속할 것이라고 가정할 수 있다. 이 경우 트럭은 매달 3,000달러씩 감가상각해야 한다. 그것은 순이익 2,000 달러를 감소시키며, 이 경우 회사는 순이익 1,000달러가 순손실 1,000달러로 바뀌게 된다.
- 대안으로 트럭이 6년(72개월) 동안 존속할 것이라 가정할 수 있다. 이 경우 감가상각비는 매달 겨우 500달러이며 순이익은 1,500달러로 뛰어 오른다.

순식간에 이익이 바뀌는 이 사례를 보면 여러 가지 생각이 떠오를 것이다. 전자의 경우 우리는 갑자기 적자경영을 하는 것이다. 후자의 경우 우리는 순이익을 50%나 증가시켰다. 그리고 이것은 단지 감가상각에 관한 가정을 바꿨기 때문에 가능한 것이다. 물론 회계사들은 GAAP를 준수해야 하지만 GAAP는 풍부한 유연성을 용인하고 있다. 어떤 종류의 규칙을 회계사가 따르든 간에 어느 자산이 한 회계연도 이상으로 존속할 때 추정은 언제나 필요할 것이다. 재무적으로 현명한 매니저의 임무는 그 같은 추정을 이해하고, 그것이 어떻게 재무제표에 영향을 미치는지를 아는 것이다.

만약 순수하게 학술적 훈련을 하고 싶다면 폐기물 처리 기업인 웨이스트 매니지먼트사(WMI ; Wage Management Inc.)의 유명한 사례를 생각하면 된다. 웨이스트 매니지먼트사는 한때 위대한 기업의 성공 스토리였고, 쓰레기 재활용 업계의 선두주자였다. 그런데 이 회사가 순이익에서 35억 4,000만 달러를 세전공제(일시상각)하겠다고 공시했을 때 많은 사람들이 충격을 받았다. 일시상각은 우리가 다음 장에서 논의할 테지만, 종종 구조조정에 앞서 이뤄지는 것이기 때문이다. 그렇지만 이번 경우에는 다르다. 사실 웨이스트 매니지먼트사는 사상 초유의 대규모 분식회계를 했음을 인정했다. 이 회사는 그 시기에 보고했던 액수보다 35억 4,000만 달러가 적은 금액을 벌었다.

무슨 일이 벌어졌을까? 웨이스트 매니지먼트사는 애초에 다른 쓰레기 기업들을 매입하면서 성장해왔다. 회사의 성장은 매우 빨랐고, 월스트리트의 주목을 받았다. 그런데 이 회사가 매입해야 할 쓰레기 회사의 공급이 감소하기 시작하자, 웨이스트 매니지먼트사는 다른 산업의 기업들을 매입했다. 이 회사가 쓰레기를 처리하는 데는 매우 능숙할지 모르지만, 다른 기업들을 어떻게 효과적으로 경영하는지는 잘 알지 못했다. 결국 웨이스트 매니지먼트사의 이익은 감소했고, 주가는 급락했다. 주가를 부양하기 위한 필사적인 노력의 일환으로 경영진은 이익을 늘리는 방법을 찾기 시작한 것이다.

경영진들의 눈길은 회사가 보유한 2만 개의 쓰레기 트럭에 쏠렸다. 이 트럭은 평균 15만 달러를 지불해 구입한 것이다. 그때까지 이 회사는 트럭의 감가상각을 업계표준인 8~10년으로 했다. 경영진은 이 기간이 길지 않다고 보았다. 성능이 좋은 트럭은 12년, 13년, 심지어 14년까지 사용할 수 있다. 트럭의 감가상각에 4년을 추가한다면, 손익계산서 이익에 놀라운 일을 할 수 있다. 작은 물류회사가 수천 번 곱해지는 것과 같다고 할 수 있다.

경영진은 거기서 멈추지 않았다. 그들은 똑같은 트릭을 해낼 수 있는 또 다른 자산이 있음을 발견했다. 바로 150만 달러의 폐기물 수집용기에 관한 것이었다. 개별 폐기물 수집용기의 감가상각 기간을 표준적인 12년에서 15년, 18년 혹은 20년까지로 늘릴 수 있었다. 이 경우 해마다 또 다른 이익 덩어리를 거머쥐는 것이다. 트럭과 폐기물 수집용기에 감가상각을 조작함으로써, 웨이스트 매니지먼트사의 경영진들은 세전이익을 7억 1,600만 달러만큼이나 끌어올릴 수 있었다. 이는 그들이 실제보다 이익을 많아 보이게 하기 위해 사용하는 수많은 트릭 중 하나였을 뿐이다. 이것은 이 회사의 이익이 왜 그렇게 어마어마했는지를 설명해준다.

물론 사기계획이 일반적으로 폭로되듯이 얽히고설킨 비밀은 들통나고 말았다. 그때가 되자 회사를 구하기에는 너무 늦었다. 웨이스트 매니지먼트사는 경쟁사에 팔렸고, 경쟁사는 이름만 유지하고 모든 것들을 바꿨다. 이 사건에서는 비록 민사적 처벌은 내려졌지만, 사기를 저지른 범인들에 관해서는 어떤 범죄혐의도 그들을 상대로 제기되지 않았다.

감가상각이란 회계사들이 말하는 비현금비용(Non cash expenses)으로 부르는 중요한 사례이다. 물론 이 지점에서 자주 혼란스럽고 방향을 잃어버린다. 어떻게 비용이 현금이 아닌 다른 것이 될 수 있는가? 이런 수수께끼 용어에 대한 열쇠는 현금은 이미 지불됐다는 것을 기억하는 것이다. 이 회사는 이미 트럭을 매입했다. 그렇지만 비용은 그 달에 기록되지 않았고, 트럭의 사용연한에 조금씩 할당되어야 한다. 더 이상 돈은 문 밖으로 나가지 않는다. 회계사들이 이번 달 매출액이 얼마인지 계산하는 방식은 그 트럭을 어떻게 이용하나에 달려 있다. 그래서 손익계산서는 트럭에 원가를 반영하는 무언가를 갖고 있는 것이 더 낫다.

여러분은 자산을 감가상각하는 다양한 방법이 있다는 사실을 알아야만 한다. 그렇다고 감가상각하는 방법을 알아둘 필요는 없다. 회계사에게 맡기면 된다. 다만 반드시 알아야 하는 것은 그러한 자산의 사용이 그것이 불러들이는 매출액에 적합한지이다.

감모상각은 감가상각과 기본개념이 동일하다. 그렇지만 감모상각은 무형자산에 적용된다. 요즘에 무형자산은 기업 재무상태표에서 큰 부분을 차지한다. 특허 저작권, 영업권(11장에서 설명할 예정이다) 같은 아이템들은 모두가 자산이다. 이것들을 획득하기 위해서는 돈이 필요하며, 가치가 있다. 그렇지만 부동산이나 장비처럼 물리적인 실체가 있는 유형의 자산이 아니다.

이들 자산은 여전히 동일한 방식으로 계산되어야만 한다. 특허를 예로 들어보자. 회사는 특허권을 매입하거나, 특허권을 위해 연구개발을 해야만 하고, 특허권을 신청해야만 했다. 이제 특허는 매출을 발생시키는데 기여하고 있다. 그래서 회사는 특허비용을 특허가 만들어내고 있는 매출과 대응시켜야만 한다. 특정 시기에 작은 금액이고 자산이 무형일 경우 회계사들은 그것을 감가상각이라기보다 감모상각이라고 부른다. 우리로서는 잘 모르겠지만 이유가 뭐든 간에 그것이 바로 혼란의 시작이다.

 비현금비용 Noncash expense

비현금비용이란 어느 기간의 손익계산서에 기재되지만 실제 현금은 사실상 지급되지 않는 것이다. 여기에 해당되는 것은 감가상각이 있다. 회계사들은 장비의 감가상각을 위해 매달 특정 금액을 감액한다. 그렇지만 이 회사는 장비를 이전 기간에 취득했으므로 비용을 지불할 의무가 없다.

결과적으로 경제적 감가상각은 시간이 흐르면서 자산의 가치가 줄어든다는 것을 의미한다. 실제로 운송 비즈니스에서 사용되는 트럭은 시간이 흐르면서 가치를 잃는다. 그렇지만 감가상각과 감모상각의 회계는 가치의 상실이라기보다 원가의 할당에 관한 것이다. 예를 들어 트럭은 3년에 걸쳐서 감가상각될 수 있고, 마지막 기간에 그 가치가 제로가 된다. 다만 마지막 기간에 트럭은 약간의 가치가 있을 수 있다(이를 잔존가치 Salvage value라고 한다).

특허권은 사용연한에 따라서 감모상각될 수 있다. 만약 기술이 특허를 넘어서 진전된다면 특허의 가치는 회계사가 뭐라든 수년 후에 거의 제로에 가까워 질 수 있다. 그러므로 자산이란 장부에 얼마라고 기재되든 지간에 거의 그 가치를 못할 수 있다(회계, 다시 말해 '장부Book' 가치를 파트 3에서 다룰 예정이다).

일시불, 경고 메시지

회계는 어떤 측면에서는 인간의 삶과 유사하다. 카테고리에 정확히 딱 떨어지지 않는 것들이 아주 많다. 그러므로 모든 손익계산서에는 매출원가에 해당되지도 않고, 영업비용에도 해당되지 않는 비용이 꽤 많다. 보통 모든 재무제표에서 제각각이지만 전형적으로 '기타수익/기타비용(Other income/expenses)'에 해당되는 비용을 보게 될 것이다(일반적으로 이것은 자산의 매각으로부터의 이익 혹은 손실이거나, 혹은 비즈니스의 일상적 운영과 관련되지 않은 것으로부터의 이익 혹은 손실이다). 그리고 물론 법인세

(Taxes)도 그렇다. 이것들 대부분에 대해 걱정할 필요가 없다. 그렇지만 매출원가와 영업비용 다음에 자주 등장하는 항목이 있는데(비록 그것은 영업비용에 때때로 포함되지만) 이 항목은 자주 이익에 민감하게 영향을 미치기 때문에 확실하게 알아야 한다. 이 항목에 가장 큰 계정과목은 '일시불(One time charge)'이다.

종종 월스트리트 신문에서 "Taking the big bath" 또는 그와 유사한 표현을 본적이 있을 것이다. 빅 배스(Big bath)란 목욕을 해서 때를 씻어낸다는 뜻으로, 기업들이 과거의 부실요소를 한 회계연도에 모두 반영해 손실이나 이익규모를 있는 그대로 재무제표에 드러내는 것을 말한다. 장부를 조작하여 이익규모를 부풀리는 분식회계(window dressing)와 대비되는 개념이다. 빅 배스는 신임 CEO가 지난 시기의 과오를 과거의 CEO의 탓으로 돌리기 위해 종종 행해진다. 그것이 바로 일시불을 가리키는 것이며, '특별 항목', '(완전)상각(write-offs)', '(부분)상각(write-downs)', '구조조정 부담(restructuring charges)'과 같은 말이다. 때때로 상각은 웨이스트 매니지먼트사의 경우처럼 어떤 회사가 일을 잘 못했고, 그래서 장부를 수정하고 싶어할 때 발생한다. 그보다 더 빈번하게는 신임 CEO가 회사를 떠맡아 구조조정을 하고, 조직을 개편하고, 공장을 폐쇄하고, 그리고 아마도 직원을 해고하고 싶어할 때 발생한다. 맞건 틀리건 간에 일시불이라는 것은 CEO가 자신의 판단 아래 회사를 개선하기 위한 시도이다(때때로 그것은 전임 CEO의 회사경영에 대한 비난이기도 하고, 다음 연도의 성과개선을 위한 신임을 얻기 위함이기도 하다).

일반적으로 그러한 구조조정은 임대료 상환, 해고수당, 공장처분, 장비매각 같은 커다란 원가를 수반한다. GAAP는 회계사들이 비용이 발생할 것을 인지했을 경우, 그것을 곧바로 비용으로 기록하도록 요구한다. 그러므로 회계사들은 최종적인 숫자가 정확히 얼마가 될지 추정을 하게 되더라도, 구조조정이 발생했을 때 그 금액을 추정하고 기록할 필요가 있다. 여기에 진짜 경고 메시지가 있다. 이는 숫자에서의 편향이 등장할 수 있는 진짜 무서운 장소이다. 여러분은 구조조정의 실제 원가를 어떻게 측정할 것인가?

회계사들은 아주 많은 재량권이 있으며, 그래서 그들은 과녁을 이곳 혹은 저곳으로 설정할 수 있다. 만약 그들의 추정치가 지나치게 높다면, 다시 말해 실제 원가가 기대했던 것보다 낮다면, 일시불의 일부는 반환되어야만 한다. 그 반환된 금액은 사실상 새 회계기간의 이익으로 더해지며, 해당 회계연도의 이익은 그렇게 하지 않았을 때에 비해서 급증한다. 이 모든 것들은 지난 회계연도의 추정치가 부정확했기 때문에 발생한 것이다! 미국 가전제품 업체 선 빔(Sunbeam)의 악명 높은 최고경영자였던 앨버트 던랩(Albert Dunlap)은 임직원들을 가혹하게 해고해 '전기톱 앨(Chainsaw Al)'이라는 별명으로 불렸는데, 회계부서를 이익센터로 여겼다고 알려져 있다(만약 어떤 회사의 어떤 고위 중역이 회계부서를 그런 식으로 말하는 것을 들었다면 해당 회사는 문제가 있는 것일지도 모른다).

물론 구조조정 금액은 아주 적을 수도 있다. 그때 또 다른 금액이 나중에 비용으로 처리되게 된다. 그것은 숫자를 모호하게 만든다. 왜냐하면 나중에 발생할 비용이 새 회계기간에는 어떤 매출액에도 정확히 대응하지 않기 때문이다. 이 시기에 이르면 이익은 그들이 그렇게 하지 않았을 때에 비해 낮아진다. 왜냐하면 회계사들이 이전 시기에 빗나간 추정을 했기 때문이다.

몇 년 전 AT&T는 일시 구조조정 지출을 여러 기간 동안에 빈번하게 하는 것처럼 보였다. 이 회사는 구조조정 지출이 있기 전에 이익이 증가하고 있다고 지속적으로 발표했다. 그렇다고 해도 별 차이가 없다. 왜냐하면 그러한 구조조정 지출 이후에 이 회사는 재무적으로 그리 매끄럽지 않았기 때문이다. 만약 어느 기업이 수년에 걸쳐 연속해서 예외적인 일시 구조조정 지출을 한다면, 그러한 지출에서 예외적이란 게 뭐란 말인가? 미 증권거래위원회(SEC)의 전 의장인 월터 슈츠(Walter Schuetze)는 "그런 지출은 투자자들에게 일이 정말 잘되어 간다고 기만하는 효과를 가져온다"고 말했다.

비용추적은 누가 보느냐에 따라 달라진다

이 섹션은 사기에 관한 것이 아니다. 심지어 이 섹션은 규칙 안에서 현황을 좋게 보이려고 하는 것도 아니다. 이것은 누가 숫자를 관찰하며, 숫자가 어디에 사용되느냐에 관한 것이다. 대부분의 기업들은 비용을 적어도 두 가지 방법으로 추적한다. 이는 비즈니스를 운영하기 위해 규정을 따르고 재무정보를 이용하기 위한 것이다.

어떻게 이것이 가능할까? 우선 GAAP 가이드라인들이 손익계산서에 비용을 어떻게 나타내는지와 관련이 있다. 어느 카테고리에 분류되고 그것이 어디에 속하는가는 지속성, 보수주의, 대응, 그리고 다른 GAAP의 원칙과 가이드라인에 근거하고 있다. 그러면 기업들은 가이드라인 내의 공개보고서에서 비용을 어떻게 나타낼 것인지를 결정한다. 예를 들어 코카콜라는 공개된 GAAP 손익계산서에서 다음과 같은 비용들을 보여주고 있다.

- 매출원가
- 판매 및 일반 관리비
- 기타 영업지출
- 이자비용
- 소득세

좋은 예이다. 그렇다고 이런 카테고리들이 매니저가 자신의 부서를 운영하는데 정말 도움을 주는가? 우리는 코카콜라의 내부용 손익계산서를 확인할 수 없었다. 하지만 여기에 많은 매니저들(모기업과 해외의 병입회사 모두 해당한다)이 알 필요가 있다고 생각하는 카테고리가 있다. 예를 들어 그들은 자신들이 얼마를 지출해야 하는지 알고 싶어한다.

- 음료를 만드는데 사용되는 제품별로 분류된 각각의 재료
- 제품배송과 관련된 모든 원가와 관리될 수 있을 정도로 상세한 내역
- 예를 들면 회계, 인사, IT 같은 부서별 원가
- 제품, 광고, 캠페인 등 분야별로 나뉘어진 매출과 마케팅 원가

결국 몇몇 기업들은 정부에 소득신고를 신청할 때의 보고서들을 공유한다. 이 숫자들은 아마도 매니저들에게 유용한 것과는 한참 거리가 멀 것이다. 소득신고는 GAAP의 규칙과 동일하지 않은 세법을 따른다. 소득

신고는 아마도 그 분야의 전문 세무사가 준비할 것이다. 그래서 소득신고서는 전통적인 재무제표와는 다르게 생겼다. 이것은 사기가 아니다. 단지 똑같은 실체를 다르게 보여주는 방법일 뿐이다.

09
이익의 다양한 형태들

지금까지 우리는 매출액(손익계산서의 맨 위쪽 라인)과 원가와 비용을 다루었다. 매출액에서 원가와 비용을 공제하면 이익(Profit)이다.

profit, earnings, income, 그리고 margin이라는 용어는 얼핏 보면 다른 용어 같지만 실은 '이익'이라는 동일한 의미이다. 놀랍게도 몇몇 기업들은 종종 '이익(Profit)' 대신에 앞의 단어들을 동일한 문서에서 사용하고 있다. 손익계산서는 매출총마진(gross margin), 영업이익(operating income), 순이익(net profit), 그리고 주당순이익(earnings per share)이라는 이름의 아이템들을 갖고 있을 수 있다. 이 모든 것들은 이익의 다른 형태이며 전형적으로 손익계산서에서 볼 수 있다. 기업은 매출총이익(gross profit), 영업이익(operating profit), 순이익(net profit), 그리고 주당순이익(profit per share)이라는 이름으로 손쉽게 부른다. 똑같은 보고서에서 다른 단어들을 사용할 때 마치 다른 개념을 말하는 것처럼 보이지만 사실은 그렇지 않다. 그러므로 이 책에서는 항상 이익(Profit)이라는 용어를 사용하겠다. '이익'의 다양한 형태를 주목하자.

매출총이익, 어느 정도가 충분한가?

매출총이익(매출액에서 매출원가를 뺀 값)은 대부분의 기업에게 중요한 숫자이다. 그것은 기업의 제품이나 서비스의 기본적인 수익성을 말해준다. 만약 여러분의 비즈니스 파트가 이익을 잘 내지 못한다면 아마도 회사는 오랫동안 존속하기 어려울 것이다. 건강한 매출총이익을 창출하지 못한다면, 어떻게 경영진 급여를 포함한 그 라인 아래의 비용들을 지불할 수 있겠는가?

그런데 여기서 건강하다는 것은 무슨 의미인가? 어느 정도의 매출총이익이면 충분한가? 그것은 산업별로 편차가 크며, 동일 산업 내에서도 기업마다 상이한 경향이 있다. 잡화(Grocery) 비즈니스에서 매출총이익은 일반적으로 매출액 중 비중이 낮다. 보석 비즈니스에서는 그 비중이 더 높다. 다른 조건이 동일하다면 매출액이 많은 기업은 매출총이익이 낮아도 생존할 수 있다(이는 월마트가 그렇게 낮은 가격을 견뎌낼 수 있는 이유이다). 기업의 매출총이익을 측정하기 위해서는 그것을 산업평균과 비교할

 이익 Profit

이익이란 매출액에서 비용을 공제하고 남아 있는 금액이다. 이익에는 세 가지 기본적인 형태가 있다. 매출총이익, 영업이익, 그리고 순이익이다. 각각의 이익은 매출액에서 어떤 특정 카테고리의 금액을 공제함으로써 결정된다.

수 있어야 하고, 이는 속해 있는 산업에서 규모가 작은 기업에 적합하다. 연도별 트렌드도 관찰할 수 있는데, 그럼으로써 기업의 매출총이익이 상 승하는지 하강하는지 조사할 수 있다. 만약에 그것이 감소세라면 왜 그런 지를 질문할 수 있다. 제품원가가 상승하고 있는가? 현재 일하고 있는 회 사가 할인판매를 하고 있는가? 이런 식으로 매출총이익이 왜 변하는지를 이해하는 것은 매니저들이 자신들이 집중해야 하는 부분을 생각하는데 도움을 준다.

대부분의 손익계산서들은 우리가 언급한 형태를 따르고 있지만 일부 손익계산서들은 매출원가 혹은 서비스원가를 영업비용이라고 불리는 형 태의 아래에 넣고 있다. 이런 손익계산서들은 매출총이익을 전혀 보여주 지 않는다. 마이크로소프트가 이런 형태를 사용하는 회사 중 하나이다. 여기서 배울 수 있는 교훈은 무엇일까? 그것은 아이템에 관심을 집중하 고, 어느 회사가 비용을 어떻게 조직화하는지를 알아내는 고유한 재무지 능을 사용하라는 것이다. 그리하여 이익을 어떻게 평가해야 하는지 알아 내야만 하는 것이다.

여기서도 그렇지만 숫자에서 벌어질 수 있는 편향을 가려내는 날카 롭고 예리한 눈이 필요하다. 매출총이익은 매출액을 언제 인식할 것인가 와 무엇을 매출원가에 포함시킬 것인가에 관한 결정에 크게 영향을 받는

 매출총이익Gross profit

매출총이익은 매출액에서 매출원가를 차감한 것이다. 이것은 기업이 제품을 제조 하거나 서비스를 배달하는데 들어간 직접원가를 제공하고 나서 남은 금액이다. 매 출총이익은 기업의 영업비용, 법인세, 재무원가, 그리고 순이익을 커버할 만큼 충 분해야 한다.

다. 예를 들어 여러분이 시장조사 기관의 인사담당 디렉터인데 매출총이익이 하향세라는 것을 발견했다고 해보자. 그러면 당신은 숫자를 조사해볼 것이다. 처음에는 서비스원가가 증가하는 것처럼 보인다. 그래서 아마도 일부 직원을 해고하는 것을 포함한 서비스원가의 축소방법을 계획할지도 모른다. 하지만 좀 더 조사해보니 이전의 영업비용이던 급여가 매출원가로 이동했음을 발견한다. 그러면 서비스원가는 증가하지 않은 것이고 직원해고는 실수가 된다. 이제 회계부서 사람들과 논의해야 한다. 왜 회계 담당자들은 급여를 옮겼는가? 왜 그들은 그것을 여러분에게 말하지 않았는가? 만약 급여가 매출원가에 남아 있었다면, 그 기업의 매출총이익의 목표는 감소될 필요가 있다. 그 외에 다른 것들은 그 어떤 것도 변경할 필요가 없다.

영업이익은 기업 건전성의 핵심이다

영업이익(매출총이익에서 감가상각과 감모상각을 포함한 영업비용 혹은 판매 및 일반 관리비를 뺀 값)은 또한 EBIT과 매우 유사한 동의어로 알려져 있다. EBIT는 이자비용과 법인세 이전의 이익을 의미한다(기억하라, 이익earnings은 순이익profit의 또 다른 명칭이다). 매출액에서 아직 차감되지 않은 것은 이자비용과 법인세이다. 왜 차감되지 않았을까? 왜냐하면 영업이익이란 회사가 자신의 비즈니스에서 영업활동을 통해 벌어들인 이익이기 때문이다. 법인세는 비즈니스를 얼마나 잘 이끌었느냐, 그렇지 못했느냐와는 전혀 상관없다. 또한 이자비용은 그 기업이 자본 혹은 부채를 통해 자금을 조달했는지에 달려 있다(우리는 이 차이를 12장에서 다룰 것이다).

하지만 기업의 재무구조는 이것이 영업적 측면에서 얼마나 잘 운영되고 있는지에 대해서는 아무것도 말해주지 않는다. 그러므로 영업이익 혹은 EBIT는 어느 기업이 얼마나 잘 운영되고 있는가에 관한 좋은 척도이다. 이는 주주들에 의해 신중하게 관찰되고 있는데, 왜냐하면 회사의 제품이나 서비스에 관한 전반적인 수요(매출액)와 그 기업의 그러한 제품과 서비스를 배달하는 효율성(원가)을 측정하기 때문이다.

은행과 투자자들은 그 기업이 부채를 갚고 주주를 위해 돈을 벌 수 있는지 보기 위해 영업이익을 들여다본다. 거래업자는 청구서를 갚을 수 있는지 알기 위해 영업이익을 들여다본다(나중에 보겠지만 영업이익이 이런 것들을 확인하기 위한 최선의 측정도구는 아니다). 대형 고객은 그 기업이 업무를 효율적으로 처리할 수 있는지를 확인하기 위해 조사한다. 심지어 똑똑한 종업원들도 영업이익의 숫자를 체크한다. 건강하게 증가하는 영업이익은 종업원들이 자신들의 직업을 계속 유지하고 발전할 기회가 있음을 의미한다.

그렇지만 그 숫자에 있는 잠재적인 편향이 영업이익에 영향을 미칠 수 있음을 기억하라. 거기에 어떤 일시불이 있는가? 감가상각은 어디에 있는가? 우리가 이미 봤듯이 감가상각은 영업이익에 큰 영향을 미칠 수 있다. 한동안 월스트리트의 애널리스트들은 기업의 영업이익 혹은 EBIT

영업이익Operating profit **혹은 EBIT**Earnings Before Interests and Taxes

영업이익은 매출총이익에서 감가상각과 감모상각을 포함한 영업비용을 차감한 것이다. 다시 말해 그것은 기업경영을 통해 창출된 이익을 보여준다.

를 주의깊게 관찰했었다. 그럼에도 불구하고 몇몇 기업들은 나중에 감가상각을 조작해 사기를 저질렀음이 드러났는데(재활용 처리 기업 웨이스트 매니지먼트사가 그렇다), 바로 EBIT가 용의자였다. 그래서 최근 들어 월스트리트는 또 다른 숫자에 관심을 집중하기 시작했는데, 그것이 바로 EBITDA이다. 이는 이자비용, 법인세, 감가상각과 감모상각 이전의 이익(Earnings before interest, taxes, depreciation and amortization)이다. 어떤 사람들은 EBITDA가 기업 영업효율성의 더 나은 측정방법이라고 느끼는데, 왜냐하면 EBITDA가 감가상각 같은 비현금지급액을 무시하기 때문이다(더 최근에는 또 다른 숫자인 잉여현금흐름Free Cash Flow이 월스트리트의 선호대상이 됐는데, 파트 4에서 배울 것이다).

순이익과 그것의 결산법

마침내 손익계산서의 맨 아래 칸이다. 바로 순이익으로 일반적으로 손익계산서의 맨 마지막에 있다. 순이익이라는 것은 모든 것을 차감하고 남은 금액이다. 여기서 모든 것이란 매출원가 혹은 서비스원가, 영업비용, 일시불, 감가상각과 감모상각 같은 비현금비용, 이자비용 그리고 법인세를 말한다.

누군가가 "맨 아래 라인은 무엇이냐?"고 물을 때 그것은 거의 항상 순이익을 말하는 것이다. 주당순이익(EPS)과 주가수익비율(Price earnings ratio) 같은 기업을 측정하는데 사용되는 몇몇 주요 숫자들은 순이익에 기반하고 있다. 주당순이익(EPS)이 'Profit per share'로 불리지 않고 주가수익비율(PER)이 'Price-profit ratio'로 불리우지 않는 것이 이상하지만 그것이 현실이다.

만약 어느 기업의 순이익이 예상보다 낮다면 어떻게 되겠는가? 이것은 매우 큰 이슈가 될 수 있는데, 왜냐하면 경영진의 보너스가 기업의 이익목표치와 연계돼 있기 때문이다. 때때로 일부는 이익을 늘리기 위해서 회계규칙을 조작하기로 결심한다. 예를 들어 미국의 모기지 기업 패니메이(Fannie Mae, 미국 모기지 시장에서 중요한 역할을 하는 국책기업)는 1998년부터 2004년에 걸쳐서 광범위한 금융사기를 저질러서 기소되었다. 사기의 목적은 경영진이 수백만 달러의 인센티브를 받을 수 있도록 이익이 목표치에 도달한 것처럼 만드는 것이었다.

장부조작과는 별개로 낮은 수익성을 해결하기 위한 방법은 오직 세 가지뿐이다.

첫째, 기업은 이익이 높은 매출을 늘릴 수 있다. 이 해법은 거의 언제나 많은 시간을 요구한다. 이 책을 읽는 여러분은 신시장 혹은 새로운 가능성을 발견해야만 하고 매출사이클을 꿰뚫고 있어야 한다. 둘째, 기업은 제품원가를 줄이고 좀 더 효율적인 방법을 알아낼 수 있다. 다시 말해 매출원가를 줄이는 것이다. 이것도 시간이 걸린다. 제품공정을 연구하고 비효율성을 찾아내고 혁신을 실행할 필요가 있다. 셋째, 기업은 영업비용을 줄일 수 있다. 바로 직원수를 줄이는 것이다. 이것은 단기적 해법일 뿐이

 순이익Net profit

순이익은 손익계산서의 맨 아래쪽 라인이다. 매출액에서 모든 원가와 비용이 차감되고 남은 것이다. 그것은 영업이익에서 이자비용, 법인세, 일시불 그리고 영업이익에 포함되지 않은 다른 원가를 차감한 것이다.

다. 하지만 많은 CEO들이 문제가 있는 기업을 맡고 나서 처음 하는 일이 경상비가 발생하는 부분의 보수를 삭감하는 것이다. 이 방법을 사용하면 짧은 시간 안에 이익이 좋아 보이게 할 수 있기 때문이다.

물론 해고는 역효과를 가져올 수 있다. 임직원들의 사기는 떨어진다. 신임 CEO가 머물러 있기를 원하는 좋은 사람들은 다른 새로운 곳에서 직업을 찾기 시작할 수 있다. 더 위험한 사례도 있다. 전기톱 던랩은 자신이 떠맡은 기업의 이익을 끌어올리기 위해 여러 번 직원해고 전략을 사용했다. 월스트리트는 이에 대해 대부분 그에게 보상했다. 그렇지만 그 전략은 선 빔에 가서는 효과를 보지 못했다. 던랩이 인원을 잘라내고 이익이 늘자, 월스트리트가 선 빔의 수익성 펌프질에 열광하며 주가를 끌어올렸다. 하지만 던랩의 전력은 항상 이익이 나는 기업을 파는 것이었다. 선 빔의 주가가 프리미엄이 붙어 거래되기 시작했는데, 이 회사의 잠재적 매수자들에게는 너무 고가였다. 이렇게 매수자가 없어지자 선 빔의 문제가 명백해졌다. 던랩이 이사회에서 쫓겨나는 게 확정될 때까지 선 빔은 절름발이 신세가 되어야 했다.

여기서 도덕성은 어디에 있는가? 대부분의 기업들은 장기적 관점에서 경영을 하고, 수익성 높은 매출을 늘리고, 원가를 줄이는 것에 집중하는 것이 더 낫다. 영업비용은 확실히 다듬어져야만 할 것이다. 그렇지만 그것이 유일하게 집중하는 것이라면, 아마도 심판의 날을 단지 연기하고 있는 것일 뿐이다.

공헌마진, 이익을 바라보는 다른 방법

　지금까지 우리는 세 가지 다른 수준의 이익의 조사했다. 매출총이익, 영업이익, 순이익이 그것이다. 이 모든 것들은 손익계산서가 어떤 배열에 따라 조직돼 있다는 사실을 반영한다. 매출액에서 시작해서 매출원가를 차감해 매출총이익을 구하고, 여기에 영업비용을 차감해 영업이익을 구하고, 여기에 법인세, 이자비용 그리고 나머지 비용들을 차감해 순이익을 구한다. 만약 비용을 다르게 분류하면 다르게 측정된 이익을 마주하게 되는데, 여기서 얼마나 경영을 잘하는가에 관해 더 많은 것을 배울 수 있다. 바로 공헌마진(Contribution margin)으로 이것이 특별한 이익의 밑바탕에 깔린 생각이다.

　공헌마진은 매출액에서 변동비를 뺀 값이다. 판매하고 있는 것에서 고정비를 계산하기 이전에 얻은 이익을 보여준다. 우리가 8장에서 논의했던 것을 기억하라. 변동비는 매출원가 혹은 서비스원가와는 다르다. 그러므로 공헌마진은 매출총이익과도 다르다. 공헌마진 분석에 사용되는 손익계산서는 다음과 같다.

 공헌마진|Contribution margin

공헌마진은 판매하고 있는 제품이나 서비스에 대해서, 회사의 고정비를 제외하고 얼마나 많은 이익을 얻고 있는가를 나타낸다. 공헌마진은 매출액에서 변동비를 차감해 구한다.

[공헌마진 분석 손익계산서]

매출액
변동비
공헌마진
고정비
영업이익
이자비용/법인세
순이익(혹은 순손실)

공헌마진은 변동비 이후에 가능한 마진의 총액을 보여주며, 이는 고정비를 커버하고 회사에 이익을 제공하는 수준이다. 실제로 그것은 고정비를 커버하기 위해 얼마나 생산해야 하는지를 보여준다. 또한 공헌마진 분석은 매니저가 제품들을 비교하고 제품 생산라인을 늘릴 것인가 혹은 줄일 것인가를 결정하도록 도와주며, 제품이나 서비스의 가격을 얼마로 할 것인가를 결정하게 해준다. 심지어 판매커미션을 어떻게 구성할지도 결정하게 해준다.

예를 들어 어느 회사에 공헌마진이 플러스인 생산라인이 있다. 그러면 그 라인에서 순손실이 발생하더라도 그 라인을 유지해야만 한다. 기업이 창출하는 공헌마진은 고정비를 부담하는데 도움을 준다. 그렇지만 만약 공헌마진이 마이너스라면 기업은 제품을 생산할 때마다 돈을 잃고 있는 것이다. 기업은 생산량을 늘릴 경우 그런 종류의 손실을 감당할 수 없으므로, 제품생산라인을 폐쇄하든가 판매가격을 높여야 한다.

환율이 수익성에 미치는 영향

때때로 경영 매니저는 이익에 영향을 미치는 요소를 통제할 수 없기도 하다. 그러한 사례 중 하나가 환율(Exchange rate)이다. 글로벌 경제체제에서 환율이 기업들의 실적을 계산할 때 미치는 영향력이 갈수록 커지고 있다.

사실 환율은 단지 다른 통화로 표현되는 어느 통화의 가격일 뿐이다. 예를 들어 2001년 가을에 홍콩을 방문한 어느 미국인은 1달러로 7.8홍콩달러(HKD)를 살 수 있다. 다시 말해 7.8홍콩달러(HKD)의 가격은 1달러이다. 그렇지만 환율은 시간이 흐르면서 급격히 변화한다. 이 변동은 무역의 흐름, 정부예산, 상대적 이자율, 그리고 수많은 다른 변수들에 달려 있다.

어느 국가의 회사가 다른 나라와 비즈니스를 할 때면 그 회사 영업의 수익성은 환율변화에 영향을 받게 될 것이다. 간단하게 예를 들어보자. 어느 미국 제조기업이 홍콩에 기계를 78만 홍콩달러, 다시 말해 10만 달러(2011년 하반기 기준)에 판매했다고 해보자. 그때 홍콩달러 대비 미국달러가 낮아진다고 해보자. 그러면 7.8홍콩달러(HKD)를 사기 위해 1달러가 넘는 금액이 필요하다.

새 환율이 미국달러당 6.8홍콩달러(HKD)라고 해보자. 그 제조기업은 그 기계에 대해 똑같은 78만 홍콩달러를 받는다. 그런데 그 금액을 미국달러로 환전하면 11만 4,706달러이다. 다른 조건이 동일하다면 이 판매로 과거의 비해 14.7%의 수익이 증가한 것이다. 그 제조기업은 차액을 더 챙길 수 있다. 또한 그 기업은 수요를 증가시키기 위해서 판매가격을 낮출 수도 있다. 만약 홍콩달러 대비 미국달러의 가치가 증가한다면, 그 반대의 경우도 유효할 것이다. 그 경우 홍콩에서 물건을 구입하는 기업이나 개인은 이익을 얻을 것이고, 판매하는 개인이나 기업은 손실을 볼 것이다.

많은 기업들이 고도로 복잡한 해외법인을 가지고 있다. 그들은 어떤 제품은 국내에서 생산하고, 또 어떤 제품은 해외에서 생산한다. 그들은 제품을 국내와 해외로 운송하고, 해외국가에서 또 다른 해외국가로 운송한다. 모든 국제거래는 환율이 나쁜 방향으로 변동할 위험에 노출돼 있으며, 거래에서 발생하는 이익은 기대치보다 저조할 수도 있다.

영업을 담당하는 매니저가 환율 자체에 관해 할 수 있는 것은 거의 없지만, 금융담당자는 환율위험으로부터 스스로를 보호하기 위한 조치를 취할 수 있다. 예를 들어 미리 정해진 가격에 어떤 통화를 사거나 팔 수 있는 금융상품을 매입할 수 있다. 이 같은 종류의 헤지는 예상치 않은 환율위험으로부터 보호를 해준다. 물론 헤지는 돈이 들어가며, 항상 완벽하게 작동하지는 않는다. 어느 기업이든 수익성에 영향을 미치는 환율효과를 줄일 수 있지만 그것을 완벽하게 제거할 수는 없다.

TOOL BOX

분산 이해하기

분산(Variance)은 바로 차이를 의미한다. 그것은 월간 혹은 연간에 관한 예산과 실제와의 차이일 수 있고, 또한 이번 달과 지난달의 예산의 차이일 수도 있고, 다른 차이일 수도 있다. 그것은 달러로 표시될 수도 있고 퍼센트(%)로 표시될 수도 있으며, 두 가지 모두로 표시될 수도 있다. 퍼센트(%)는 일반적으로 좀 더 유용한데, 왜냐하면 두 숫자 사이에 비교를 빠르고 쉽게 제공하기 때문이다.

재무보고서를 읽을 때 분산에 관한 유일한 어려움은 그 분산이 호의적인가 비호의적인가를 결정하는 것에 있다. 예를 들어 많은 매출액들은 기대 이상으로 호의적이다. 반면에 많은 비용은 기대보다 비호의적이다. 때때로 재무 담당자들이 협조적이라서 괄호 안에 있는 분산과 마이너스 기호가 붙은 분산은 비호의적이라는 것은 알 수 있게 해준다. 그렇지만 대부분은 그것을 스스로의 힘으로 알아내야만 한다.

우리는 표시된 분산이 나쁜지 혹은 좋은지를 알아내기 위해서 몇 가지 계산을 해볼 것을 권한다. 그리고 나서 그것들이 어떻게 배열되어 있는지를 체크할 것을 권한다. 반드시 매출액에 나와 있는 아이템과 비용에 나와 있는 아이템 모두를 계산하라. 때때로 괄호 표시 혹은 마이너스 기호는 호의적이지 않은(Not favorable) 혹은 비우호적인(Unfavorable)과 같은 수학적 차이를 가리킨다. 이 경우 매출액 아이템에 나오는 괄호 표시는 우호적임을 의미할 수 있다. 반대로 비용 아이템에 있는 괄호 표시는 비우호적임을 나타낼 수 있다.

비영리조직의 이익

비영리조직은 손익계산서를 포함하여 영리를 추구하는 기업과 똑같은 재무제표를 사용한다. 또한 그들은 매출액과 비용 사이에 차이를 의미하는 맨 마지막 줄을 가지고 있다. 이것 역시 영리조직과 사정이 동일하다. 때때로 마지막 칸은 다른 표현을 하지만 그것은 여전히 이익 혹은 손실이다.

사실 비영리기구도 이익창출을 필요로 한다. 비영리기구가 지출하는 것 이상을 벌지 못한다면 장기간에 걸쳐 어떻게 살아남을 수 있겠는가? 비영리조직도 미래에 투자가 가능하도록 하는 이익을 벌어야만 한다. 유일한 차이점은 비영리기구는 오너가 없기 때문에 오너를 위해 이익을 분배할 수 없다는 것이다. 물론 비영리기구는 법인세를 내지 않는다. 종종 비영리기구를 비과세(Nontaxed) 기구라고 부르는데, 이것이 그들의 실제 모습이다.

수년 동안 일부 비영리기구는 그들의 재무부서에 있는 직원들을 교육시키기 위해 우리들(카렌과 조)을 고용했다. 왜 수익을 추구하지 않는 기구가 재무를 가르쳐달라고 우리를 채용했겠는가? 가장 대표적인 답변은 그들이 벌어들이는 이익이 생존하기에 충분하지 않았기 때문이고, 그래서 경영진이 모든 사람들의 재무지능을 향상시키기 원한 것이다. 비영리 기구에게 이익은 영리 추구 기업만큼이나 중요하다.

퍼센트와 퍼센트 변동 간단하게 살펴보기

손익계산서를 분석하는 두 가지 방법이 있다. '~의 퍼센트(Percent of)'와 '퍼센트 변동(Percent change)'이다. 모든 사람들은 이 계산을 학교에서 배우지만 아마도 잊어버렸을 것이다. 그러니 기억력의 재충전을 위해 잠시 주목하기 바란다.

퍼센트(Percent of)는 어느 숫자가 다른 숫자의 몇 퍼센트인가를 말해준다. 예를 들어 만약 지난해에 재료비로 6만 달러를 지출했고 그 해의 매출액이 50만 달러였다면, 매출액의 몇 퍼센트를 원재료에 썼는지 알고 싶을 것이다. 계산은 다음과 같다.

$$\frac{\$\,60,000}{\$500,000} \quad = \quad 0.12 \quad = \quad 12\%$$

이와 대조적으로 퍼센트 변동(Percent change)은 한 시기에서 다음 시기까지, 혹은 예산에서 실제까지 숫자가 얼마나 변했는지를 퍼센트(%)로 보여준다. 한 해에서 다음 해까지의 퍼센트 변동을 구하는 공식은 다음과 같다.

$$\frac{현재연도 - 이전연도}{이전연도}$$

예를 들어 지난해의 매출액이 30만 달러였고 올해의 매출액이 37만 5,000달러였다면, 퍼센트 변동은 다음과 같다.

$$\frac{\$375,000 - \$300,000}{\$300,000} = \frac{\$75,000}{\$300,000} = 0.25 = 25\%$$

Part 3
재무상태표는
가장 많은 것을 보여준다

10
재무상태표 기본 이해하기

재무상태표에는 수수께끼가 있다. 아마도 눈치챘으리라. 경험 많은 매니저에게 어느 회사의 재무제표를 가져다준다면 그가 가장 먼저 들여다보는 부분은 손익계산서일 것이다. 대부분의 매니저들은 손익계산서를 갖고 있고(혹은 갖고 있기를 원한다) 자신들의 성과가 궁극적으로 기록되는 곳이 손익계산서임을 알고 있다. 이것이 바로 가장 먼저 손익계산서를 들여다보는 이유이다.

이제 동일한 재무제표를 은행 담당자, 월스트리트 투자가 혹은 노련한 이사회 멤버에게 가져다준다고 해보자. 이 사람들이 가장 먼저 들여다볼 재무제표는 예외 없이 재무상태표일 것이다. 그들은 재무상태표를 한참 동안 집중해서 들여다볼 것이다. 그다음에는 페이지를 넘기기 시작해 손익계산서와 현금흐름표를 체크하겠지만 항상 재무상태표로 되돌아갈 것이다. 그렇다면 왜 매니저들은 프로들이 하는 방식대로 하지 않는걸까? 왜 매니저들은 자신들의 관심 분야를 손익계산서에 한정하는가? 우리는 그 이유를 3가지로 본다.

- 첫째, 재무상태표는 손익계산서에 비해 집중하기가 좀 어렵다. 손익계산서는 결국 매우 직관적이다. 반면에 재무상태표는 그렇지 않다. 적어도 기본을 알기 전까지는 그렇다.

- 대부분 기업들의 예산 프로세스는 수익과 지출에 집중돼 있다. 다시 말해 예산 항목들은 대부분 손익계산서와 연결돼 있다. 예산에 관한 것을 알지 못하고서는 매니저가 될 수 없다. 그것은 손익계산서의 여러 항목들에 친숙해져야 한다는 것을 의미한다. 이와 반대로 재무상태표의 데이터는 경영을 담당하는 매니저의 예산 프로세스에 거의 나타나지 않는다(비록 재무담당 부서는 재무상태표의 계정과 목을 할당하고 있지만 현실은 그렇다).

- 재무상태표를 관리하는 것은 손익계산서를 관리하는 것에 비해 재무에 대한 훨씬 넓고 깊은 이해가 필요하다. 여러 가지 항목들이 무엇을 언급하는지를 알아야 할 뿐만 아니라 그것들이 서로 적합한지를 알아야만 한다. 또한 재무상태표의 변화가 다른 재무제표에 어떻게 영향을 미치는지 알아야만 하고, 이것은 그 반대의 경우도 알고 있어야 한다.

아마도 독자 여러분은 재무상태표에 대해 걱정하고 있을 것이다. 그렇지만 기억하라. 우리가 여기에서 집중하고 있는 것은 재무지능이다. 재무적 결과가 어떻게 측정되고 매니저로서, 혹은 종업원으로서, 혹은 리더로서 결과를 개선시키기 위해 무엇을 해야 하는지를 알아내는 것이다. 우리는 재무상태표의 난해한 측면을 파고들지 않을 것이다. 단지 이 책을 읽는 독자가 재무제표의 기술을 이해할 필요가 있고, 재무상태표 분석을 가능하게 하는 정도로 도와주려고 한다.

현재 상태를 보여주기

재무상태표란 무엇인가? 재무상태표는 어떤 특정 시점에 어떤 기업이 무엇을 소유하고 있고, 무엇을 빚지고 있는지를 보여주는 도표 그 이상도 이하도 아니다. 어느 기업이 소유하고 있는 것과 빚지고 있는 것의 차이를 자본(Equity)이라고 한다. 기업의 중요한 목표 중 하나는 수익성을 증가시키는 것이고, 또 다른 목표는 자본을 늘리는 것이다. 그리고 실제로 그러하듯 이 두 가지는 밀접하게 관련이 있다.

어떻게 관련되어 있을까? 유사성을 생각해보라. 수익성이란 대학에서 수강할 때 받는 성적과 유사한 것이다. 여러분은 어떤 학기에 보고서를 작성하고 시험을 치르고 있다. 학기말에 교수는 성과를 측정해서 에이

자본 Equity

자본은 회계규칙에 따라 측정된 기업의 소유주 지분이다. 그것은 또한 기업의 장부가치로 불린다. 회계적 용어로는 자본은 항상 자산에서 부채를 뺀 값이다. 그것은 또한 주주가 지불한 금액에 회사가 설립 이래 벌어들인 모든 이익을 더한 값에서 주주에게 지급된 배당을 뺀 값이다. 어쨌든 이것이 회계공식이다. 기억하라. 회사의 주식은 잠재적 매수자가 지불하려는 사실상의 금액이다.

플러스(A-), 혹은 씨플러스(C+), 혹은 다른 점수를 준다. 자본이란 전체 평균학점과 유사하다. 평점은 항상 누적된 성과를 반영한다. 그렇지만 그 평점은 어느 특정 시기일 뿐이다. 어떤 성적이든 평점에 영향을 미치지만 평점을 결정하지는 않는다.

마찬가지이다. 손익계산서는 개인의 성적이 평점에 영향을 미치는 방식과 비슷한 방식으로 재무상태표에 영향을 미친다. 어느 특정 시기에 수익을 창출한다면, 재무상태표에서 자본은 증가하는 모습을 보일 것이다. 돈을 잃는다면 재무상태표의 자본은 감소하는 모습을 보일 것이다. 시간이 흐르면서 재무상태표의 자본섹션은 그 기업의 수익 혹은 손실의 증가분이다. 그 항목은 유보이익 혹은 누적이익이라고 불린다. 만약 어느 기업이 시간이 흐르면서 순손실이 쌓인다면 그 재무상태표는 결손금이라고 불리는 마이너스 숫자를 보여줄 것이다.

또한 재무상태표를 이해한다는 것은 여기에 들어간 모든 가정과 의사결정과 추정치를 이해한다는 것이다. 손익계산서와 마찬가지로 재무상태표는 여러 측면에서 단지 계산하는 작업이 아니라 기술적 작업이다.

개인과 기업

재무상태표는 너무나 중요하기 때문에 우리는 몇 가지 중요한 교훈으로 시작하고 싶다. 우리와 함께하라. 걷기 전에 우선은 엎드려 기는 것이 중요하다. 다시 한 번 어떤 특정한 시점에서 개인의 재무상황, 다시 말해 재무적 가치를 고려하는 것에서 시작하자. 그 개인이 갖고 있는 것을 더

하고 그가 빚지고 있는 것을 빼면, 개인의 순가치를 얻게 된다.

갖고 있는 것(owns) − 빚진 것(owes) = 순가치(net worth)

이것을 다른 방법으로 설명하면 다음과 같다.

갖고 있는 것(owns) = 빚진 것(owes) + 순가치(net worth)

개인 입장에서 소유권에 해당하는 것으로는 은행의 현금, 주택이나 자동차 같은 큰 아이템, 그리고 그 개인이 소유권을 주장하고 있는 다른 모든 것들이 있다. 그것은 또한 주식과 채권, 혹은 은퇴계좌 같은 금융자산을 포함할 것이다. 이 '소유(owning)' 카테고리는 모기지(주택대출), 자동차 대출, 신용카드 잔액, 그리고 다른 부채를 포함한다. 그 같은 숫자를 어떻게 계산하는가에 관한 질문은 당분간 제외하겠다. 주택의 가치는 얼마인가? 그 개인이 집에 대해 상환한 것, 혹은 집이 오늘날 가져올 수 있는 것은 어떤가? 자동차나 TV는 어떤가? 아주 잠깐 동안 재무기술을 보는 것이지만, 그 잠깐 동안 훨씬 더 많은 것을 볼 수 있을 것이다.

자, 이제 개인에서 기업으로 옮겨보자. 이렇게 되면 개념은 동일하지만 언어가 달라진다.

- 기업이 가지고 있는 것은 자산(asset)이라고 부른다.
- 기업이 빚지고 있는 것은 부채(debt)라고 부른다.
- 기업의 가치를 소유주자본(owner's equity) 혹은 주주자본(share-

holder's equity)이라고 부른다.

그리고 이제 기본등식은 다음과 같다.

$$\text{자산(assets)} - \text{부채(liabilities)} = \text{주주자본(owner's equity)}$$

혹은 이렇게 될 수도 있다.

$$\text{자산(assets)} = \text{부채(liabilities)} + \text{주주자본(owner's equity)}$$

두 번째 공식은 수년 전 회계시간에 봤을 것이다. 그것은 재무상태표의 고전적 등식이다. 교수는 아마도 그것을 기본적 회계등식이라고 부를 것이다. 또한 그것이 재무상태표에 양쪽 측면을 반영한다고 배웠을 것이다. 왼쪽에는 자산이 있고 다른 쪽에는 부채와 자본이 있다. 한쪽 면에서의 합계는 다른 쪽에서의 합계와 같다. 재무상태표는 균형이 맞아야 한다. 이 파트를 끝내기 전에 왜 그런지 알게 될 것이다.

재무상태표 읽기

우선 자신이 근무하는 회사의 재무상태표 혹은 연간보고서 하나에 있는 재무상태표를 샘플로 찾아라(혹은 이 책 부록에 있는 샘플을 들여다봐라). 재무상태표는 특정 시점에서 회사의 재무적 상황을 보여주기 때문에 맨 위쪽에 특정 날짜가 있어야 한다. 그것은 일반적으로 월간, 분기, 연도 혹은 회계기간의 마지막 날이다. 여러분은 보고된 기간 마지막 날짜의 재무상태표와 더불어 전형적으로 월간, 분기 혹은 연간 손익계산서를 보고 싶어한다. 손익계산서와는 달리 재무상태표는 거의 언제나 조직 전체를 위한 것이다. 때때로 대기업은 영업부문을 위해 계열사의 재무상태표를 만들어낸다. 그렇지만 단일설비를 위해서는 거의 그렇게 하지 않는다. 회계 전문가들은 손익계산서에서 그러했던 것처럼 재무상태표에서도 몇 가지 추정을 해야만 한다. 우리가 8장에서 감가상각을 논의했던 것을 기억하는가? 트럭을 감가상각하는 방식은 손익계산서뿐만 아니라 재무상태표에 보여지는 자산의 가치에도 영향을 미친다. 손익계산서의 가정과 편향 대부분은 어떤 방식이든 재무상태표로 흘러 들어간다.

　재무상태표는 두 개의 전형적인 포맷으로 나뉜다. 전통적인 모델은 왼쪽 편에 자산을, 오른쪽 편에 부채와 자본을 보여준다. 덜 전통적인 포맷은 자산을 맨 위에 놓고 부채를 중간에 놓고 자본을 바닥에 놓는다. 형태가 어떻든 간에 균형은 동일하다. 다시 말해 자산은 부채와 자본의 합과 똑같아야만 한다(비영리 세계의 조직들은 주주들을 갖고 있지 않기 때문에 소유주지분owner's equity은 때때로 순자산net assets으로 불린다). 종종 재무상

🖱 **회계연도Fiscal year**

회계연도는 어느 기업이 회계적 목적으로 사용하는 12개월의 기간이다. 많은 기업들은 캘린더 연도를 이용한다. 그렇지만 일부 기업은 다른 기간을 사용한다(예를 들어 10월 1일부터 9월 30일까지가 여기에 해당한다). 일부 소매기업들은 특정한 주(weekend)를 사용하는데, 예를 들면 어느 해의 마지막 일요일 같은 특정한 주말을 사용한다. 지금 들여다보는 정보가 얼마나 최근의 것인지 확인하기 위해 기업의 회계연도를 알아야만 한다.

태표는 상대적인 숫자를 보여준다. 예를 들어 가장 최근의 12월 31일과 그전의 12월 31일을 보여준다. 어떤 시점이 비교되고 있는지를 알고 싶다면 제목에 있는 칼럼을 체크해라.

손익계산서에 관한 한 일부 조직들은 그들의 재무상태표에 특이한 아이템들을 갖고 있다. 그것은 이 책에는 없는 특별한 아이템들이다. 이런 아이템들 상당수는 주석에 명백히 설명돼 있다는 것을 기억하라. 사실상 재무상태표는 주석 때문에 악명이 높다. 예를 들어 코카콜라의 2010년도 사업보고서는 주석만으로도 61페이지에 달하는데, 상당수가 재무상태표와 관련이 있다. 기업들은 노트에 표준면책조항(disclaimer)을 갖고 있는데, 이것은 이 책에서 우리가 다루는 재무기술에 포함되어 있다. 예를 들어 코카콜라는 다음과 같이 언급하고 있다.

기업경영진은 우리의 사업보고서인 10-K에 나타나는 연결재무제표의 준비와 완결성을 책임지고 있다. 재무제표는 일반적으로 인정되는 회계원칙에 맞춰 준비됐고, 결과적으로 우리의 최선의 판단과 추정에 기반한 금액을 포함한다. 연간보고서에 나오는 재무정보는 재무제표에 나와 있는 재무정보와 일치한다.

만약 주석에 나와 있는 노트가 필요한 해설을 제공하지 못한다면, 그 아이템들을 재무 전문가에게 맡길 수도 있다(궁금해하는 것이 매우 중요하다면, 재무부서에 있는 누군가에게 아이템과 숫자에 관해 물어보는 것이 더 좋다). 재무상태표는 대부분의 매니저들에게 새롭기 때문에 우리는 가장 일반적인 아이템으로 안내할 것이다. 처음에는 매우 낯설게 보일 수 있지만 걱정하지 마라. 단지 소유하고 있는 것과 빚진 것과의 차이점을 주의하면 된다. 손익계산서에 관한 한, 우리는 이것을 쉽게 다룰 수 있는 방법에 집중할 것이다.

11
자산

자산은 어느 기업이 소유하고 있는 것이다. 현금과 증권, 기계류, 장비, 빌딩, 토지가 해당한다. 유동자산(Current assets)은 재무상태표에서 가장 먼저 나오는데, 1년 이내에 현금으로 전환될 수 있는 것을 말한다. 비유동자산(Long-term assets)은 1년 이상 사용될 수 있는 실물자산을 포함한다. 이는 감가상각되거나 감모상각되는 것들이다. 토지, 영업권, 그리고 장기투자 자산도 포함하는데 이는 감가상각되지 않는다.

자산의 유형

카테고리에서는 많은 아이템들이 있다. 가장 일반적인 것들을 나열할 텐데 이것들은 거의 모든 기업들의 재무상태표에서 나타난다.

현금 및 현금성 자산

현금 및 현금성 자산(Cash and cash equivalents)은 실제로 존재하는 돈이다. 은행에 있는 돈, 고객관리계좌(MMA)에 있는 돈이다. 또한 상장 주식과 채권을 말하는데, 필요할 때 하루 이내에 현금으로 전환될 수 있는 종류의 것들이다. 이 카테고리의 또 다른 이름은 유동성 자산(Liquid assets)이다. 이것은 회계사의 재량권에 소속되지 않는 아주 극소수의 아이템이다. 마이크로소프트가 560억 달러의 현금과 단기투자자산을 가지고 있다고 밝혔을 때, 수치가 뭐든 간에 그것은 마이크로소프트가 그 금액을 은행, 머니펀드, 그리고 상장주식에 갖고 있음을 의미한다. 물론 기업들이 거짓말을 할 수도 있다. 2003년에 이탈리아의 거대 기업 파말라(Parmalat)는 재무상태표에 수십억 달러를 뱅크오브아메리카(BOA) 은행계좌에 갖고 있다고 보고했다. 하지만 실제로는 그렇지 않았다. 2009년에 인도의 아웃소싱 대기업 싸티암 컴퓨터 서비스(Satyam Computer Services)의 최고경영자는 "재무상태표의 현금을 거의 10억 달러 부풀렸다"고 인정하기도 했다.

외상매출금

외상매출금(A/R ; Account Receivable)은 고객이 기업에게 빚진 금액이다. 기억하라. 수익(revenue)은 '갚겠다는 약속'이다. 외상매출금은 아직 회수되지 않은 모든 약속을 포함한다. 그렇다면 왜 외상매출금은 자산인가? 모든 혹은 대부분의 약속은 현금으로 전환될 것이며 곧 회사에 속하게 될 것이기 때문이다. 그것은 기업이 고객에게 대출을 해준 것과 마찬가지이다. 기업은 거래처의 채무를 갖고 있는 것이다. 외상매출금은 매니저가 주의깊게 관찰할 필요가 있는 아이템이다. 투자자, 애널리스트, 채권자들도 관찰하기 때문이다. 우리는 운전자본을 논의하게 되는 파트 7에서 외상매출금을 어떻게 관리할 것인가를 좀 더 말할 것이다.

재무상태표는 외상매출금으로부터 차감된 '대손충당금(Allowance for bad debt)'이라는 아이템을 포함하기도 한다. 이것은 금액을 갚지 않은 고객들이 빚진 달러에 대한 회계사의 추정치이다. 일반적으로 과거의 경험에 근거해 산정된다. 많은 기업들에게 대손충당금을 차감하는 것은 외상매출금의 가치에 대한 좀 더 정확한 반영을 제공한다. 그렇지만 추정치는 타협의 결과물이라는 것을 주의해야 한다. 많은 기업들이 악성채무보유액을 자신들의 이익을 '유연하게 만드는', 즉 조작하는 도구로 사용한다. 재무상태표에서 대손충당금을 늘릴 때 손익계산서에 비용으로 기록해야 한다. 그것은 기록되는 이익을 낮춘다. 대손충당금을 줄이면, 그 조정치는 손익계산서의 이익을 유사하게 늘린다. 대손충당금은 언제나 추정치이므로 주관이 개입될 여지가 있다.

이익유연화 Smoothing Earnings

대부분은 월스트리트가 기업의 이익에서 큰 증가분(Spike)이 있기를 원한다고 생각할 것이다. 다시 말해 월스트리트는 기업의 주주에게 더 많은 돈을 원한다고 생각할 것이다. 맞는가? 그렇지만 만약 그 증가분이 보이지도 않고 설명되지도 않는다면(특히 그것이 월스트리트를 놀라게 한다면) 투자자들은 부정적으로 반응하고, 경영진이 기업을 통제하지 못하고 있다는 신호로 받아들인다. 그러므로 기업들은 이익을 '매끄럽게 만들기(Smooth)'를 좋아한다. 그렇게 해서 자사의 성장을 꾸준하고 예측가능하게 보이도록 한다.

재고자산

일반적으로 서비스기업은 재고자산(Inventory)을 많이 갖고 있지 않다. 그렇지만 거의 모든 기업(제조기업, 도매기업, 소매기업)은 재고자산을 갖고 있다. 재고자산의 첫 번째 측면은 곧바로 판매될 준비가 되어 있는 제품들의 가치이다. 그것은 완제품(finished goods) 재고자산이라고 부른다. 두 번째 측면은 제조과정에 있는 제품의 가치(제조기업만 해당)이다. 회계사들은 그것을 재공품(work-in-process) 재고자산이라고 부르며, 줄여서 'WIP'라고 한다. 물론 제품을 만드는데 사용될 원재료의 재고자산도 있다. 그것은 원재료(raw materials) 재고자산이라고 불린다.

재고자산의 가치를 측정하는 것에 대해 회계사들은 며칠이고 말할 수 있을 것이다. 실제로도 그렇다. 하지만 우리는 절대 시간을 낭비하지 않을 것이다. 왜냐하면 그것들 대부분은 매니저들의 업무에 아무런 영향을 미치지 않기 때문이다(만약 지금 하고 있는 업무가 재고자산 관리라면 회계사들의 토론이 큰 영향을 미칠 것이다. 또한 관련 책들도 읽어야 할 것이다). 다양한 재고자산 평가법은 재무상태표의 자산을 크게 변화시킬 수 있다. 어느 기업이 특정한 해에 재고자산 평가법을 바꾼다면, 그 사실은 재무상태표 주석에 나타나야 한다. 대부분의 기업들은 주석에 자신들의 재고자산을 어떻게 설명하는지 자세히 기록한다. 예를 들어 반스앤노블스는 최근의 사업보고서에서 그렇게 했다.

상품재고는 원가 혹은 시장가격 중 낮은 것으로 기재된다. 원가는 주로 선입선출법과 후입선출법에 기반한 소매재고자산 평가법에 의해 결정된다. 회사는 기업 상품재고의 97%를 소매재고자산 평가법으로 기재한다. 2011년 4월 30일과 2010년 5월 1일 기준으로 소매재고자산 평가법에 기반한 기업 재고자산의 87%는 선입선출법에 의해 평가됐다. B&N 대학교의 교재와 무역서적의 재고자산은 후입선출법을 활용해 평가된다. 후입선출법에서는 이와 관련된 보유분이 회사의 재고자산 혹은 영업활동의 기록된 금액과 일치하지 않았다.

여러분이 매니저로서 명심해야 할 것은 모든 재고자산의 원가는 돈이라는 것이다. 재고자산은 현금을 지출한 대가로 창출된다(아마도 "우리의 모든 현금은 재고자산과 관련이 있다"는 말을 들은 적이 있을 것이다. 우리는 여러분이 이 말을 너무 자주 듣지 않기를 바란다). 사실 이것은 기업이 그들의 현금 포지션을 증가시키는 한 가지 방법이다. 다른 조건이 동일하다고 하자. 이 조건에서 재고자산을 줄이면 회사의 현금은 많아진다. 만약 회사가 여전히 제조과정에 준비된 원재료를 충분히 가지고 있고, 고객들이 주문했을 때 곧바로 가능한 제품들을 가지고 있다면 기업은 가능한 재고자산을 적게 유지하기를 원할 것이다. 우리는 이 주제를 책 후반부에서 다시 논의할 것이다.

유형자산

재무상태표에 있는 유형자산(PPE ; Property, Plant and Equipment)은 건물, 기계, 트럭, 컴퓨터, 그리고 기업이 소유하고 있는 모든 물리적 자산을 포함한다. 유형자산에 나타나는 숫자는 그 기업이 비즈니스를 운영하기 위해 사용된 모든 기계와 장비를 사는데 들어가는 원가의 총금액이다. 여기에서 적절한 원가는 매입가격임을 기억하라. 지속적인 평가가 없다면 아무도 공개시장에서 회사의 부동산 혹은 장비가 어느 정도 가치가 있는지 모른다. 그래서 보수주의 원칙에 함몰돼 있는 회계사들은 사실상 "우리가 알고 있는 것, 즉 저런 자산을 획득하기 위해 들어간 원가를 활용하자"고 말한다.

매입가격을 사용하는 또 다른 이유는 숫자를 왜곡시키는 더 많은 기회들을 피하기 위해서다. 예를 들어 토지 같은 자산이 실제로 가치가 증가한다고 가정해보자. 만약 재무상태표에 있는 것들을 현재가치로 표시하기를 원한다면 손익계산서의 이익을 기록해야만 한다. 그렇지만 이익은 그 토지가 얼마의 가치가 있느냐에 관한 어떤 사람의 의견에 기반하고 있다. 이것은 좋은 의견이 아니다. 경영진이나 다른 내부자에 의해 소유된 일부 기업들은 회사를 껍데기만 남기는 정도로 이끌어가고 그들은 그 껍데기를 판다. 그들이 자산을 매각할 때 했던 그 방식으로 이익을 발생시키도록 허용한다. 그렇지만 그런 수익은 투자가나 미 증권거래위원회(SEC)가 보고 싶어하는 그런 수익이 아니다.

이번 11장의 후반부에서 우리는 시가회계(Mark-to-Market)를 논의할 것이다. 시가회계란 기업이 그들의 자산을 현재의 시장가격으로 평가하는 것을 말한다. 그렇지만 당분간 대부분의 자산을 평가하는 근거는 그들의 매입가격임을 기억하라. 물론 기업들이 그들의 자산을 평가하는데 매입가격에 의존한다는 사실은 일부 변칙을 만들어낸다. 여러분은 로스앤젤레스 근처의 토지를 30년 전에 50만 달러에 매입한 엔터테인먼트 기업에서 일하고 있을 수도 있다. 이 토지는 현재 500만 달러의 가치일 수 있다. 그렇지만 그 토지는 재무상태표에서 여전히 50만 달러의 가치로 매겨져 있다. 치밀한 투자자들은 그러한 저평가된 기업의 재무상태표에 관심 갖기 마련이다.

감가상각 누계액

토지는 마모되지 않는다. 회계사들은 어떤 감가상각이라도 해마다 하지는 않는다. 그렇지만 건물과 장비는 마모된다. 감가상각의 포인트는 빌딩이나 장비가 지금 얼마의 가치가 있는가를 측정하는 것이 아니다. 매출액과 이익을 창출하는 기간 동안에 투자금액을 할당하는 것이다(5장에서 수익비용대응의 원칙을 논의했다). 감가상각 지출액이란 제품을 생산하거나 서비스를 배송하는데 들어가는데 진짜 원가를 손익계산서가 정확히 반영하는 것을 확인하는 방법이다. 회계사들은 감가상각 누계액(Accumulated depreciation)을 계산하기 위해 자산을 구매한 시점 이래 그들이 행했던 모든 감가상각 금액을 더한다.

8장에서 기업이 '마술을 부리는 것처럼' 자산을 감가상각하는 방법을 변경해 손실을 이익으로 바꾸는 것을 관찰했다. 그러한 재무마술은 재무상태표까지 뻗어 있다. 만약 기업이 자기 회사의 트럭 사용기간을 3년이 아니라 6년으로 늘린다면, 해마다 손익계산서의 지출액을 50%씩 감소시킬 것이다. 그것은 재무상태표에 감가상각 누계액이 줄어드는 것을 의미한다. 또한 순유형자산이 높아지는 것을 의미하고, 더 많은 자산총계가 있음을 의미한다. 더 많은 자산이란 원칙적인 회계등식에 따르면 유보이익의 형태로 주주의 자본총계가 늘어나는 것으로 해석된다.

영업권

여러분이 쇼핑사업을 하는 CEO라고 해보자. 마침 회사에 필요한 조건을 갖춘 'MJQ'라는 소규모 창고 임대 기업을 알게 된다. 그래서 그 기업을 500만 달러에 매입하기로 한다. 회계원칙에 따라 현금으로 지불한다면, 재무상태표에서는 현금으로 불리는 자산이 500만 달러가 감소할 것이다. 또한 그것은 다른 유형의 자산들이 500만 달러 증가한다는 것을 의미한다. 결국 재무상태표는 균형을 맞춰야 한다. 그리고 부채나 자본을 바꾸는 어떤 것도 하지 않았다.

자, 이제 신중하게 살펴보자. 물리적 자산의 집합체를 매입했으므로 그 자산들을 다른 매입자가 하는 방식대로 평가할 것이다. 아마도 MJQ의 건물, 선반, 지게차, 그리고 선반들이 200만 달러의 가치가 있음을 발견할 것이다. 그런데 여러분은 500만 달러를 지불했다. 그렇다고 이것이 여러분이 나쁜 거래를 했음을 의미하는 것이 아니다. 명성이 있고, 재능과 지식이 갖춘 종업원들을 가진 영속적 존재를 산 것이다. 이러한 무형자산은 유형자산보다 어떤 면에서는 더 가치가 있을 수 있다(코카콜라라는 브랜드 네임, 델 컴퓨터의 고객리스트를 얻기 위해 얼마의 돈을 지불하겠는가?). 여러분은 300만 달러어치의 무형자산을 얻은 것이다. 회계사들은 그 300만 달러를 '영업권(Goodwill)'이라고 한다. 300만 달러의 영업권과 200만 달러의 물리적 자산 합계가 지불한 500만 달러가 되는 것이고, 재무상태표의 자산 500만 달러가 증가한 것이다.

수년 전에는 영업권은 감모상각됐다(감모상각은 감가상각과 똑같은 개념임을 주목하라. 다만 감모상각은 무형자산에 적용되는 것이다). 자산은 전형적으로 2년 혹은 5년 동안 감가상각된다. 그렇지만 영업권은 30년 동안 감모상각된다. 그것이 규칙이었다.

그런데 그 규칙이 바뀌었다. 일반적으로 인정된 회계원칙(GAAP)를 만드는 미국 회계기준위원회는 매입하는 영업권(기업의 지명도나 고객기반 같은 자산)은 시간이 지나도 가치를 잃지 않는다고 결정했다. 오히려 그것들은 시간이 흐르면서 가치가 증가한다. 간단히 말하면 영업권은 장비라기보다 토지와 유사한 것이다. 그러므로 영업권을 감모상각하지 않는 것은 회계사들이 현실을 정확히 반영하는데 도움을 준다.

그 효과를 들여다보자. MJQ를 매입할 때 재무상태표에 300만 달러의 영업권을 기재한다. 규칙이 변경되기 전에는 해마다 10달러씩 30년에 걸쳐 영업권을 감모상각했다. 달리 말해 수익에서 10만 달러를 차감했는데, 그럼으로써 회사의 수익성을 그 금액만큼 차감한 것이다. 한편 여러분은 MJQ의 물리적 자산(보유가치 200만 달러)을 해마다 50만 달러씩 4년에 걸쳐 감가상각했다. 다시 말해 이익을 결정하기 위해 500만 달러가 수익에서 차감됐다.

그래서 무슨 일이 발생했는가? 다른 조건이 동일하다면 규칙변경이 있기 전에는 더 많은 영업권, 더 적은 물리적 자산을 원했다. 왜냐하면 영업권은 장기간에 걸쳐 감모상각되므로 그 금액이 이익을 결정하기 위해

 인수Acquitions

인수는 어느 기업이 다른 기업을 매입할 때 발생한다. 종종 신문에서 합병(Merger 혹은 Consolidation)이라는 단어를 봤을 것이다. 그렇지만 이 단어에 속지 말라. 어느 기업은 여전히 다른 기업을 매입한다. 신문은 단지 이런 거래를 중립적으로 여겨지는 용어로 표현하고 있을 뿐이다.

매출액에서 차감되는 금액이 작아진다(이것은 이익을 높게 유지해 준다). 이는 매입하려는 대부분이 영업권인 기업을 쇼핑하고 싶은 동기를 갖게 된다. 또한 사려는 기업에 물리적 자산을 낮게 평가하려는 동기를 갖게 된다(자산을 평가하는 사람들은 종종 같이 일하는 사람들임을 기억하라).

오늘날 영업권은 장부에 기록돼 있고 감모상각되지 않는다. 이제 매출액에서 아무것도 차감되지 않는다. 수익성은 결과적으로 높아진다. 이에 따라 여러분은 물리적 자산이 없는 기업을 찾으려는 더 큰 동기를 갖게 되고, 그러한 자산들을 더 낮게 평가하려는 더 큰 동기를 갖게 된다. 타이코(Tyco)는 그 같은 규칙을 악용한 혐의로 기소된 회사이다. 우리가 앞서 언급했듯이 수년 전에 타이코는 어머어마하게 빠른 속도로 기업들을 매입했다. 2년 동안 600개 기업 이상을 매입했다. 많은 애널리스트들은 타이코가 규칙적으로 그러한 수많은 기업들의 자산을 낮게 평가했다고 느꼈다. 그렇게 하는 것은 인수에 포함된 영업권을 증가시키며, 해마다 해야 하는 감가상각 금액을 낮춰주었다. 또한 그것은 수익을 높여주고 이론적으로 타이코의 주가를 끌어올리게 했다.

그렇지만 결국 1장에서 언급했지만, 애널리스트와 투자자들은 타이코가 장부에 너무 많은 영업권이 있고(상대적으로 말해) 극단적으로 적은 물리적 자산을 갖고 있음을 눈치챘다. 그들은 자산총계에서 무형자산과 부채를 차감한 유형순가치(Tangible net worth)라고 불리는 방법에 초점을 맞추기 시작했다. 그 숫자가 마이너스로 나타났을 때 투자자들은 예민해졌고 주식을 매도하기 시작했다.

지적자산, 특허, 그리고 다른 무형자산

수년 동안 수익을 창출할 것이라고 기대되는 새로운 소프트웨어 프로그램을 만들어내는데 들어가는 원가를 어떻게 계산하는가? 적용된 날로부터 20년간 특허보호를 받는 놀라운 신약은 어떤가? 모든 원가를 어떤 특정 기간에 손익계산서의 비용으로 기록하는 것은 어불성설이다. 그것은 트럭을 매입하는데 들어가는 전체 코스트를 기록하는 것만큼이나 어불성설이다. 트럭과 마찬가지로 소프트웨어와 특허는 미래의 회계기간에 수익을 창출하는데 도움을 줄 것이다. 그러므로 이 같은 투자는 무형자산으로 간주되며, 그들이 매출액을 창출하는 기간 동안 감모상각돼야 한다. 그렇지만 동일한 이유로 자산화되지 않는 연구개발(R&D) 비용은 손익계산서에서 비용으로 계산되어야만 한다.

여기서 주관이 개입됨을 볼 수 있다. 예를 들어 어떤 소프트웨어 기업은 연구개발비에 상당한 금액을 지출하는 것으로 유명한데, 그들은 그 금액을 오랜 시간에 걸쳐 감모상각한다. 그리하여 그들의 이익을 높게 보이게 한다. 또 어떤 기업들은 연구개발이 발생하자마자 비용으로 처리하기를 선호한다. 더 보수적인 접근법이다. 감모상각은 연구개발이 실제로 수

🖱 무형자산 Intangibles

기업의 무형자산은 가치는 있지만 만지거나 소비할 수 없는 것들을 포함한다. 예를 들어 종업원의 스킬, 고객명단, 등록상표지식, 특허, 브랜드, 명성, 전략적 강점 등이 여기에 해당한다. 이들 대부분의 자산은 어느 기업이 해당 기업을 인수해 그것을 영업권(Goodwill)으로 기록하지 않는 한 재무상태표에 나타나지 않는다. 여기에 대한 예외는 특허와 저작권 같은 재산이다. 이것은 재무상태표에 나타나고 사용기한에 따라 상각된다.

익을 창출할 것으로 기대되기만 한다면 좋다. 하지만 그렇지 않다면 좋은 것이 아니다. 컴퓨터 어소시에이츠(CAI ; Computer Associates)라는 기업은 불투명한 전망의 제품에 대한 연구개발을 감모상각하느라 어려움에 빠졌던 회사이다. 사기의 여지가 없을 때에도 감모상각에 관한 회사의 정책과 관행이 얼마나 공적인지 혹은 보수적인지를 알아둘 필요가 있다. 감가상각처럼 감모상각에 관한 의사결정도 수익과 자본총계에 상당한 영향을 미칠 수 있다.

발생액과 선지급 자산

이 계정과목들을 설명하기 위해서 가상의 사례를 들여다보자. 여러분은 자전거 제조기업을 시작했다. 그리고 제조공장을 영구적으로 6만 달러에 임차했다. 회사는 신용리스크가 형편없어서(이러한 이유로 아무도 스타트업 기업과 일하고 싶어하지 않는다) 땅 주인은 당장 돈을 내라고 요구한다. 이제 우리는 수익비용대응의 원칙에 따라 6만 달러 전체를 1월의 손익계산서에 기록하는 것이 타당하지 않다는 것을 안다. 땅은 전체 연도를 위해 임차되었고 12개월 전체에 걸쳐 배분되어야만 한다. 그러므로 1월 손익계산서에 5,000달러를 산입한다. 그러면 나머지 5만 5,000달러는 어디로 가는가? 그것을 다른 곳에서 추적해야만 한다. 선지급 임차료는 선지급 자산(Prepaid assets) 중 하나이다. 무언가를 구매했다. 1년 동안 그 공간에 대한 권리를 취득한 것이다. 그러므로 그것은 자산이다. 재무상태표에서 자산을 추적한다.

매달 여러분은 재무상태표의 선지급 자산에서 5,000달러를 꺼내 그것을 손익계산서에 임차비용으로 넣는다. 발생(accrual)이라고 부른다. 재무상태표에서 아직 비용화되지 않은 것을 기록하는 계정과목은 이연자산이라고 불린다. 용어는 혼란스럽지만 관행은 여전히 보수적이라는 것을 기억하라. 우리는 알려진 모든 비용을 조사하고 있고, 미리 지급한 것을 추적하고 있다.

그렇지만 재무기술은 여기에서 느리게 움직일 수 있다. 어느 주어진 기간에 무엇을 이연시키고 무엇을 지불할 것인가에 관해 판단의 여지가 있기 때문이다. 예를 들어서 어느 기업이 중요한 광고 캠페인을 개발하고 있다. 그 작업은 1월에 모두 완료된다. 거기에는 100만 달러가 소요된다. 회계사들은 캠페인이 그 기업에게 2년 동안 혜택을 가져다줄 것이라고 결정할 것이다. 그들은 100만 달러를 선지급 자산으로 장부에 기재하고 손익계산서에 매달 그 비용의 24분의 1을 기재할 것이다. 실적이 부진한 달(month)에 기업은 그렇게 하는 것이 최선의 방법이라고 결정할 수 있다. 결국 100만 달러의 24분의 1을 이익에서 차감하는 것이 100만 달러 전체를 차감하는 것보다 났다.

만약 1월이 회계상으로 중요한 달이라면 어떻게 하겠는가? 그 기업은 전체 캠페인을 비용화하기로 결정할 수 있다. 비용 전체를 1월달 매출에 대해 장부에 기재하는 것이다. 왜냐하면 앞으로 2년 동안 매출액이 발생할지 확신하지 못하기 때문이다. 자, 이제 미리 지급해야 되는 광고 캠페인을 진행했고, 그달의 이익은 당연하게도 높게 나올 것이다. 완벽한 세계에서 회계사들은 그 광고 캠페인이 정확히 얼마나 오랫동안 매출액을 발생시키는지 말해주는 수정구슬이 있다. 그렇지만 현실 비즈니스의 세계에서는 수정구슬이 없다. 추정을 해야만 한다.

자산 평가하기 : 시가평가 원칙

대부분의 자산들은 매입가격에서 감가상각 누계액을 차감한 금액으로 평가되지만, 이 방법에는 한 가지 예외가 있다. 바로 시가평가 원칙(The mark-to-market)이다. 이 원칙을 사용하는 것을 시가회계라고 부른다. 이 원칙은 어떤 형태의 자산을 그들의 현재 시장가치로 기재하는 것을 허용한다(어떤 경우에는 그렇게 기재할 것을 요구한다). 이럴려면 자산은 2가지 기준이 충족되어야 한다. 첫째, 그들의 가치가 평가 절차 없이 결정될 수 있어야만 한다. 둘째, 그것들은 기업이 단기투자 목적으로 보유하고 있어야만 한다.

주식이나 채권처럼 공개적으로 거래되는 금융자산은 공개시장에서 매일 가치가 결정되며, 앞의 두 가지 원칙을 충족한다. 예를 들어 아말가메이티드 서비스(Amalgamated Services)는 재무상태표에 1억 달러의 여유자금으로 IBM 주식 100만 주를 주당 100달러에 매입하기로 했다. 아말가메이티드는 이 새로운 유동자산을 재무상태표에 '주식 1억 달러'로 기재한다. 3개월 후 IBM 주식이 110달러에 거래된다고 해보자. 아말가메이티드는 이제 주식 100만 주를 1억 1,000만 달러로 기재하고, 손익계산서에 1,000만 달러의 이익을 기재한다(이 금액은 전형적으로 기타수익으로 표시된다). 물론 그 주식이 3개월 후에 95달러가 된다면 아말가메이티드가 보유하는 주식은 9,500만 달러로 낮춰서 기재되어야만 하고, 손익계산서에는 500만 달러의 손실이 기재되어야만 한다. 보수적 회계와 달리 이 같은 이익 혹은 손실은 주식을 보유하고 있는 동안에 손익계산서에 기재된다. 그러므로 시가회계 방식에 의한 이익 혹은 손실은 순전히 장부상으로만 발생한다.

2008년 금융위기는 이 원칙을 둘러싸고 두 가지 이슈를 대두시켰는데, 이것은 자본시장에서 심각한 결과를 가져올 수 있다. 첫째, 기업이 보유하고 있는 이러한 자산의 보유목적이 매각을 위한 것인지, 혹은 장기투자를 위한 것인지 어떻게 결정하느냐는 것이다. 예를 들어 두 개의 부서에서 똑같은 자산을 가지고 있을 수 있다. 한 부서는 그 자산을 시장에 내다 팔 매매목적으로 가지고 있다. 또 다른 부서는 보유하기 위해서 갖고 있기 때문에 이것들을 원가로 처리한다. 이처럼 그 조직의 의도에 따라 똑같은 자산이 다르게 표시될 수 있다는 것은 이상해 보인다.

둘째, 시장이 거의 붕괴되거나 혹은 크게 실패한다면 어떻게 할 것인가? 파트 3의 끝에 나오는 툴박스에서 우리는 수백 개의 금융기관이 대출자산을 시장가격으로 평가했을 때 무슨 일이 벌어지는지 보게 될 것이다. 금융위기는 여러 측면에서 볼 때 시가평가의 위기였다. 툴박스에서 설명하겠지만 금융위기가 진정되고, 그 기관이 시장이 회복될 때까지 자산을 보유하기로 한다면, 그 자산은 여전히 시가손실로 갖고 있는가? 이 질문은 현재까지 진행되고 있는 논쟁거리이다.

이것이 바로 자산이다. 발견한 모든 것을 다 더하면 재무상태표 왼쪽의 맨 아래에서 자산총계를 만나게 된다. 이제 다른 쪽으로 넘어갈 때이다. 그것은 부채와 자본이다.

12
부채와 자본

우리는 이전에 부채란 기업이 갚아야 하는 것이고, 자본은 기업의 순자산이라고 말했다. 재무상태표의 대변을 바라보는 다른 방법(약간 다를 뿐이다)이 있다. 그것은 자산이 어떻게 획득되는가를 보여주는 것이다. 만약 어느 기업이 자산을 얻기 위해 어떤 방법으로 자금을 빌린다면 그것은 부채총계에 나타나게 된다. 만약 기업이 자산을 얻기 위해 주식을 발행한다면 그것은 자본총계에 반영될 것이다.

부채의 유형

우선 재무상태표의 대변에서 중요한 것은 부채이며, 부채란 기업이 다른 기업이나 조직에 갚아야 하는 재무상의 의무이다. 부채는 항상 두 가지의 중요한 카테고리로 나뉜다. 하나는 유동부채(Current liabilities)인데, 이는 1년 안에 갚아야 한다. 또 비유동부채(Long-term liabilities)는 만기 1년 이상의 것들이다. 부채는 일반적으로 재무상태표에 만기가 짧은 것부터 긴 순으로 나열된다. 배열만 보면 언제가 만기인지를 알 수 있다.

장기부채의 현재 비중

회사가 은행으로부터 장기대출 10만 달러를 받았다면, 이 가운데 1만 달러는 올해가 만기일 것이다. 그 금액은 재무상태표에 유동부채로 나타난다. '장기부채의 현재 비중(Current portion of long-term debt)' 혹은 그와 유사한 것으로 기록될 것이다. 나머지 9만 달러는 장기부채로 나타날 것이다.

단기대부금

단기대부금(Short-term loans)은 신용대출 혹은 단기회전 대부금이다. 이 단기대출은 일반적으로 외상매출금 혹은 재고자산 같은 유동자산에 의해 보증된다. 전체 차액은 여기에 나타난다.

외상매입금

외상매입금(Account Payable)은 기업이 거래처에 갚아야 하는 금액을 나타낸다. 기업은 물건이나 서비스를 거래처로부터 매일 받으며, 일반적으로 30일 이내에는 금액을 갚지 않는다. 거래처가 사실상 기업에 자금을 빌려주는 셈이다. 외상매입금은 재무상태표의 특정 시점에서 얼마만큼을 갚아야 하는지 보여준다. 기업의 신용카드 잔액이 일반적으로 외상매입금에 해당된다.

미지급비용과 기타 단기부채

이 잡동사니 카테고리에는 기업이 빚지고 있는 다른 모든 것들을 포함하고 있다. 그중 하나가 급여(payroll)이다. 예를 들어 10월 1일에 급여를 받았다고 해보자. 이 경우 손익계산서에 10월의 비용으로 기재하는 것이 합당한가? 아마도 그렇지 않을 것이다. 10월에 받은 급료는 9월에 수행된 업무의 대가이다. 그러므로 회계사들은 여러분이 9월에 수행한 노동을 10월 1일 기준으로 얼마인지 추정하고, 그리고 나서 그 비용을 9월 달에 책정한다. 이것이 미지급부채(Accrued liability)이다. 10월에 이루어질 지급액에 대해 9월에 내부적으로 청구한 것과 같다. 미지급부채란 수익비용대응 원칙의 하나이다. 우리는 매달 발생하는 비용을 수익에 대응시켰다.

이연수익

일부 기업들은 재무상태표에 이연수익(Deferred revenue)이라는 아이템을 갖고 있다. 이것은 재무 초심자에게 수수께끼이다. 어떻게 수익이 부채일 수 있는가? 이연수익은 아직 제공되지 않은 제품이나 서비스에 대해 미리 받은 돈이다. 그러므로 그것은 지불해야 할 의무이다. 일단 제품이나 서비스가 제공되면 거기에 해당되는 수익은 손익계산서의 맨 위 칸에 포함될 것이며, 그것은 재무상태표를 깎아내리게 할 것이다. 재무상태표에서 이연수익을 볼 수 있는 산업은 항공업(비행기를 타기 전에 돈을 낸다)과 프로젝트를 기반으로 하는 비즈니스(고객은 일이 시작되기 전에 계약금을 지불한다)이다. 이처럼 아직 이익화하지 않은 수익의 거래는 보수주의 원칙과 일맥상통한다. 실제로 이익이 실현되기 전까지는 이익으로 인정하지 말라.

비유동부채

대부분의 비유동부채(Long-term liabilities)는 대출금(Loans)이다. 또한 리스트화할 수 있는 다른 부채도 있다. 예를 들어 이연보너스 혹은 이연보수, 이연법인세, 연금부채 같은 것들이다. 이러한 기타 부채들이 재무상태표에서 과다하다면 이 부분은 신중하게 조사될 필요가 있다.

주주자본

마침내! 재무상태표의 등식을 기억하는가? 주주자본(Owner's equity, 자본총계)이란 자산에서 부채를 차감하고 남은 것이다. 주주자본은 투자자에 의해 제공된 자본과 기업이 시간의 흐름에 따라 얻은 이익을 더한 것이다. 주주자본은 많은 명칭으로 불린다. 예를 들면 투자자 자본

(Shareholder's equity) 혹은 주식보유자 자본(Stockholder's equity)으로 불린다. 일부 기업의 재무상태표에 나와 있는 주주자본 항목은 매우 자세하면서도 혼란스럽다. 그것은 전형적으로 다음과 같은 카테고리를 포함하고 있다.

우선주

우선주(Preferred shares)는 우선주 주식(Preference stock) 혹은 우선주 지분(Preference shares)으로 불리며, 특별한 형태의 주식이다. 우선주 보유자는 일반적으로 보통주 보유자가 현금을 받기 전에 먼저 그들의 투자에 대한 배당을 받지만, 확정배당이다. 그래서 우선주 주가는 보통주 주가에 비해 변동이 심하지 않다. 우선주 투자자는 기업가치의 증대에 따른 혜택을 완벽하게 받지 못할 수도 있다. 기업이 우선주를 발행할 때는 투자자들에게 어떤 최초의 가격으로 판매한다. 재무상태표에 보여지는 가치는 그 가격을 반영하고 있다.

대부분의 우선주는 투표권을 갖고 있지 않다. 어떤 측면에서 우선주는 주식이라기보다는 채권과 유사하다. 우선주와 채권의 차이는 뭘까?

> **자본 Capital**
>
> 이 단어는 비즈니스에서 다양한 것들을 의미한다. 유형자본이란 공장, 장비, 차량, 그리고 이와 유사한 것들이다. 금융자본이란 투자자의 관점에서는 그가 보유하고 있는 주식과 채권을 말한다. 기업의 관점에서 금융자본이란 주주자본의 투자에 기업이 빌린 모든 펀드를 더한 것이다. 기업보고서에 나오는 '자본의 출처(Sources of capital)'는 기업이 그 돈을 어디에서 얻었는지를 보여준다. '자본의 사용(Uses of capital)'은 기업이 그 돈을 어떻게 사용했는지를 보여준다.

채권의 경우 확정이자 혹은 이자지분을 받는데 비해, 우선주는 확정배당을 받는다. 기업들은 우선주가 부채와는 다른 법적의미가 있기 때문에 돈을 끌어들이는 수단으로 활용한다. 예를 들어 어느 기업이 채권에 대한 이자를 지급하지 못하면 채권 보유자는 기업을 파산시킬 수 있지만, 우선주 보유자는 그렇게 할 수 없다.

보통주

대부분의 우선주와는 달리 보통주(Common shares 혹은 Common stock)는 투표권이 있다. 보통주 소유자는 이사회 멤버에 관한 투표를 할 수 있고(일반적으로 1주당 1표가 부여된다) 그 밖의 다른 사안에 대해 투표할 수 있다. 보통주는 배당을 지급할 수도 있고 지급하지 않을 수도 있다. 재무상태표에 나와 있는 보통주의 가치는 그 주식의 발행가에 기반하고 있다. 그것은 액면가 혹은 납입자본으로 나타난다.

유보이익

유보이익(Retained earnings) 혹은 누적이익(Accumulated earnings)이란 배당으로 지급되는 대신에 비즈니스에 재투자된 이익이다. 그 숫자는 비즈니스 기간 동안에 재투자되거나 유보된 세후이익의 총액을 보여준다. 때때로 기업은 거액의 유보이익을 현금 형태로 보유하고 있는데(마이크로소프트가 그 예이다)이는 주주들에 의해 그 금액의 일부를 배당으로 지급하라는 압력을 받는다. 어떤 주주가 자신의 돈이 생산성 있는 기업의 자산에 재투자되기보다 금고에 가만히 보관되기를 원한단 말인가? 물론 시간이 흐르면서 회사가 누적손실(적자)을 볼 수도 있을 것이다. 기업이 돈을 잃었다는 의미이다.

주주자본은 기업이 매각될 경우 주주가 받게 되는 것일까? 물론 그렇지 않다. 재무상태표에 영향을 미치는 모든 규칙, 추정, 가정을 기억하라. 자산은 그들의 인수가격에서 누적 감가상각을 뺀 것으로 기록된다. 영업권은 그 기업이 인수를 할 때마다 차곡차곡 쌓여가며 절대 감모상각되지 않는다. 물론 기업은 브랜드 혹은 고객리스트처럼 재무상태표에 전혀 나타나지 않는 고유한 무형자산을 갖고 있다. 기업의 시장가치는 재무상태표의 자본가치 혹은 장부가치와 절대 일치하지 않는다. 기업의 실제 시장가치는 잠재적 매수자가 지불하려는 금액이다. 공개기업의 경우에 그 가치는 기업의 시가총액(Market cap.)을 계산함으로써 추정된다. 시가총액이란 발행주식수에 특정 날짜의 주가를 곱한 금액이다. 비상장기업의 경우의 시장가치는 파트 1에서 서술된 가치평가법 중 하나에 의해 측정될 수 있다.

배당 Dividends

배당은 기업의 자본총계에서 주주들에게 배분되는 펀드이다. 공개기업의 경우 배당은 전형적으로 분기말 혹은 연말에 지급된다.

13
재무상태표는 왜 균형이 맞는가?

학교에서 기본 회계등식을 배울 때 아마도 교사가 이렇게 말했을 것이다. "재무상태표는 균형이 맞기 때문에 재무상태표로 불린다(It's called the balance sheet because it balances). 자산은 항상 부채와 자본을 합한 금액과 일치한다." 그렇지만 충실하게 시험장에서 그렇게 답안지를 썼더라도 왜 재무상태표가 균형이 맞는지는 제대로 알지 못할 것이다. 그러므로 여기서는 그것을 세 가지 방법으로 이해해보겠다.

균형이 맞는 이유

첫째, 개인을 생각해보자. 개인의 순자산을 보는 것과 똑같은 방법으로 기업의 재무상태표를 들여다볼 수 있다. 순자산은 그가 갖고 있는 것에서 그가 빚진 것을 뺀 것과 일치해야만 한다. 왜냐하면 그것이 우리가 그 용어를 정의하는 방법이기 때문이다. 10장에서 개인등식의 첫 번째 형식은 '소유한 것(owns) - 빚진 것(owes) = 순자산(net worth)'이었다. 그것은 기업에서도 똑같다. 다시 말해 '자산(asset) - 부채(liability) = 주주자본(shareholder's equity)'이다.

둘째, 재무상태표가 무엇을 보여주는지를 들여다보라. 한쪽 면에는 기업이 소유한 것을 가리키는 자산이 있다. 다른 면에는 그 기업이 자신이 가진 것을 어떻게 획득했는지를 보여주는 부채와 자본이 있다. 공짜로는 어떤 것도 얻을 수 없으므로 소유하고 있는 면과 어떻게 그것을 획득했는가 하는 면은 항상 균형이 맞을 것이다. 양쪽은 일치해야만 한다.

셋째, 재무상태표가 시간이 흐르면서 어떤 일이 발생하는지 생각해보라. 이런 접근법은 왜 항상 균형이 맞는지를 이해하는데 도움을 준다. 어느 기업이 이제 막 사업을 시작했다고 생각해보자. 그 오너는 그 기업에 5만 달러를 투자했고, 그래서 재무상태표 자산 쪽에는 현금 5만 달러가 놓인다. 부채는 아직 없다. 그는 자본총계 5만 달러를 갖고 있다. 재무상태표는 균형이 맞는다.

이제 그 기업은 영업용 트럭을 현금 3만 6,000달러에 매입한다. 만약 다른 것이 아무것도 바뀌지 않는다면(만약 트럭을 거래한 직후에 재무상태표를 짠다면) 재무상태표의 자산 쪽은 다음과 같이 생겼을 것이다.

자산	
현금	$ 14,000
유형자산	36,000

여전히 5만 달러로 보태진다. 그리고 재무상태표의 다른 쪽에서 그는 여전히 주주자본 5만 달러를 갖고 있다. 재무상태표는 균형이 맞는다.

다음으로 오너가 더 많은 현금이 필요하다고 결정했다고 해보자. 오너는 은행으로 가서 1만 달러를 빌린다. 그래서 그의 현금총액은 2만 4,000달러로 늘어난다. 이제 재무상태표는 다음과 같은 형태가 된다.

자산	
현금	$ 24,000
유형자산	36,000

이제 6만 달러로 늘었다. 그는 자산을 늘렸다. 물론 부채도 늘렸다. 그래서 재무상태표의 다른 쪽은 다음과 같은 형태가 된다.

부채와 주주자본	
은행대출	$ 10,000
주주자본	$ 50,000

이것 역시 6만 달러까지 늘었다. 주주자본은 이 모든 거래에서 바뀌지 않았음을 주목하라. 주주자본은 기업이 주주로부터 펀드를 조달받거나 주주에게 돈을 배당하거나 혹은 이익이나 손실을 기록할 때에만 영향을 받는다. 한편 재무상태표의 한쪽 면에 영향을 미치는 모든 거래는 다른 쪽에도 영향을 미친다. 예를 들어보자.

• 어느 기업이 대출을 갚기 위해 현금 10만 달러를 사용한다고 하자.

그러면 자산 쪽의 현금은 10만 달러가 감소하고, 다른 쪽에 있는 부채는 같은 금액만큼 줄어든다. 재무상태표는 균형을 유지한다.

- 어느 기업이 10만 달러짜리 기계를 매입하고, 5만 달러를 계약금으로 지급하고, 나머지를 빚진 것으로 한다고 하자. 이제 현금은 예전보다 5만 달러가 줄어든다. 그렇지만 새 기계는 자산 쪽에 10만 달러어치로 등장한다. 자산총계는 5만 달러가 늘어난다. 한편 그 기계에 대해 빚진 5만 달러는 부채 쪽에 나타난다. 다시 한 번 균형이 맞게 된다.

거래가 재무상태표 양쪽에 영향을 미친다는 사실을 잊지 말아야 한다. 그것이 바로 재무상태표가 균형이 맞는 이유이다. 이것을 이해하는 것이 재무지능의 기본이다. 꼭 기억하라. 만약 자산총계가 부채총계와 자본총계의 합계와 일치하지 않는다면, '균형이 맞는 표(재무상태표)'를 갖고 있지 않은 것이다.

14
손익계산서는 재무상태표에 영향을 미친다

지금까지 우리는 재무상태표 그 자체만을 고려했다. 그런데 여기 재무제표 세계에서 가장 깊숙이 감추어진 비밀이 하나 있다. 그것은 재무제표 어느 한 곳에서의 변화는 거의 언제나 다른 재무제표에 영향을 미친다는 것이다. 한마디로 손익계산서를 관리할 때, 재무상태표에도 영향을 미치고 있는 것이다.

이익과 자본

손익계산서의 이익과 재무상태표의 자본 사이의 관계를 보기 위해 우리는 몇 가지 사례를 들여다볼 것이다. 다음은 매우 규모가 작은 스타트업 기업의 매우 단순화된 재무상태표이다.

자산	
현금	$ 25
외상매출금	0
자산총계	$ 25

부채와 자본	
외상매입금	$ 0
자본총계	$ 25

우리가 이 기업을 1개월 동안 경영한다고 해보자. 부품과 원재료를 50 달러어치를 매입하는데, 그것을 이용해 완제품 100달러어치를 생산해 판매하려고 한다. 또한 25달러를 기타비용으로 부담한다. 이 경우 그달의 손익계산서는 다음과 같다.

매출액	$ 100
매출원가	50
매출총이익	50
총비용	25
순이익	$ 25

이제 재무상태표에서 무엇이 변했는가?

- 첫째, 우리는 모든 현금을 비용을 충당하기 위해 지출했다.
- 둘째, 우리는 고객으로부터 100달러의 외상을 받았다.
- 셋째, 우리는 거래처에 50달러의 채무를 부담했다.

그리하여 월말의 재무상태표는 다음과 같다.

자산	
현금	$ 0
외상매출금	100
자산총계	$ 100

부채와 자본	
외상매입금	$ 50
자본총계	$ 50
부채와 자본	$ 100

앞에서 볼 수 있듯이 순이익 25달러는 자본총계의 25달러가 됐다. 좀더 자세히 재무상태표를 들여다보면 자본총계의 이익잉여금에 나타난다. 그것은 어느 비즈니스에서나 사실이다. 순이익은 그것이 배당으로 지급되지 않는 한 자본총계를 늘려준다. 똑같은 이유로 순손실은 자본총계를 감소시킨다. 만약 어떤 비즈니스가 매달 돈을 잃는다면 부채는 결국 자산총계를 초과할 것이며, 그리하여 자본잠식을 불러일으킨다. 그러면 그 회사는 파산법정으로 가는 후보자가 된다.

그런데 이 같은 간단한 사례에서 예외가 있다. 이 기업은 그달을 현금 없이 끝냈다! 그 기업은 돈을 벌었고 자본은 증가했다. 그렇지만 은행에는 아무것도 없다. 그러므로 매니저는 현금과 이익이 재무상태표에서 서로 어떻게 작용하는지 알아야 할 필요가 있다. 이것이 우리가 파트 4로 가서 다룰 주제이다. 우리는 파트 4에서 현금흐름표를 다룰 것이다.

그 밖의 수많은 다른 영향들

이익과 자본 사이의 관계는 손익계산서의 변화와 재무상태표의 변화 사이의 유일한 관계는 아니다. 절대 그렇지 않다. 손익계산서에 기록되는 모든 매출은 현금(만약 그것이 현금판매일 경우) 혹은 외상의 증가를 발생시킨다. 매출원가 혹은 영업비용으로 기록되는 모든 급여는 재무상태표 현금의 감소 혹은 미지급비용의 증가를 나타낸다. 원재료 매입은 외상매입금을 증가시킨다. 물론 이 같은 변화는 자산총계 혹은 부채총계에 영향을 미친다.

전반적으로 어느 매니저의 직무가 수익성을 향상시키는 것이라면, 이익은 자본총계를 늘리기 때문에 재무상태표에 긍정적 영향을 미칠 수 있다. 하지만 그렇게 단순하지 않다. 왜냐하면 그것은 그 기업이 이익을 어떻게 벌어들이냐에 관한 문제이고, 재무상태표 그 자체의 다른 자산과 부채에 어떤 일이 발생하는가에 관한 문제이다. 예를 들면 다음과 같다.

- 어느 공장 매니저가 중요한 원재료에 대한 좋은 거래 소식을 듣고 구매부서에 그것을 대량구매할 것을 요청한다. 당연한 행위이다. 그렇지 않은가? 그런데 반드시 그렇지는 않다. 이렇게 되면 재무상태표에 재고자산이 증가하고, 외상매입금은 그에 해당한 금액만큼 증가한다. 아마도 그 기업은 원재료가 매출을 창출하도록 사용되기 전에 외상매입금을 커버하기 위해 현금을 꺼내야만 할 것이다. 한편 그 기업은 재고자산을 창고에 보관하는 비용을 지불해야만 하고, 현금감소를 커버하기 위해 돈을 빌릴 필요가 있을 것이다. 이러한 거

래를 이용할 것인지 계산하는 것은 세밀한 분석이 필요하다. 그 같은 결정을 내릴 때는 모든 재무적 이슈를 반드시 고려하라.

- 어느 세일즈 매니저가 매출과 이익을 증대시킬 방안을 찾다가 소규모 기업을 타깃 고객으로 선정하기로 했다. 좋은 아이디어인가? 아마도 그렇지 않을 것이다. 소규모 기업은 대기업만큼 안정적인 신용리스크를 갖고 있지 않다. 고객들은 대금지급을 늦게 하기 때문에 외상매출금은 급격히 증가할 것이다. 회계사는 부실채권에 대한 충당금을 증가시킬 필요성을 느낄 것이며, 이는 이익과 자산총계를 줄이고 결국 자본총계도 줄어든다. 재무적으로 똑똑한 세일즈 매니저는 가격책정의 가능성을 조사할 필요가 있을 것이다. 그는 소규모 고객들에 대한 매출에서 발생하는 리스크의 증가를 보충하기 위해 매출총이익을 증가시킬 수 있을까?

- IT 매니저가 새로운 컴퓨터 시스템을 구매하기로 결정한다. 그는 새로운 시스템이 생산성을 증대시킬 것이고, 수익성에 기여할 것이라고 믿는다. 그렇지만 새로운 장비의 대금은 어떻게 상환할 것인가? 만약 어느 기업이 과도한 부채를 사용한다면, 다시 말해 구매하려는 장비가 자본총계 대비 과중한 부채를 가져온다면 돈을 빌리는 것은 좋은 아이디어가 아닐 수 있다. 아마도 그 기업은 새로운 주식을 발행해야 할 것이고, 그리하여 자본투자를 늘릴 것이다. 비즈니스를 운영하기 위해 요구되는 자본을 어떻게 확보하는지 결정하는 것은 IT 매니저의 업무가 아니라, 최고재무책임자와 재무 담당자의 업무이다. 그럼에도 매니저는 언제 그 새로운 장비를 매입하는가를 결정할 때 기업의 현금과 부채 상황을 이해하고 있어야 한다.

간단히 말하면 이렇다. 어떤 매니저든 때때로 한 발짝 물러나 큰 그림을 바라볼 필요가 있다. 손익계산서의 한 가지 아이템에만 집중하지 말고, 재무상태표도 고려하라(현금흐름표도 고려할 필요가 있다. 나중에 우리는 현금흐름표를 간단히 다룰 것이다). 그렇게 할 때 여러분의 생각, 여러분의 일, 여러분의 의사결정은 좀 더 깊이가 더해질 것이다. 좀 더 많은 요소를 고려하게 될 것이며, 그것들이 미치는 영향을 좀 더 많은 뉘앙스와 이해심을 갖고 말할 수 있게 될 것이다. 상상해보라. 자신이 최고재무책임자에게 이익이 자본총계에 미치는 영향을 이야기한다고 말이다. 그는 아마도 당신에 대해 깊은 인상을 받을 것이다(어쩌면 충격을 받을지도 모르겠다).

기업의 건강을 측정하기

우리는 이 파트의 초반부에서 약삭빠른 투자자들은 전형적으로 기업의 재무상태표를 들여다본다고 말했다. 그 이유는 재무상태표가 많은 질문에 대해 답변을 하기 때문이다. 그 질문들이란 다음과 같다.

- 이 기업은 채무상환 능력이 있는가? 다시 말해 이 기업의 자산은 부채보다 많은가? 그래서 자본총계가 긍정적인 숫자인가?
- 이 기업은 어음을 갚을 수 있는가? 여기서 중요한 숫자는 유동부채와 비교한 유동자산, 특히 현금이다. 좀 더 많은 정보는 파트 5의 비율분석에 나와 있다.
- 자본총계가 시간이 흐르면서 증가하고 있는가? 오랜 기간에 걸쳐

재무상태표를 비교하는 것은 그 기업이 올바른 방향으로 가고 있는지 보여줄 것이다.

이것은 물론 단순하고 기본적인 질문들이다. 하지만 투자자들은 재무상태표와 그 주석을 상세하게 조사하는 것부터, 그리고 재무상태표와 다른 재무제표 사이를 비교하는 것에서 많은 것을 배울 수 있다. 영업권은 기업의 자산총계에 얼마나 중요한가? 감가상각을 결정하는데 어떤 가정이 사용되었는가? 그리고 그것은 얼마나 중요한가(폐기물 처리 기업인 웨이스트 매니지먼트사를 기억하라)? 현금은 시간이 흐르면서 증가하고 있는가? 일반적으로 그것은 좋은 신호이다. 혹은 감소하고 있는가? 만약 자본총계가 증가하고 있다면, 그것은 그 기업이 자본유입을 요구하고 있기 때문인가? 혹은 그 기업이 돈을 벌고 있기 때문인가?

재무상태표는 간단히 말해 기업이 재무적으로 얼마나 건강한지 판단하는데 도움이 된다. 모든 재무제표는 그러한 판단을 하는데 도움을 주지만, 그중에서도 재무상태표(이것은 기업의 종합평점이다)는 가장 중요하다고 할 수 있다.

TOOL BOX

비용인가? 자본적 지출인가?

어느 기업이 자본적 장비를 구매할 때 그 원가는 손익계산서에 나타나지 않는다. 그보다는 재무상태표에 등장한다. 그리고 오직 감가상각비가 이익에 대한 요금으로 손익계산서에 나타난다. 어쩌면 비용(손익계산서에 나타나는 것이다)과 자본적 지출(재무상태표에 나타나는 것이다)의 구분이 명확하고 단순할 것이라고 생각할 수 있다. 하지만 그렇지 않다. 이것은 재무적 기술에서 핵심에 해당하는 부분이다.

손익계산서에서 큰 아이템을 빼어내서 그것을 재무상태표에 붙인다고 생각해보자. 오직 감가상각비가 이익에 대한 요금으로 나타나도록 해보자. 그것은 이익을 상당히 늘리는 효과를 가져올 수 있다. 우리가 1장에서 언급했던 월드컴은 이 분야의 고전적인 연구대상이다. 월드컴 비용의 많은 부분은 이른바 원가로 구성돼 있었다. 바로 월드컴이 지역 전화회사에 지불하는 요금이었다. 월드컴은 이들 전화회사의 전화선을 사용해야 했다. 전화선의 원가는 일반적으로 경상영업비용으로 분류됐다.

여러분은 이들 중 일부가 사실상 새 시장을 위한 투자이고 수년 동안 지불개시를 하지 않아도 되는 것이라고 주장할 수 있다(그러나 이는 틀린 이야기다). 그것은 월드컴의 최고재무책임자인 스코트 설리번(Scott Sullivan)이 추구한 논리였다. 설리번은 어쨌든 회사의 전화선을 '자본화 하기' 시작했다. 이것은 월드컴의 재무제표에 대단한 영향를 미쳤다. 이 비용들은 손익계산서에서 사라졌고, 이익은 수십억 달러가 증가했다. 이 제 월드컴은 월스트리트 사람들에게 갑자기 이전보다 훨씬 많은 이익을 창출하는 것처럼 보였다. 월드컴이 무너지기 전까지는 아무도 실체를 알 아채지 못했다.

월드컴은 원가를 자본화하는데 적극적으로 접근했고 뜨거운 물에 뛰 어내리는 것으로 막을 내렸다. 그렇지만 일부 기업들은 그러한 의심스러 운 아이템을 자신들의 이익을 늘리기 위해서 자본적 지출로 다룰 것이 다. 지금 일하고 있는 여러분의 기업이 그런한지 한번 체크해보라.

시가회계의 영향

시가회계는 우리가 11장에서 설명했듯이 어떤 금융자산을 역사적 원 가가 아닌 현재가치로 평가하는 것을 말한다. 2008년에 시작된 금융위기 는 여러 측면에서 시가회계의 위기였다. 왜 그런지 들여다보자.

첫째, 은행의 자산과 부채에 대해 단순화된 회계를 생각해보자. 은행 의 자산은 다른 사람들을 상대로 하는 대출에 현금을 더한 것이다. 그것 의 부채는 현금계좌와 저축계좌 같은 고객예금을 포함한다. 원칙적으로 은행은 예금을 유치하고, 그 돈을 예금자에게 주는 것보다 더 높은 이자로 빌려주면서 돈을 번다.

그런데 1980년대에 많은 예금기관과 대출기관들(주택자금 대출에 특화된 소규모 은행)은 자신들이 곤경에 처해 있음을 발견하게 된다. 그들의 자산은 주로 상대적으로 낮은 이자율로 상환되는 장기 모기지로 구성돼 있었다. 반면 예금자들은 당시 인플레이션이 하도 높아 자신들의 예금에 대해 높은 이자율을 요구했다. 소액 대출 기관들은 예금자들이 자신들의 계좌에서 돈을 빼가는 것을 막기 위해 그들의 자산에 대해 지불하는 것보다 더 많은 이자를 지급해야 했다. 몇 개월이 지나자 이 가운데 수백 곳이 채무불능 상태가 되었다.

이후 미 연방정부는 금융기관들에게 대출의 만기와 예금액 사이에 균형을 유지하도록 요구하기 시작했다. 그것은 은행들이 장기 모기지를 제공할 수 없는 것을 의미하는데, 왜냐하면 예금자들은 돈이 그렇게 장기간 묶이길 원하지 않았기 때문이다. 이를 해결하기 위해서 미 연방정부는 패니메이(Fannie Mae)와 프레디맥(Freddie Mac)이라고 불리는 두 기업이 은행으로부터 모기지를 매입하고, 그 모기지들을 패키지로 묶어 증권을 만들고 투자자들에게 판매하는 권한을 위임했다. 이 새로운 수단은 주택저당증권(MBS ; Mortgage Backed Securities)으로 알려졌는데 매우 인기가 있었다. 이 증권은 높은 이자를 지급했고 안전한 것처럼 보였다. 프레디맥과 패니메이가 매입할 수 있는 대출은 특정한 요구조건을 충족시켜줘야만 했고, 그래서 우량대출(Prime Loan)로 알려졌다.

몇 년 후 다른 금융기관들도 우량대출 조건에 맞지 않는 대출증서를 매입하기 시작했다. 그들은 이처럼 위험이 높은 '비우량' 대출을 패키지화하고 증서로 만들어 투자자들에게 판매했다. 얼마 지나지 않아 프레디맥과 패니메이도 서프라임 모기지를 매입하는 것을 허가했다. 왜냐하면 정부는 그렇게 하는 것이 보다 많은 사람들이 주택 소유자가 되는 것이라고 믿었기 때문이다. 이 모든 것들은 대부분이 모기지를 가질 수 있는 환경을 만들었다. 그것은 집에 대한 수요를 증폭시켰고, 주택가격은 급등했고, 이는 투자자들에게 좀 더 많은 안전성을 제공하는 것처럼 보였다. 어떤 채무불이행이라도 항상 높은 주택가격에 의해 커버되었다.

은행들이 이러한 모기지를 맨 처음 만들어 일주일 내에 시장에 내다 팔았기 때문에, 이 모기지들은 은행들의 재무상태표에 시가평가자산으로 여겨졌다. 많은 은행들이 수십억 달러의 모기지를 갖고 있었는데 그들은 이익실현을 위해 되팔 목적이 있었다. 그런데 그때 주택시장이 무너지기 시작했고 가격은 폭락했다. 수많은 주택 소유자들이 채무불이행 상태에 빠졌고 대부분의 투자자들은 주택저당증권을 매입하는 것을 중단했다. 주택저당증권을 만든 중간유통업체들은 은행으로부터 모기지를 매입하는 것을 중단했다. 매입자가 사라지자 은행이 보유한 모기지의 가치는 급락했다.

이제 시가평가 원칙으로 돌아가보자. 시가평가 원칙이란 은행이 이 모기지를 현재의 시장가치로 기재해야만 하는 것을 말한다. 만약 어느 은행이 100억 달러의 모기지를 갖고 있는데 그 시장가치가 10% 하락했다면, 은행은 10억 달러의 손실을 기록해야만 할 것이다. 그것은 모든 자본을 순식간에 사라지게 할 것이고 이로 인해 은행은 문을 닫아야만 할 것이다.

2008년 4분기 미국 전역의 수백 개 은행에서 이와 비슷한 일이 발생했다. 언론매체는 은행이 대중에게 팔 수 없는 '악성(toxic)' 자산에 대해

보도했다. 미 연방정부는 어려움에 빠진 많은 은행들을 위해 8,000억 달러의 악성자산 구제프로그램(TARF ; Troubled Assets Relief Program)으로 대응했다(하지만 대부분의 은행들은 사실상 채무불이행이 아니었다). 채무자들은 여전히 빚을 상환했고 은행들은 예금자들의 필요를 만족시킬 수 있는 이자율을 유지할 수 있었다. 하지만 시가평가 원칙은 그들을 점점 궁지에 몰아넣었다.

위기 이후 미 금융회계기준위원회(FASB)는 은행이 그러한 상황을 수용할 수 있도록 손실한도를 제한하는 방식으로 시가회계 원칙을 수정했다. 그러나 위원회의 이러한 결정은 위기를 해결하기에는 영향력이 너무 작았고, 또 너무 늦었다.

Part 4
현금은 왕이다

15
현금은 현실을 체크하는 것이다

많은 매니저들이 EBITDA 같은 손익계산서의 측정도구에 대해 걱정하느라 바쁘다. 이사회와 외부 애널리스트들은 때때로 재무상태표에 너무 과도하게 집중한다. 그렇지만 현금을 주의 깊게 들여다보는 투자자 한 사람이 있다. 바로 워런 버핏이다.

워런 버핏은 모든 시대를 통틀어 유일한, 그리고 가장 위대한 투자자일 것이다. 그의 회사인 버크셔 해서웨이는 수십 개의 기업에 투자해 놀라운 성과를 냈다. 2006년부터 2010년까지 버크셔 해서웨이의 장부가치(가치를 측정하는 보수적인 지표)는 연평균 10% 상승했다. 이 기간 상장기업의 주식을 일반적으로 측정하는 도구인 S&P 500은 2.3% 상승했다. 이 놀라운 성과는 1965년까지 거슬러 올라가도 마찬가지다.

버핏은 어떻게 그렇게 할 수 있었을까? 많은 사람들이 그의 투자철학과 분석방법을 설명하는 책을 썼다. 하지만 우리는 그것을 세 가지 단순한 개념으로 분류할 수 있다. 첫째, 워런 버핏은 비즈니스를 단기적 관점이 아니라 장기적 관점에서 평가한다. 둘째, 항상 그가 이해하는 비즈니스만 찾는다(그는 수많은 인터넷 관련 투자를 피했다). 마지막 셋째, 재무제표를 들여다볼 때 자신이 주주이익(Owner earnings)이라고 부르는 현금흐름 측정법에 중점을 둔다. 워런 버핏은 재무지능을 새로운 차원으로 옮겼고 그의 순자산이 그것을 보여준다. 그에게 '현금은 왕'이라는 사실은 얼마나 흥미로운가?

왜 현금은 왕인가?

재무제표의 세 번째 요소, 현금에 대해 좀 더 깊게 들여다보자. 왜 현금흐름이 비즈니스 성과의 중요한 측정도구인가? 왜 손익계산서에서 발견되는 이익이 중요한 측정도구가 아닌가? 왜 재무상태표에서 발견되는 기업의 자산이나 자본이 중요한 측정도구가 아닌가?

첫째는 우리가 16장에서 설명했듯이 이익은 현금과 동일하지 않기 때문이다. 이익은 흘러들어오는 돈이 아니라 약속에 기반하고 있다. 그러므

> **주주이익** owner earnings
>
> 주주이익은 특정 기간에 기업의 현금 창출 능력을 보여주는 측정도구이다. 우리는 이 돈이 주주가 그의 비즈니스에서 꺼내서 자신의 이익을 위해서 사용할 수 있는 것이라고 말하고 싶다. 주주이익은 건강한 비즈니스를 유지하기에 필요한 지속적인 자본적 지출을 가능케 하기 때문에 중요한 측정도구이다. 이익과 심지어 영업현금흐름도 그렇게 하지는 못한다. 주주이익에 관한 더 많은 내용은 이 파트의 마지막 툴박스에 있다.

로 만약 회사가 임직원에게 급여를 지급하고, 어음을 상환하고, 심지어 장비에 투자할 현금을 갖고 있는지 알고 싶다면, 현금흐름을 공부할 필요가 있다.

손익계산서와 재무상태표가 아무리 유용하더라도 결국 가정과 추정의 결과물인 다양한 형태의 편향을 갖고 있을 수밖에 없다. 하지만 현금은 다르다. 기업의 현금흐름표를 들여다본다면, 간접적으로 그 기업의 은행계좌를 훔쳐보고 있는 것이다. 금융혼란을 겪은 지 15년이 지난 오늘날 현금은 월스트리트가 가장 사랑하는 대상이다. 현금은 애널리스트가 기업을 평가하는 탁월한 측정수단이 됐다. 그 현금을 워런 버핏은 지속적으로 관찰해온 것이다. 왜냐하면 현금이 재무기술에 거의 영향을 받지 않는 숫자라는 사실을 잘 알고 있었기 때문이다.

왜 일부 매니저들은 현금에 주의를 기울이지 못하는가? 거기에는 여러 가지 이유가 있다. 과거에는 아무도 매니저들에게 현금에 주의를 기울이라고 말하지 않았다(지금은 변하기 시작했다). 금융기관 종사자들은 현금은 자신들의 관심사이고 다른 사람들과는 무관하다고 믿었다. 하지만 진짜 이유는 재무지능 부족 때문이었다. 매니저들은 이익을 결정하는 회계원칙을 이해하지 못하며, 이익은 유입되는 순현금과 똑같다고 여긴다. 일부는 그들의 행동이 그들 기업의 현금상황에 영향을 미친다고 믿지 않는다. 다른 사람들은 믿기도 한다. 그렇지만 어떻게 그렇게 되는지를 이해하지 못한다.

또 다른 이유로는 현금흐름표의 언어가 약간 신비롭다는 것이다. 대부분의 현금흐름표는 금융 문외한이 읽기에 어려우며, 심지어 이해하기 어렵다. 하지만 성공적인 투자에 관해 얘기해보자. 만약 시간을 들여 현금을 이해하게 된다면, 회사의 재무 전문가들이 만들어낸 장애물들을 물리칠 수 있을 것이다. 여러분은 회사가 흑자로 전환하고 현금을 끌어들이는 것이 얼마나 좋은 일인지 볼 수 있을 것이다. 혹은 문제가 일어날 것이라는 경고사인을 초기에 발견할 수 있을 것이다. 그리고 현금흐름이 건강해지기 위해 어떻게 관리해야 하는지 알게 될 것이다. 현금은 현실점검이다.

이 책의 저자 중 한 사람인 조는 사회생활 초기에 소규모 기업에서 금융 애널리스트로 일하면서 현금의 중요성에 대해 배웠다. 이 기업은 살아남기 위해 발버둥치고 있었고 모두가 그것을 알고 있었다. 어느 날 최고재무책임자와 회계 담당자가 골프를 치러 나갔고 연락이 두절되었다(모든 사람들이 휴대폰을 갖기 이전에 있었던 일이다). 은행 담당자가 사무실로 전화를 걸어 CEO와 통화를 했지만, CEO는 관련 사항을 듣는 것을 좋아하지 않았다. 은행 담당자는 회계나 재무부서 직원과 이야기하는 것이 낫겠다고 생각했다. 그래서 CEO는 전화를 조에게 넘겨줬다. 조는 은행 담당자로부터 회사의 신용한도가 초과됐다는 사실을 전해 들었다. 은행 담당자는 "내일이 지급일이라는 사실을 감안한다면, 급여지급을 위한 여러분들의 계획이 무엇인지 궁금하군요"라고 말했다. 조는 바로 "제가 잠시 후에 전화를 드려도 될까요?"라고 말했다. 통화를 마친 후 조는 해결책을 찾다가 회사의 중요 고객에게 받아야 할 금액이 있고, 그 수표가 배달중이라는 사실을 알게 되었다. 조는 이 사실을 은행 담당자에게 전달했고, 은행 담당자는 조가 그 수표를 곧바로 은행에 보내주기만 하면 급여를 지급하는 것에 동의했다.

사실 수표는 그날 도착했지만 은행이 문을 닫은 뒤였다. 조는 다음날 아침 곧바로 은행에 달려가 수표를 체크했다. 그런데 은행이 문을 열기

몇 분 전에 서 있는 사람들 중 회사의 일부 임직원들이 급여수표를 들고 이미 와 있음을 발견했다. 그들 중 한 사람이 조에게 다가와 "당신도 수표를 바꾸려고 왔나요?"라고 물었다. 그러자 조는 "무엇을 바꾼다고요?"라고 물었다. 그 남자는 조를 연민의 시선으로 바라보며 말했다. "보통 우리는 급여수표를 매주 금요일에 받죠. 그러면 바로 현금으로 바꾸고, 각자의 거래은행에 예금합니다. 그렇게 해야만 우리의 급여수표가 휴지조각이 되지 않았음을 확신할 수 있기 때문이죠. 만약 은행에서 급여수표를 현금으로 바꿔주지 않는 날이 온다면, 그날은 다른 직업을 찾는데 보내야 겠죠."

그날이야말로 조의 재무지능이 크게 도약한 날이었다. 그는 워런 버핏이 이미 알고 있는 것이 무엇인지 깨달았다. 기업의 생명을 유지시키는 것은 현금이고, 현금흐름은 기업의 재무적 건강을 확인하는 결정적 측정 수단임을 말이다. 한 기업을 경영하기 위해서는 많은 것이 필요하다. 비즈니스를 할 장소가 필요하고 전화기, 전기, 컴퓨터 같은 소모품이 필요하다. 그리고 이 모든 것들은 재무제표상의 이익으로 지불할 수는 없다. 왜냐하면 이익은 진짜 돈이 아니기 때문이다. 현금이 진짜 돈이다.

16
이익은 현금이 아니다

그렇다면 왜 이익은 유입되는 현금과 똑같지 않은가? 일부는 명백하다. 현금은 대출로부터 혹은 투자자로부터 들어오는 것일 수 있고, 또 현금은 손익계산서에 전혀 나타나지 않기 때문이다. 그렇지만 영업현금흐름은 우리가 17장에서 상세히 설명하겠지만 순이익과 전혀 동일하지 않다. 여기에는 세 가지 근본적인 이유가 있다.

- 매출은 판매 당시에 예약된 것이다. 손익계산서에 대한 논의에서 설명했던 것처럼 근본적인 사실이다. 매출은 어느 기업이 제품이나 서비스를 배송할 때마다 기록된다. 예를 들어 에이스 프린팅사는 1,000달러어치의 브로셔를 고객에게 전달한다. 그때 1,000달러를 수익으로 기록한다. 이론적으로 에이스 프린팅사는 수익에서 원가와 비용을 차감함으로써 이익을 기록할 수 있다. 그렇지만 현금

은 유입되지 않는다. 왜냐하면 에이스 프린팅사의 고객은 일반적으로 30일 이상이 지나서 지불하기 때문이다. 이익은 매출액에서 시작하기 때문에 그것은 항상 고객이 지불하겠다는 약속을 반영한다. 반면에 현금흐름은 항상 현금거래를 반영한다.

• 비용은 매출액과 대응한다. 손익계산서의 목적은 어느 특정 기간 동안 매출을 발생시키는데 따르는 모든 원가와 비용을 운반하는 것이다. 하지만 파트 2에서 보았듯이 이 비용은 그 기간 동안에 실제로 지불되지 않은 것일 수 있다. 일부는 이전에 지불됐을 수 있다 (연간 임대료를 미리 지급한 스타트업 기업). 거래처에 어음이 만기가 됐을 때 대부분은 나중에 지급된다. 그러므로 손익계산서 비용은 현금유출을 반영하지 못한다. 하지만 현금흐름표는 언제나 어떤 특정한 기간 동안에 현금이 들어오고 나갔는지를 측정한다.

• 자본적 지출은 이익에 불리한 것으로 여겨지지 않는다. 파트 3의 툴박스를 기억하는가? 자본적 지출은 그것이 발생할 때 손익계산서에 나타나지 않는다. 아이템이 감가상각되는 것은 오직 그것의 원가가 매출액에 대해 계산될 때이다. 그래서 기업은 트럭, 기계류, 컴퓨터 시스템 등을 구매할 수 있는 것이며, 비용은 손익계산서에 서서히 나타날 것이다. 물론 현금은 다른 이야기다. 이러한 아이템들은 그것들이 감가상각되기 훨씬 이전에 지불된다. 그것들을 지불하기 위해 사용된 현금은 현금흐름표에 반영될 것이다.

장기적으로는 현금흐름이 순이익을 거의 따라갈 것이라고 생각할 것이다. 외상매출금은 회수될 것이며, 그래서 매출은 현금으로 전환될 것이다. 외상매입금은 상환될 것이며, 그래서 비용은 어느 시기에서 다음 시기로 거의 안정될 것이다. 자본적 지출은 감가상각될 것이며, 그래서 시간이 흐르면서 감가상각으로부터 발생하는 수익에 대한 지출액은 거의 새 자산의 사용된 현금과 거의 일치할 것이다. 이 모든 과정은 노련하게 잘 경영되는 기업에게는 어느 정도 사실이다. 그렇지만 이익과 현금의 차이는 그 사이에 온갖 오해를 불러일으킬 수 있다.

현금 없는 이익

우리는 이것을 이익과 현금에 관한 포지션이 극적으로 다른 두 개의 기업을 비교함으로써 설명할 것이다.

스위트 드림스 베이커리는 고급 식료품 매장에 쿠키와 케이크를 공급하는 제조기업이다. 창업자는 그녀의 독특한 가정식 조립법에 근거해서 주문을 짰고, 1월 1일에 사업을 개시할 준비를 했다. 우리는 그녀가 은행에 1만 달러의 현금을 가지고 있다고 가정할 것이다. 또한 사업개시 첫 3개월 동안 매출액이 2만 달러, 3만 달러, 그리고 4만 5,000달러라고 가정할 것이다. 매출원가는 매출액의 60%이며, 그녀의 월간 영업비용은 1만 달러이다.

그런 숫자들을 들여다보는 것만으로도 그녀가 곧바로 이익을 만들 것임을 알 수 있다. 최초 3개월 동안의 단순화된 손익계산서는 다음과 같을 것이다.

	1월	2월	3월
매출액	$20,000	$30,000	$45,000
매출원가	12,000	18,000	27,000
매출총이익	8,000	12,000	18,000
비용	10,000	10,000	10,000
순이익	$(2,000)	$ 2,000	$ 8,000

하지만 단순화된 현금흐름표는 다른 이야기를 할 것이다. 스위트 드림스 베이커리는 거래처에 대해 원재료와 다른 물품을 30일 후에 지불하기로 계약을 맺었다. 그렇지만 이 회사가 제품을 공급하고 있는 고급 식료품점에게도 같은 조건인가? 그들은 대금결제를 60일로 하고 있다. 스위트 드림스 베이커리의 현금상황은 다음과 같이 나타난다.

- 1월 : 스위트 드림스는 고객으로부터 아무것도 회수하지 못한다. 월말에 이 회사가 가진 것이라고는 매출액으로부터 받은 외상매출금 2만 달러가 전부이다. 운 좋게도 이 회사는 자신들이 사용하는 원재료에 대해 아무것도 지불할 필요가 없다. 왜냐하면 그 거래처는 30일 후에 지급하기 때문이다(오너가 빵굽기를 하기 때문에 매출원가는 그 원재료가 전부라고 가정한다). 그렇지만 임대료, 전기요금 등의 비용은 지불해야 한다. 최초의 현금 1만 달러 전액은 비용을 지불하기 위해 빠져나간다. 스위트 드림스의 은행계좌에는 현금이 하나도 남지 않게 된다.
- 2월 : 스위트 드림스는 여전히 아무것도 회수하지 못했다(고객은 60

일 후에 지급한다). 월말에 이 회사는 5만 달러의 외상매출금을 갖게
된다. 1월의 2만 달러, 2월의 3만 달러의 합계다. 현금은 없다. 한편
스위트 드림스는 1월의 원재료와 물품대금 1만 2,000달러를 갚아
야만 한다. 그리고 그다음 달의 비용 1만 달러가 남아 있다. 이 회사
는 2만 2,000달러의 빈 구멍이 생긴다.

스위트 드림스의 오너는 실적을 개선(턴어라운드)시킬 수 있을까? 확실
히 3월이면 증가하는 이익이 현금을 개선시킬 것이라는 희망을 줄 것이
다. 그런데 아쉽게도 그렇지 않다.

- 3월 : 스윗드림사는 마침내 1월 매출을 끌어들여 현금 2만 달러를
  곧 받게 된다. 1월 말 현금 포지션에 대해 겨우 2,000달러가 부족할
  뿐이다. 하지만 이 회사는 2월의 매출원가 1만 8,000달러에 덧붙혀
  3월의 비용 1만 달러를 지불해야 한다. 3월에 이 회사는 3만 달러가
  비어 있는 것으로 끝난다. 2월 말에 비해 상태가 더 나빠졌다.

무슨 일이 벌어진 걸까? 해답은 스위트 드림사가 성장하고 있다는 것
이다. 이 회사의 매출액은 매달 증가하고 있는데, 이는 원재료에 대한 금
액을 지불해야 한다는 것을 의미한다. 결국 회사의 오너는 더 많은 사람
을 고용해야 하기 때문에 영업비용은 증가할 것이다. 또 다른 문제는 스
위트 드림사가 고객들로부터는 60일 후에 대금을 받는 반면에 거래처에
는 30일 후에 지불해야 한다는 불공평한 차이이다. 매출액이 증가하는
한 사실상 이 회사는 30일 앞서서 현금을 갖고 있어야만 한다. 추가적으

로 현금을 창출하지 못하면, 결코 그 간격을 따라잡지 못할 것이다.

비록 스위트 드림사의 재무상황이 허구적이고 과장되고 단순화되어 있지만, 이것은 수익을 내는 기업이 어떻게 몰락하는가를 보여준다. 또한 이 사례는 수많은 소규모 기업들이 왜 1년 만에 실패하는가를 보여준다. 바로 현금이 고갈된 것이다.

이익 없는 현금

또 다른 유형의 이익과 현금 사이 불균형을 들여다보자.

파인어패럴은 스타트업 기업이다. 이 회사는 값비싼 남성의류를 판매하며, 비즈니스맨과 돈 많은 여행가들이 자주 들르는 도시의 한 귀퉁이에 있다. 이 회사의 매출액은 최초 3개월 동안 5만 달러, 7만 5,000달러, 9만 5,000달러로 건강하게 성장 중이다. 이 회사의 매출원가는 매출액의 70%이며 월간 영업비용은 3만 달러이다(임대료 때문이다). 간단하게 비교하기 위해 이 회사 역시 은행에 1만 달러를 갖고 시작한다고 하자. 이 기간의 파인어패럴 손익계산서는 다음과 같이 생겼다.

	1월	2월	3월
매출액	$ 50,000	$ 75,000	$ 95,000
매출원가	35,000	52,500	66,500
매출총이익	15,000	22,500	28,500
비용	30,000	30,000	30,000
순이익	$(15,000)	$ (7,500)	$ (1,500)

이 회사는 비록 매달 덜 잃고는 있지만 수익성 측면에서 전환점을 돌지 못했다. 그러면 이 회사의 현금은 어떤 모습인가? 소매상으로써 이 회사는 매달 돈을 즉각 회수한다. 우리는 파인어패럴이 거래처와 좋은 조건에 협상을 해서 60일 후에 금액을 지불할 수 있다고 가정한다.

- 1월 : 파인어패럴은 1만 달러로 시작해서 현금매출로 5만 달러를 더한다. 아직 어떤 매출원가도 상환할 필요가 없기 때문에 빠져나가는 현금은 3만 달러이다. 그러므로 1월 말의 은행잔고는 3만 달러이다.
- 2월 : 이 회사는 현금매출에 7만 5,000달러를 더하고 매출원가에 대해서는 아직 돈을 지불하지 않았다. 그래서 이달의 비용 3만 달러를 지불한 후 순현금은 4만 5,000달러이다. 이제 은행잔고는 7만 5,000달러이다!
- 3월 : 현금매출 9만 5,000달러를 더하고 1월 달의 물품(3만 5,000달러)과 3월의 비용(3만 달러)을 갚는다. 3월의 순현금은 3만 달러이며 은행잔고는 이제 10만 5,000달러이다.

소매점, 레스토랑 같은 현금기반기업(cash-based business)은 이러한 상황과 거의 유사한 그림일 것이다. 파인어패럴의 경우 비록 수익은 나지 않지만 매달 은행잔고는 증가한다. 그것은 당분간 좋은 일이다. 기업이 비용을 줄여 수익성의 고비를 넘기는 한, 그것은 당분간 좋은 일이다. 하지만 만약 오너가 사업이 잘되고 있고 비용을 늘리려고 한다면, 그때는 신중해야 한다. 아마도 계속 수익성 없는 길을 걷게 될 것이다. 그렇게 수익을 얻는데 실패한다면 결국 현금이 고갈될 것이다.

파인어패럴 역시 현실과 유사한 측면이 있다. 소규모 오프라인 매장부터 아마존이나 델 같은 거대 기업에 이르기까지 현금에 기반한 모든 기업들은 원가와 비용을 지불하기 전까지 고객의 돈을 풍부하게 갖고 있다. 바로 '유동성(float)'이다. 만약 이들 회사가 성장하게 된다면 유동성은 더 증가할 것이다. 하지만 결국 기업은 손익계산서의 기준에 따라 수익을 내야만 한다. 장기적으로 현금흐름은 이익이 없는 것에 대한 보호막이 되지 못한다. 파인어패럴의 사례에서 보듯, 장부상의 손실은 결국 마이너스 현금흐름으로 이끌 것이다. 이익이 현금을 가져오듯이, 손실은 결국 현금을 소진시킨다. 우리가 여기서 이해하려고 하는 것은 바로 현금 타이밍이다.

이익과 현금 사이의 차이를 이해하는 것이 재무지능을 늘리는 열쇠이다. 이것은 많은 매니저들이 배울 기회를 갖지 못하는 근본적인 개념이다. 그리고 이것은 질문을 던지고 현명한 의사결정을 내리는 기회의 새로운 창을 열어준다.

- 적절한 전문가 찾기 : 우리가 이번 장에서 서술한 두 가지 상황은 상이한 기술을 요구한다. 만약 어느 기업이 이익은 나지만 현금이 부족하다면, 이 기업은 추가적인 자금을 조달할 수 있는 재무 전문가가 필요하다. 또 어떤 기업이 이익은 나지 않는데 현금을 갖고 있다면, 이 기업은 운영 전문가가 필요하다. 이는 원가를 낮추거나 아니면 원가를 늘리지 않고 추가적인 매출을 창출할 수 있는 사람을 의미한다. 그러므로 재무제표는 기업에서 무슨 일이 벌어지고 있는

지 말해줄 뿐만 아니라, 어떤 전문가를 고용해야 하는지를 말해줄 수 있다.

- 타이밍에 관한 올바른 결정 내리기 : 언제 행동에 나설 것인가에 관한 심사숙고된 의사결정은 기업의 효율성을 늘릴 수 있다. 셋포인트사를 예로 들어보자. 이 책의 저자인 조는 공장 자동화기기를 만드는 셋포인트사의 최고 경영자이다. 셋포인트사의 매니저들은 자동화 시스템에 수주가 많이 들어오는 1분기가 그 비즈니스에 가장 이익이 나는 시기임을 알고 있다. 그렇지만 셋포인트사는 부품을 구매하고 계약자에게 대금을 현금으로 지불해야만 하기 때문에 항상 현금이 빠듯하다. 다음 분기에 이전 분기의 외상매출금이 회수되기 때문에 셋포인트사의 현금흐름은 일반적으로 개선된다. 그렇지만 이익의 개선폭은 줄어든다. 셋포인트사의 매니저들은 2분기는 전통적으로 이익이 덜 나지만, 비즈니스에 필요한 자본설비는 1분기보다 2분기에 하는 것이 더 났다는 것을 배웠다. 왜냐하면 대금을 지불할 때 활용 가능한 현금이 더 많기 때문이다.

여기서의 궁극적인 교훈은 기업은 이익과 현금, 두 가지 모두가 필요하다는 사실이다. 이 두 가지는 다르며, 건강한 비즈니스는 이익과 현금 모두를 요구한다.

17
현금흐름의 언어

현금흐름표는 읽기 쉽다고 생각할 것이다. 현금은 진짜 돈이기 때문에 이 숫자에는 가정과 추정이 들어 있지 않다. 들어오는 현금은 플러스 숫자이고 나가는 현금은 마이너스의 숫자이다. 순현금은 단순하게 두 가지를 더한 금액이다. 그런데 사실 비 재무부서의 매니저 대부분은 현금흐름표를 이해하는데 시간이 걸린다(심지어 우리가 같이 일을 한 수많은 재무부서 사람들도 사정은 마찬가지다).

이렇게 된 한 가지 이유는 현금흐름표의 카테고리에 나오는 명칭이 혼란스러울 수 있기 때문이다. 두 번째 이유는 플러스와 마이너스가 항상 명확하지는 않다는 것이다(여기에 나오는 일반적인 아이템은 예를 들면 플러스 혹은 마이너스에 이어 '외상매출금의 증가/감소'라고 돼 있는데, 이것은 증가인가 감소인가?) 마지막 이유는 현금흐름표와 나머지 두 재무제표 사이에 관계를 알아내기가 매우 어렵다는 것이다.

현금흐름의 유형

현금흐름표에서 비즈니스로 들어오는 현금을 유입(inflows)이라고 부르고, 비즈니스 바깥으로 나가는 현금을 유출(outflows)이라고 부른다. 현금흐름표는 3가지의 중요한 카테고리로 나뉜다.

영업활동으로 인한 현금

때때로 '영업 활동에 제공되거나 혹은 사용된 현금' 같은 언어에 작은 변화를 보게 될 것이다. 정확한 명칭이 무엇이든 간에 이 카테고리는 비즈니스의 실제 영업과 관련해 들어오고 나간 현금흐름을 포함한다. 고객이 자기에게 청구된 대금을 지불했을 때 들어오는 현금도 포함한다. 또한 기업이 계속 운영하고 비즈니스가 운영되도록 하는데 사용된 현금은 물론이고, 직원들에게 급여를 지급하고 거래처와 땅 주인에게 지급한 현금을 포함한다.

투자활동으로 인한 현금흐름

이것은 혼란스러울 수 있는 명칭이다. 여기서 말하는 투자활동이란 오너가 아니라 기업에 의해 만들어진 투자를 가리킨다. 이것의 핵심적인 하위 카테고리는 자본적 투자에 사용된 현금, 다시 말해 자산의 구매이다. 만약 기업이 트럭이나 기계를 매입했다면 기업이 지불한 현금은 현금흐름표의 이 파트에 나타난다. 만약 거꾸로 해당 기업이 트럭이나 기계

(혹은 어떤 다른 자산)를 매각한다면, 기업이 받은 현금이 여기에 나타난다. 이 섹션은 또한 인수 혹은 금융증권(혹은 기업의 자산을 매입하거나 매각하는 데 관련된 것)에 대한 투자를 포함한다.

재무활동으로 인한 현금흐름

재무는 대출금을 빌리거나 갚는 것을 말하고, 또 다른 한편으로는 기업과 기업주주 간의 거래를 가리키기도 한다. 그러므로 만약 어느 기업이 대출금을 받는다면, 그 과정은 이 카테고리에 나타난다. 만약 어느 기업이 주주로부터의 증권투자를 받는다면, 이것 역시 여기에 나타난다. 기업이 대출금에 대한 원금을 갚고, 자사의 주식을 매입하고, 혹은 주주에게 배당을 지급한다면, 이러한 현금지출도 카테고리에 나타날 것이다. 여기에 다시 한 번 일부 명칭의 혼란이 있다. 만약 어느 주주가 기업에 많은 돈을 투자한다면 여기에 관련된 현금은 투자활동이 아니라 재무활동에 나타난다.

 기업의 자금조달

기업이 어떻게 자금을 조달하는가는, 이 기업이 어떻게 스타트업을 하거나 사업을 확장할 때 필요한 현금을 획득하느냐는 것이다. 일반적으로 기업은 부채, 자본, 혹은 이 두 가지 모두를 통해 자금을 조달한다. 부채란 기업이 은행, 가족, 그리고 다른 채권자들로부터 돈을 빌리는 것을 말한다. 자본이란 사람들이 기업의 주식을 매입하는 것을 의미한다.

각각의 카테고리는 무엇을 말하는가?

현금흐름표에 일용한 정보가 많다는 사실은 곧바로 알 수 있을 것이다. 첫 번째 카테고리는 영업현금흐름을 보여주는데, 이는 여러 가지 면에서 비즈니스의 건강을 보여주는 가장 중요하면서 유일한 숫자이다. 지속적으로 건강한 영업현금흐름을 가지고 있는 회사는 이익을 내고 있을 것이며, 이 회사는 이익을 현금으로 바꾸는 일을 잘하고 있을 것이다. 게다가 건강한 영업현금흐름은 회사가 차입을 하거나 더 많은 주식을 팔지 않아도 내부조달을 통해 충분히 성장할 수 있음을 의미한다.

두 번째 카테고리는 회사가 미래를 위한 투자에 얼마나 많은 현금을 지출하는가를 보여준다. 만약 그 숫자가 기업 사이즈에 비해 상대적으로 낮다면 이 회사는 투자를 많이 하고 있지 않은 것이며, 경영진은 해당 비즈니스를 '캐시카우(cash cow)'로 여기고 있을 것이다. 이는 회사를 미래 성장을 위한 투자는 하지 않으면서 현금을 창출하는 수단으로 여기는 것이다. 반면에 그 숫자가 기업 사이즈에 비해 높다면, 이는 경영진이 기업의 미래에 큰 희망을 갖고 있음을 암시한다. 물론 그 숫자가 높은가 낮은가의 기준은 기업의 유형에 따라 다르다. 예를 들어 서비스 기업은 일반적으로 제조기업에 비해 자산에 투자를 덜 한다. 그러므로 분석은 평가하는 기업의 큰 그림을 반영해야만 한다.

세 번째 카테고리는 그 기업이 외부자금에 어느 정도 의존하는지를 보여준다. 카테고리를 오랫동안 지켜본다면 기업이 순채무자(갚을 수 있는 것보다 더 많이 빌리는 것)인지 아닌지를 알 수 있다. 또한 기업이 외부 투자자에게 새 주식을 판매하는지 혹은 자사주를 매입하는지를 알 수 있다.

마지막으로 현금흐름표는 월스트리트에서는 잉여현금으로 알려진, 워런 버핏의 주주이익 측정법을 계산할 수 있게 해준다. 파트 4의 마지막 부분에 나오는 툴박스를 보라. 월스트리트는 최근에 점차 현금흐름표에 집중하고 있다. 많은 애널리스트들이 손익계산서의 부분들과 현금흐름표의 부분들을 계산하기 시작했는데, 이는 그 기업이 이익을 현금으로 전환시키고 있는지를 확인하기 위해서다. 또한 워런 버핏이 이미 알고 있던 것처럼, 현금흐름표의 숫자는 다른 재무제표 숫자에 비해 조작의 여지가 훨씬 적다. 물론 "여지가 적다"는 것이 "여지가 없다"는 것은 아니다. 예를 들어 어느 기업이 특정 분기에 양호한 현금흐름을 보여주고자 한다면, 거래처에 대한 대금결제나 혹은 종업원 보너스 지급을 다음 분기까지 늦추면 된다. 그러나 기업이 대금지급을 점점 연기하게 된다면, 결국에는 대금을 지급받지 못했던 거래처들이 제품이나 서비스의 공급을 중단할 것이므로 그 효과는 단기적으로만 중요하다.

 자사주 매입하기 Buying Back Stock

만약 어느 기업이 여유현금이 있고 자사의 주식이 적정 주가보다 낮게 거래되고 있다고 믿는다면, 아마도 주식의 일부를 매입할 것이다. 이렇게 되면 유통되는 주식수는 감소하게 되며, 주가가 상승할 가능성이 높다.

18
현금은 어떻게 모든 것과 연결돼 있는가?

일단 읽는 법을 배웠다면 현금흐름표는 기업의 현금상황을 말해줄 것이다. 그러면 여러분은 어떻게 그것에 영향을 미칠 것인지 알아낼 수 있다. 매니저로서 어떻게 기업의 현금 포지션을 더 양호하게 해야 하는지 알 수 있을 것이다. 이 같은 기회들을 19장에서 설명할 것이다.

그렇지만 만약 여러분이 수수께끼를 즐기는 유형(살펴보고 있는 것의 논리를 이해하기 좋아하는 사람을 말한다)이라면 이번 18장 내내 우리와 함께하라. 손익계산서와 두 개의 재무상태표를 들여다봄으로써 현금흐름표를 계산할 수 있을 것이다.

계산은 어렵지 않다. 더하고 빼는 것에 불과하다. 물론 그 과정에서 길을 잃기 쉽다. 이것은 회계사들이 특별한 언어와 특별한 테크닉을 가지고 그것을 사용하기 때문은 아니다. 그들도 우리처럼 사고(思考)를 하기 때문이다. 단지 그들은 손익계산서에 보고되는 이익이 어떤 규칙, 가정, 추정, 그리고 계산의 결과물임을 알고 있는 것이다. 그들은 재무상태표에 보고되는 자산이 재무상태표의 '실제'의 가치가 아니라는 것을 알고 있다. 다시 한 번 말하지만 이는 자산들을 평가하는데 들어가는 규칙, 가정, 추정 때문이다.

회계사들은 또한 재무기술은 추상적으로 존재하지 않는다는 것을 알고 있다. 궁극적으로 이 같은 모든 규칙들, 가정들, 추정들은 우리에게 실제 세계에 관한 유용한 정보를 제공할 수밖에 없다. 그리고 재무의 실제 세계는 현금에 의해 대변되기 때문에 재무상태표와 손익계산서는 현금흐름표와 논리적 관계가 있을 수밖에 없다.

일상적인 거래에서 그 관계를 볼 수 있다. 예를 들어 외상매출금 100달러를 생각해보자. 그것은 다음과 같이 나타난다.

• 재무상태표에 외상매출금 100달러 증가
• 손익계산서에 매출액 100달러 증가

한편 고객이 청구서에 대해 지불할 때는 다음과 같은 일이 벌어진다.

• 외상매출금 100달러 감소
• 현금 100달러 증가

이러한 변화들은 재무상태표에 나타난다. 또한 이제 현금이 관련돼 있으므로 현금흐름표에도 영향을 미친다.

모든 종류의 거래들을 이 같은 방식으로 관찰할 수 있다. 예를 들어 어느 기업이 재고자산 100달러어치를 매입한다고 하자. 재무상태표는 두 가지 변화를 기록한다.

외상매입금이 100달러 증가하고 재고자산이 100달러 증가한다. 그리고 이 기업이 청구서 대금을 지급할 때 외상매입금은 100달러 감소하고 현금은 100달러 감소한다. 다시 한 번 말하지만 이 두 가지 거래는 모두 재무상태표의 변화이다. 그 재고자산이 판매될 때(온전히 소매상에게 팔리거나 혹은 제조업자에 의해 제품으로 통합될 때) 매출원가 100달러가 손익계산서에 기록될 것이다. 이들 거래의 현금 부분은(외상매입금 100달러를 상환하기 위한 최초의 현금지출과 나중에 완제품 판매로부터 현금수령) 현금흐름표에 나타날 것이다.

그러므로 이러한 거래들은 결국 손익계산서, 재무상태표, 그리고 현금흐름표에 영향을 미친다. 사실상 대부분의 거래는 궁극적으로 이 세 가지 재무제표에 나타난다. 이 책을 읽는 여러분에게 좀 더 구체적인 관계를 보여주겠다. 다음에는 회계사들이 현금흐름을 계산하기 위해 어떻게 손익계산서와 두 가지를 활용하는지 보여주겠다.

이익과 현금 조화시키기

첫 번째 연습은 이익을 현금에 조화시키는 것이다. 여기서 해답을 얻기 위해 노력해야 하는 질문은 매우 단순하다. 우리가 순이익 X달러를 가지고 있다고 해보자. 그렇다면 그것은 우리의 현금흐름에 어떤 영향을 미치는가?

218

우리는 순이익에서 출발해보도록 하자. 만약 모든 거래가 완벽하게 현금으로 행해진다면, 그리고 만약 감가상각 같은 비현금비용이 없다면, 순이익과 영업현금흐름은 똑같을 것이다. 그렇지만 대부분의 거래에서 모든 것이 현금거래로 이뤄지는 것이 아니므로 우리는 손익계산서와 재무상태표에 있는 어떤 아이템이 현금을 줄이거나 늘리는데 영향을 미치는지를 결정할 필요가 있다. 다시 말해 영업현금을 만드는 것은 순이익과는 다르다. 회계사들이 말했듯이 우리는 순이익이 더해졌을 때 순이익에 대한 '조정(Adjustments)'을 발견할 필요가 있다. 이제 현금흐름의 변화에 도달해보자.

이러한 조정의 한 가지는 외상매출금에 있다. 어떤 특정 시간대에 기업은 외상매출금의 일부를 현금으로 받는다. 그것은 재무상태표의 외상매출금을 감소시킨다. 그렇지만 그 기업은 또한 외상신용매출을 늘리게 되며, 이는 외상매출금을 증대시킨다. 우리는 다음 재무상태표에서 외상매출금을 들여다봄으로써 두 가지 유형의 거래로부터 현금금액을 걸러낼 수 있다(재무상태표는 특정 시점에서 작성된 것이므로 그 변화는 두 개의 재무상태표를 비교할 때 찾아낼 수 있다는 사실을 기억하라). 예를 들어 기업이 이달 초 재무상태표에 100달러의 외상매출금을 갖고 있다고 해보자. 이달에 75달러의 현금을 받았고 100달러의 새로운 신용매출을 만든다. 이달 말

 조정Reconciliation

재무적 맥락에서 조정이란 어느 기업의 재무상태표에 있는 현금을 이 기업이 은행에 보유하고 있는 실제 현금과 맞춰나가는 것을 의미한다. 이것은 체크북(Check book, 개인 은행계좌 기반으로 신용거래를 하는 수표책의 일종)의 균형을 맞추는 것과 비슷하다. 그렇지만 스케일이 좀 더 크다.

의 외상매출금을 어떻게 계산하는지 다음을 보면 알 수 있다.

$$\$100 - \$75 + \$100 = \$125$$

이달을 외상매출금 100달러로 시작했으므로 이달 초와 이달 말의 외상매출금의 차이는 25달러이다. 이것은 또한 신규매출(100달러)에서 회수한 현금(75달러)을 뺀 값과 같다. 달리 말하면 회수된 현금은 신규매출에서 외상매출금의 변화를 뺀 값과 동일하다.

또 다른 조정은 감가상각이다. 감가상각은 순이익을 계산하기 위해서 영업이익에서 차감된 것이다. 하지만 감가상각은 우리가 배웠듯이 비현금비용이다. 현금흐름에 영향을 미치지 않는다. 그러므로 그것을 더해서 집어넣어야만 한다.

스타트업 기업

앞서 언급한 내용이 확실한가? 아마도 그렇지 않을 것이다. 아주 간단하게 첫 달에 100달러의 매출을 올린 스타트업 기업을 상상해보자. 이달의 매출원가는 50달러이고 기타비용은 15달러, 감가상각비는 10달러라고 해보자. 그렇다면 이달의 손익계산서가 다음과 같이 생겼을 것이다.

손익계산서	
매출액	$100
매출원가	50
매출총이익	50
비용	15
감가상각비	10
순이익	$ 25

매출액이 전부 외상매출이라고 가정해보자. 어떤 현금도 아직 들어오지 않았다. 그리고 매출원가는 모두 외상매입이다. 이 정보를 활용하면 우리는 두 개의 부분적인 재무상태표를 만들 수 있다.

자산	월초	월말	변화
외상매출금	0	$100	$100

부채			
외상매입금	0	$50	$50

이제 우리는 현금흐름표를 만들기 위한 첫 번째 단계에 있다. 이것의 핵심규칙은 만약 자산이 증가한다면 현금은 감소한다는 것이다. 그래서 우리는 그 증가분을 순이익에서 공제한다. 부채의 경우에는 정반대가 진실이다. 만약 부채가 증가한다면 현금 또한 증가한다. 그래서 우리는 그 증가분을 순이익에 더한다. 다음은 그 계산과정이다.

순이익으로 시작	$ 25
외상매출금의 증가분을 빼기	(100)
외상매입금의 증가분을 더하기	50
감가상각을 더하기	10
결과 : 현금의 순변화	$(15)

이 기업이 이 기간에 행했던 유일한 현금비용이 15달러였기 때문에 이것이 사실이라고 생각할 수 있다. 그렇지만 실제 기업에서는 그것들을 단지 들여다본다고 해서 결과를 확증할 수는 없다. 똑같은 규칙에 따라 현금흐름표를 신중하게 계산할 필요가 있다.

실제의 기업

이제 좀 더 복잡한 사례를 들여다보자. 여기 가상 기업의 손익계산서와 재무상태표가 있다. 이 기업의 재무제표는 부록에도 있다.

[샘플 1]

손익계산서
(단위 100만 달러)

	2012/12/31
매출액	$ 8,689
매출원가	6,756
매출총이익	**$ 1,933**
판매 및 일반 관리비	$ 1,061
감가상각비	239
기타이익	19
세전이익	**$ 652**
이자비용	191
법인세	213
순이익	**$ 248**

[샘플 2]

재무상태표
(단위 100만 달러)

	2012/12/31	2011/12/31
자산		
현금 및 현금성 자산	$ 83	$ 72
외상매출금	1,312	1,204
재고자산	1,270	1,514
기타 유동자산 및 이연자산	85	67
유동자산총계	2,750	2,857
유형자산	2,230	2,264
기타 비유동자산	213	233
자산총계	**$ 5,193**	**$ 5,354**
부채		
외상매입금	$ 1,022	$ 1,129
신용	100	150
유동성 장기부채	52	51
유동부채총계	1,174	1,330
비유동부채	1,037	1,158
기타 비유동부채	525	491
부채총계	**$ 2,736**	**$ 2,979**
자본		
보통주, 액면가 1달러		
(발행가능 주식수 1억 주,		
2012년, 2011년 유통주식)	$ 74	$ 74
자본잉여금	1,110	1,110
유보이익	1,273	1,191
자본총계	**$ 2,457**	**$ 2,375**
부채총계 및 자본총계	**$ 5,193**	**$ 5,354**
2012년 주석:		
감가상각비	$ 239	
보통주식수(단위 100만 주)	74	
주당순이익	$ 3.35	
주당배당금	$ 2.24	

우리가 이전에 제시했던 단순한 사례처럼 동일한 논리가 적용된다.

- 재무상태표에서 다른 재무상태표 사이의 변화를 들여다보라.
- 그 변화가 현금의 증가 혹은 감소를 가져왔는지를 결정하라.
- 그러고 나서 순이익에서 그 금액을 더하거나 공제하라.

여기 그 단계가 있다.

관찰	행동
순이익 248달러에서 시작했다.	———
감가상각비는 239달러였다.	그 비현금비용을 순이익에 더한다.
외상매출금이 108달러가 증가했다.	자산이 증가한다. 그러므로 그 증가분을 순이익에서 공제한다.
재고자산이 244달러 감소했다.	자산이 감소한다. 그러므로 그 감소분을 순이익에 더한다.
기타 유동자산이 18달러 증가했다.	그 증가분을 순이익에서 공제한다.
유형자산이 205달러 증가했다. (감가상각비 239달러를 조정한 이후 – 노트1 참고)	그 증가분을 순이익에서 공제한다.
기타 비유동자산이 20달러 감소했다.	그 감소분을 순이익에 더한다.
외상매입금이 107달러 감소했다.	부채가 감소한다. 그러므로 그 감소분을 순이익에서 공제한다.
신용한도가 50달러 감소했다.	그 감소분을 순이익에서 공제한다.
유동성 장기부채가 1달러 증가했다.	부채가 증가한다. 그러므로 그 증가분을 순이익에 더한다.

비유동부채가 121달러 감소했다.	그 감소분을 순이익에서 공제한다.
기타 비유동부채가 34달러 증가했다.	그 증가분을 순이익에 더한다.
자본총계가 2,375달러에서 2,457달러로 82달러 증가했다.	(노트 2 참고)

- **노트1** : 왜 우리는 유형자산(PPE, Property, Plant, and Equipment)의 변화를 들여다볼 때 감가상각비를 조정할 필요가 있는가? 해마다 재무상태표에 있는 유형자산은 감가상각한 금액만큼 줄어든다. 그러므로 만약 10만 달러에 인수한 트럭들을 갖고 있다면, 재무상태표는 그 인수 후에 곧바로 트럭 10만 달러를 유형자산에 포함시킬 것이다. 만약 트럭의 감가상각비가 1만 달러라면, 12개월 후 유형자산에 있는 트럭은 9만 달러가 될 것이다. 그렇지만 감가상각은 비현금비용이다. 그리고 우리는 현금금액을 도달하기 위해 노력하고 있으므로 감가상각비를 '제외해야(factor out)'만 한다.

- **노트2** : 재무상태표 주석에 있는 배당에 주목했는가? 그 배당금에 유통주식수를 곱하면 약 1억 6,600만 달러를 갖는다(우리는 단지 166달러라고 기재했다). 순이익 248달러에 배당금 166달러를 공제하면 82달러이다. 정확히 자본총계의 증가분이다. 이것은 회사의 유보이익으로 남아 있는 이익금이다. 만약 배당지급이 없고 새 주식을 발행하지 않았다면 자본조달의 제공되거나 사용된 현금은 제로일 것이다. 자본은 해당기간에 이익 혹은 손실만큼 증가 혹은 감소할 뿐이다.

[샘플 3]

현금흐름표
(단위 100만 달러)

		2012/12/31
영업현금흐름		
순이익	$248	손익계산서의 순이익
감가상가비	239	손익계산서의 감가상각비
외상매출금	(108)	2001년에서 2002년까지 외상매출금의 변화
재고자산	244	재고자산의 변화
기타 유동자산	(18)	기타 유동자산의 변화
외상매입금	(107)	외상매입금의 변화
영업으로부터의 현금	**$498**	
투자활동으로 인한 현금		
유형자산(PPE)	$(205)	감가상각이 조정된 유형자산의 변화
기타 비유동자산	20	재무상태표로부터의 변화
투자에서의 현금	**$(185)**	
재무활동으로 인한 현금		
신용한도	$(50)	단기신용의 변화
유동성 장기부채	1	유동성 장기부채의 변화
비유동성 부채	(121)	재무상태표로부터의 변화
기타 비유동부채	34	재무상태표로부터의 변화
자본	(166)	배당금 지급
재무로부터의 현금	**$(302)**	
현금의 변화	11	세 부분을 모두 더한다.
기초현금	72	2011년 재무상태표에서 나온 것
기말현금	**$ 83**	현금의 변화 + 기초 현금

이제 우리는 앞의 예처럼 현금흐름표를 작성할 수 있다. 물론 지금 이것과 같은 완전한 재무상태표와 함께, 현금의 변화를 적절한 카테고리에 넣어야만 한다. 오른쪽에 있는 숫자들은 각각의 숫자가 어디서 왔는지를 보여준다.

'기말 현금'은 기말 재무상태표의 현금잔액과 일치한다. 이것은 복잡한 연습이다! 그렇지만 모든 관계에서 수많은 미덕과 미묘함을 볼 수 있을 것이다(아마도 여러분이 회계사라면 가능한 일이다). 그 이면을 읽어라(혹은 또 다른 은유를 활용하기 위해서는 행간을 읽어라). 숫자들이 서로 어떻게 관련돼 있는지를 볼 수 있을 것이다. 여러분의 재무지능은 재무기술에 대한 이해력이 높아진 것처럼 상승하는 중이다.

19
왜 현금이 중요한가?

어쩌면 지금 혼잣말을 하고 있을지도 모르겠다.

"그래서 어쨌다는 건가?"

이 모든 것들은 계산하기가 거추장스럽다. 왜 여기에 신경을 써야 하는가? 초보자를 위해서 샘플기업에 현금흐름표가 무엇을 드러내는지 보기로 하자. 영업의 관점에서 현금을 창출하는 것은 확실히 좋은 일을 하는 것이다. 영업현금흐름은 순이익보다 상당히 높다. 재고자산은 감소했다. 이 기업은 영업을 강화하고 있다고 추정하는 것이 합리적이다. 이 모든 것들은 현금 포지션을 강화한다.

그렇지만 우리는 새로운 투자가 많지 않다는 것을 볼 수 있다. 감가상각비는 새 투자보다 많은데, 경영진은 자신의 기업이 미래가 밝다고 믿고 있는 것 같아서 놀랍다. 한편 이 기업은 주주에게 양호한 배당을 지급했는데, 이는 기업의 미래보다 기업의 현금창출능력을 더 높게 평가하고 있음을 추정케 한다(많은 성장 기업들은 이익을 비즈니스에 투자해야 하기 때문에 고배당을 지급하지 않는다. 일부 기업은 배당을 아예 하지 않는다).

물론 이것들은 샘플기업에 관한 추정이다. 진짜로 알기 위해서는 그 기업이 어떤 비즈니스에 종사하는지를 포함해(이것은 재무지능 큰 그림의 일부이다) 그 기업에 관해 더 많은 것을 알아야만 한다. 그렇지만 만약 이 모든 것을 알게 된다면 현금흐름표는 정말로 대단한 것들을 드러낼 것이다. 이것은 매니저로서의 여러분이 고유한 상황과 속해 있는 기업의 현금흐름표에 다가서게 만들 것이다. 우리 현금흐름표를 들여다보고 이해해야 하는 세 가지 중요한 이유가 있다고 생각한다.

현금흐름표를 이해하는 힘

첫째, 기업의 현금상황을 아는 것은 지금 어디로 가고 있고 비즈니스가 어디로 향하고 있는지, 그리고 경영진의 우선순위가 무엇인지 이해하는데 도움을 줄 것이다. 여러분은 전반적인 현금 포지션이 양호한지가 아니라, 구체적으로 그 현금이 어디에서 왔는지를 알 필요가 있다. 영업에서 왔는가? 그러면 그것은 좋은 것이다. 비즈니스가 현금을 창출하고 있음을 의미한다. 투자현금흐름이 상당한 규모로 마이너스 숫자를 기록하고 있는가? 만약 그렇지 않다면 그것은 그 기업이 미래를 위해 투자하고 있지 않음을 의미한다. 재무현금흐름은 어떠한가? 만약 투자금액이 들어오고 있다면, 그것은 미래를 위해 낙관적인 신호이거나 그 기업이 유동성을 확보하기 위해 필사적으로 주식을 팔고 있음을 의미한다. 현금흐름표를 들여다본다는 것은 많은 질문을 한다는 것과 같다. 그렇지만 질문이 많은 것이 올바른 것이다. 우리는 대출금을 갚고 있는가? 왜 갚아야 하고 갚지 않아야 하는가? 우리는 장비를 매입하는가? 이 질문들에 대한 대답은 기업에 대한 고위 임원진의 계획이 어떠한지 많이 드러낼 것이다.

둘째, 여러분은 현금에 영향을 미친다. 우리가 이전에 말했듯이 매니저들은 이익과 현금 모두에 집중해야만 한다. 물론 이들의 영향은 일반적으로 영업현금흐름에 한정된다. 하지만 가장 중요한 측정도구 중 하나이다. 예를 들면 다음과 같다.

- **외상매출금(Accounts receivable)** : 만약 세일즈를 하고 있다면 자신들의 청구서를 제때에 지불하는 고객들에게 판매하고 있는가? 고객들과 대금지급조건에 대해 논의할 만큼 충분히 밀접한 관계를 갖고 있는가? 만약 고객서비스를 하고 있다면 고객들이 청구서를 제때에 지급하도록 격려할 그런 종류의 서비스를 고객에게 제공하는가? 송장은 정확한가? 우편물 취급소는 송장을 적시에 발송하는가? 접수 담당자는 도움이 되는가? 이 모든 요소들은 고객들이 여러분의 회사를 어떻게 느끼는지를 결정하고, 얼마나 빨리 그들이 대금 청구서를 지급할 것인지에 간접적으로 영향을 미친다. 불만을 가진 고객들은 즉각적으로 대금지급을 하려 하지 않는다. 그들은 분쟁이 해결될 때까지 기다리기를 좋아한다.

- **재고자산(Inventory)** : 엔지니어링 업무를 하고 있다면 항상 특별제품을 요구하는가? 만약 그렇다면 여러분은 재고가 악몽이 될 수도 있다. 혹시라도 생산부서에 소속되어 있고 비축을 많이 해두기를

원한다면, 다른 것에 유용하게 사용할 수 있는 현금을 창고에 쌓아 두는 것과 다를 바 없다. 제조와 창고 매니저들은 종종 린(lean) 기업의 원칙을 공부하고 적용함으로써 재고자산을 훨씬 줄일 수 있다. 린 기업의 선구자로는 도요타가 있다.

- **비용(Expense)** : 가능하다면 비용을 연기하는 편인가? 구매를 할 때 현금흐름의 타이밍을 고려하는가? 우리는 비용을 연기하는 것이 항상 현명하다고 말하지는 않을 것이다. 다만 돈을 소비하기로 결정할 때 현금이 어떤 영향을 미칠 것인지 이해하고 그것을 고려하는 것이 현명하다.

- **신용 제공하기(Giving credit)** : 혹시 잠재적 고객에게 너무 쉽게 신용을 제공하지 않는가? 신용을 제공해야 할 때 신용을 자제하는가? 이러한 결정들은 기업의 현금흐름과 매출에 영향을 미친다. 이는 신용부서가 항상 신중하게 잔액의 균형을 맞춰야만 하는 이유이다.

리스트는 계속된다. 어쩌면 여러분은 공장 매니저일 수 있다. 그리고 주문이 들어올 경우 항상 더 많은 장비를 매입하는 것을 추천하는 중이다. 아마도 여러분은 IT부서에 있는데, 회사가 항상 컴퓨터 시스템을 최신으로 업그레이드 할 필요가 있다고 느낀다. 이 모든 결정들은 현금흐름에 영향을 미치고 고위 경영진은 일반적으로 그것을 잘 알고 있다. 만약 효과적으로 요청하고 싶다면 그들이 들여다보는 숫자들과 친숙해질 필요가 있다.

셋째, 현금흐름을 이해하는 매니저들은 좀 더 많은 책임감을 가지는 경향이 있으므로, 순전히 손익계산서에만 집중하는 사람들에 비해 좀 더 빨리 앞으로 나아가는 경향이 있다. 예를 들어 다음 파트에서는 기업이 외상매출금을 얼마나 효과적으로 회수하는가에 관한 핵심적인 측정도구인 매출채권 회전기간(DSO ; Days Sales Outstanding) 같은 비율을 계산하는 방법을 배울 것이다. 외상매출금이 더 빨리 회수될수록 기업의 현금 포지션은 좋아진다. 재무부서에 있는 사람에게 가서 "저는 매출채권 회전기간이 최근 수개월간 좋지 않은 방향으로 가고 있는 것을 발견했습니다. 제가 개선하는데 도와드릴 게 있을까요?"라고 말할 수 있다.

무엇보다도 재고자산을 최고로 유지하는 것에 집중하는 린(lean) 기업의 개념을 배울 것이다. 기업을 린(lean) 상태로 전환시키는 매니저는 어마어마한 양의 현금을 해방시켜주는 것이다.

우리가 강조하고 싶은 것은 현금흐름이 수익성, 주주자본과 더불어 기업의 재무적 건강을 보여주는 핵심지표라는 것이다. 현금흐름은 재무상태표, 손익계산서, 현금흐름표의 최종적인 연결고리이다. 그리고 기업의 재무적 건강을 측정할 때는 재무상태표, 손익계산서, 현금흐름표, 세 가지 모두가 필요할 것이다. 재무지능에서 가장 중요한 사실이다. 여러분은 이 세 가지 재무제표를 충분히 이해하고 있다. 이제 다음 단계로 이동할 때이다.

TOOL BOX

잉여현금흐름

몇 년 전에 월스트리트가 가장 좋아하는 측정도구는 EBITDA(Earnings Before Interest, Taxes, Depreciation, and Amortization)였다. 은행은 EBITDA가 미래현금흐름의 좋은 지표라며 선호했다. 하지만 두 번의 재수 없는 일이 닥쳐왔다. 1990년대 말 닷컴붐 기간에 월드컴 같은 기업들의 장부조작이 드러났다. EBITDA의 숫자는 신뢰성이 떨어졌다. 2008년에 금융위기가 닥쳤을 때 투자자와 채권자는 손익계산서와 연계된 어떠한 측정도구든 점점 신중하게 검토했다. 그들은 손익계산서의 가정과 추정이 과중했음을 실감했고, 손익계산서에 나오는 이익은 반드시 실제가 아니라는 것을 깨달았다.

월스트리트에서는 새로운 측정도구가 생겼다. 바로 잉여현금흐름이다. 일부 기업들은 수년 동안 잉여현금흐름을 들여다봤다. 워런 버핏의 버크셔 해서웨이는 이와 관련해 가장 잘 알려진 케이스이다. 워런 버핏은 잉여현금흐름을 주주이익(Owner earnings)으로 부르고 있다.

잉여현금흐름을 몇 가지 방법으로 계산할 수 있다. 그렇지만 가장 일반적인 접근법은 단순 차감하는 것이다.

잉여현금흐름 = 영업현금흐름 − 순자본적 지출

이 숫자들은 현금흐름표에서 직접 나온다. 영업현금흐름(혹은 '영업활동에서 창출된 현금'이라고도 한다)은 현금흐름표 상단의 전체이다. 순자본적 지출은 유형자산 구매이다. 이는 현금흐름표의 투자섹션에 있다. 우리는 많은 비즈니스들이 자본장비 매각에 어떤 절차를 추가하기 때문에 순자본적 지출이라는 용어를 사용한다. 순자본적 지출은 거의 언제나 마이너스 숫자임을 주의하라.

이는 일부 약간의 혼란을 불러일으킬 수 있다. 마이너스 사인을 무시하라! 영업현금흐름에서 그 라인 숫자의 절대값을 차감하라. 예를 들어 이 책의 부록에 있는 샘플 재무제표를 이용하면, 이 기업의 잉여현금흐름은 498달러(영업활동으로 인한 현금)에서 205달러(유형자산에 투자된 금액)를 차감한 금액, 다시 말해 2억 9,300만 달러이다(100만 달러 단위를 붙였다).

투자자들은 현금이 가정과 추정에 종속되지 않기 때문에 이 방법에 이끌렸다. 현금잔액을 감시하기는 쉽다. 기업이 순전히 거짓말을 하지 않는 한(이런 종류의 거짓말은 쉽게 들통나는 경향이 있다) 기업은 현금흐름표에 표시돼 있는 현금흐름을 갖고 있다. 또한 자본시장이 위축될 때마다(우리는 2008년에 그것을 자주 목격했다) 기업이 성장을 위해 투자할 수 있는 비즈니스라면, 스스로 현금을 창출할 수 있는 그런 기업이 될 것이다.

기업관점에서 볼 때 건강한 잉여현금흐름은 몇 가지 좋은 옵션을 준다. 그것은 영업을 확장할 수 있고, 인수를 할 수 있고, 부채를 상환할 수 있고, 자사주를 매입할 수 있고, 주주에게 배당을 지급할 수 있다. 잉여현금흐름이 부족한 기업들이 앞서 언급한 것들을 하기 위해서는 외부자금을 조달해야만 한다. 물론 더 많은 잉여현금을 가질수록 월스트리트는 더 우호적으로 바라볼 것이다.

대기업도 현금이 고갈될 수 있다

포춘 100대 기업의 경영진을 상대로 하는 재무강의를 할 때 우리는 현금의 중요성을 논의했다. 그때 한 수강생이 자신의 회사에서 겪었던 일을 들려주었다.

2009년 1분기였다고 그녀는 말했다. 그때 자본시장은 혼란스러웠다. 어느 날 고객 한 사람이 그녀에게 전화를 걸어왔다. 이 고객은 이 기업 재무부서에 1억 달러의 신용한도를 갖고 있었는데, 그 금액 전부를 인출하고 싶어했다. 그녀는 고객의 재무상태표에 현금이 충분한 것으로 보인다면서 인출하지 말 것을 요청했지만 막무가내였다.

결국 그녀는 회사의 재무담당 부서에 연락해 자금을 고객에게 이체해 줄 것을 요청했다. 사실 그러한 요청은 대기업에는 일상적인 일이었다. 그런데 재무담당자가 회사에 계좌이체를 할 현금이 충분하지 않다고 답변했다. 그녀는 충격에 빠졌다. "내가 제대로 들은 건가요?"라고 되물을 정도였다.

그녀는 다시 한 번 물었다. "정말로 내가 그 고객에게 우리 회사가 신용한도를 충족시킬만한 현금을 갖고 있지 않다고 말해야 한다는 건가요?" 마침내 재무담당 책임자는 그녀에게 CEO 사무실에 승인을 얻어줄 것을 요청했다. 재무담당자와 그녀는 현금을 준비하기 위해 노력했고, 결국은 해냈다.

　어떻게 대기업이 현금고갈 상태에 이를 수 있는가? 사실상 문제는 감춰져 있었다. 2009년 초에 1~2주 동안 월스트리트에 있는 기업어음의 판매창구는 금융위기의 모든 불확실성 때문에 문을 닫았다. 기업어음은 일반적으로 30일, 60일 혹은 90일 만기의 안정적인, 대기업이 발행하는 단기증서 혹은 단기대출로 구성돼 있다. 수많은 대기업들이 수십억 달러어치의 낮은 금리의 증서를 단기적 금융상의 필요에 따라 회전시킨다. 이 특별한 기업은 수많은 수십억 달러의 상업어음을 그 같은 용도로 사용했다. 매주 수십억 달러의 증서가 만기가 도래했고, 그 기업은 이 증서를 새로운 증서로 회전시켰다. 하지만 시장이 문을 닫았을 때 그 기업은 수십억 달러가 부족했고, 그 부족한 부분을 메우는 방법을 찾기 위해 숨 가쁘게 움직였다.

Part 5
비율, 숫자가 진짜
말해주는 것 학습하기

20
비율의 힘

인간의 눈은 영혼의 창일 수도 있고 아닐 수도 있다고 독일 철학자 임마누엘 칸트는 말했다. 그렇지만 비율은 기업의 재무제표를 확실하게 들여다보는 창이다. 비율은 재무가 무엇을 말하는가를 이해하는 지름길을 제공한다.

이러한 포인트를 잘 설명해주는 이야기가 있다. 때는 1997년이었다. 악명 높은 '전기톱' 던랩은 당시 독립 가전기업이던 선 빔의 최고경영자가 됐다. 선 빔에 부임했을 때 던랩은 월스트리트에서 이미 위대한 명성을 갖고 있었고, 그가 일을 하는 표준적인 방식이 있었다. 그는 문제가 있는 회사에 나타나 임원들을 해고하고 자신의 사람들을 데려왔다. 그리고 즉각 공장들을 폐쇄하거나 매각하고 수천 명의 직원들을 해고하면서 비용을 급격히 줄이기 시작했다. 순식간에 이루어진 삭감으로 기업은 이익을 냈는데, 이는 장기적으로는 포지셔닝이 잘 된 것이라고는 할 수 없었다. 그 당시 던랩은 기업을 매각하려고 했는데, 매각가격은 일반적으로 프리미엄 가격으로 매겨졌다. 이것은 그가 주주가치의 챔피언으로 종종 환영받고 있음을 의미한다. 던랩이 고용됐다는 뉴스가 나오자 선 빔의 주가가 50% 이상 급등했다.

선 빔에서 모든 것은 던랩이 그 기업을 매각할 준비를 할 때까지 일상적인 계획에 따라 운영됐다. 던랩은 임직원을 1만 2,000명에서 6,000명으로 절반이나 해고했고 화끈한 이익을 보고했다. 월스트리트가 너무 감명을 받은 나머지 선 빔의 주가는 지붕을 뚫을 정도였다. 그리고 그것이 우리가 앞서 지적했듯이 큰 문제였다. 투자은행들이 선 빔의 매각에 나설 때쯤, 주가가 너무 높은 나머지 잠재적 매수자를 찾는데 어려움을 겪게 된 것이다. 던 랩의 유일한 희망은 투자자가 선 빔의 주가에 대해 제안하게 될 프리미엄 가격을 정당화하는 수준으로 매출과 이익을 끌어올리는 것뿐이었다.

회계상 트릭

우리는 던랩과 그의 최고재무책임자인 러스 커쉬(Russ Kersh)가 4분기에 선 빔을 실제보다 훨씬 이익이 나는 것처럼 보이게 하는 회계상 트릭을 사용했다는 사실을 알고 있다. 인도지연(bill and hold)이라고 불리는 왜곡된 지연이었다.

인도지연은 본질적으로 미래의 매출을 위해 대량의 제품을 구매하기 원하는 소매상들의 편의를 봐주는 방법 중 하나이다. 하지만 제품이 실제로 판매될 때까지 대금지불은 연기된다. 예를 들어 여러분이 장난감 매장의 체인을 갖고 있는데, 크리스마스 시즌을 위해 바비인형의 공급을 보장받고 싶어한다. 예를 들면 봄에 마텔 인형회사를 찾아가 몇 개의 바비인형을 매입할 것이며, 그것들을 배송할 것이고, 심지어 마텔이 대금을 청구하는 것을 제안하는 것이다.

그러나 크리스마스 시즌이 돌아오고 그것을 팔기 시작할 때까지는 그 인형의 대금을 지급하지 않을 것이다. 여러분은 인형들을 창고에 보관할 것이다. 이는 좋은 거래이다. 왜냐하면 인형이 필요할 때 인형을 실제로 가지고 있다는 사실에 기댈 수 있기 때문이다. 적절한 현금흐름을 얻을 때까지 대금지급을 연기할 수 있다. 이는 마텔에게도 좋은 거래이다. 비록 현금을 회수할 때까지 몇 개월을 기다려야 하지만, 매출을 발생시킬 수 있고 그것을 곧바로 장부에 기록할 수 있기 때문이다.

던랩은 인도지연의 변화가 자신의 문제에 대한 해답이라고 생각했다. 4분기는 선 빔에게 성수기가 아니었다. 선 빔은 이 시기에 여름을 대비해 가스그릴 같은 수많은 제품을 만들었다. 그래서 선 빔은 월마트와 K마트 같은 주요 소매상을 찾아가서 만약 그들이 한겨울에 매입해 주기만 한다면, 자신이 다음 여름에 이들 소매상이 원하는 모든 그릴을 보장한다고 제안했다. 그들은 곧바로 청구서를 발행했지만, 매장에 그 제품들을 실제로 들여놓는 봄까지는 대금을 지급할 필요가 없었다. 소매상들을 그 아이디어가 마음에 들었다. 그들은 그 물건들을 어디에도 보관하지 않았으며 심지어 겨울 내내 그 재고자산을 보관하는 비용을 부담하고 싶어하지 않았다. 이에 대해 선 빔은 "문제없습니다"라고 말했다. 선 빔은 "우리가 그 물건들을 잘 보관하겠습니다. 설비장 근처에 공간을 임대할 것이며 보관료는 우리가 부담하겠습니다"라고 말했다.

던랩이 해고된 후 진행된 감사에서 서류상의 흔적을 찾는데는 실패했지만, 추측하건대 소매상들은 그 같은 조건에 동의했을 것이다. 어쨌든 선 빔은 일이 잘 진행되었고 이 회사가 시작한 지연인도에 기반해 4분기에 추가적인 3,600만 달러를 보고했다. 이 신용사기는 대부분의 애널리스트, 투자자, 선 빔의 이사회를 속이기에 충분할 정도로 잘 작용했다. 1998년 초에 던랩과 다른 이사진들은 수지맞는 근로계약으로 보상을 받았다. 1년도 채 못되게 그 자리에 있었는데 3,800만 달러의 스톡옵션을 받았다. 이는 대부분 선 빔이 4분기에 빛나는 실적을 올렸다는 믿음에 근거하고 있다.

그러나 패인웨버 투자회사에 근무하며 소비재 담당 애널리스트인 앤드루 쇼가 던랩이 부임한 이래 선 빔을 조사하고 있었다. 또한 회사의 재무상태도 심층분석했다. 앤드류 쇼는 선 빔의 4분기 실적에서 평상시와는 다른 높은 매출 등 몇 가지 이상한 점을 발견했다. 그때 그는 매출채권 회전기간(DSO ; Days Sales Outstanding)으로 불리는 비율을 계산했다. 이 결과 그 비율이 원래 그래야만 하는 수치를 훨씬 뛰어넘는다는 사실을 발견했다.

그 비율은 이 회사의 외상매출금이 지붕을 뚫고 나갔음을 보여줬다. 그것은 나쁜 신호였기에 그는 선 빔의 회계사에게 전화를 걸어 무슨 일이 벌어지고 있는지 문의했다. 회계사는 쇼에게 지연인도 전략에 대해 말했다. 쇼는 선 빔이 정상적이라면 1~2분기에 나타나야 할 대규모 세일이 이미 기록됐음을 발견했다. 인도지연 게임과 그 밖에 다른 의심스러운 행동을 발견한 후에 그는 곧바로 적정주가를 하향 조정했다.

그 나머지 이야기는 우리도 알고 있다. 던랩은 필사적으로 매달렸지만 주가는 급락했고, 투자자들은 선 빔의 재무상태를 걱정하기 시작했다. 던랩은 강제 퇴임했고 선 빔은 파산했다. 이것은 앤드류 쇼가 실체를 파헤쳐 무엇이 벌어지고 있는지를 알았기 때문에 시작됐다. 매출채권 회전기간 같은 비율은 앤드류 쇼에게 유용한 도구였고, 여러분에게도 마찬가지이다.

비율 분석하기

비율이란 한 숫자와 다른 숫자와의 관계를 가리킨다. 사람들은 비율을 매일 사용한다. 어느 야구선수의 평균배팅 0.33이란, 배트에서 히트를 친 것과의 관계이다. 이는 베트를 3번 휘두를 때 한 번 쳤다는 의미이다. 복권에서 승리하는 숫자(예를 들어 600만 개 가운데 하나)는 판매된 당첨티켓(1개)과 총 판매된 티켓 숫자 사이의 관계를 보여준다. 비율은 어떤 복잡한 계산을 요구하지 않는다. 비율은 한 숫자를 다른 숫자로 나눈 다음, 그 결과를 10진법 혹은 퍼센트(%)로 나타내면 된다.

대부분의 사람들은 비즈니스를 평가할 때 모든 종류의 재무비율을 사용한다. 예를 들면 다음과 같다.

- 은행과 다른 채권자들은 부채비율(Debt-to-equity ratio)을 조사하는데, 이는 어느 기업이 대출금을 갚을 수 있는지에 관한 아이디어를 그들에게 제공한다.

- 고위 매니저들은 영업마진 같은 비율을 주목하는데, 이는 그들에게 코스트의 증가 혹은 부적절한 디스카운팅을 인지하게 하는데 도움을 준다.
- 신용카드 매니저들은 고객의 잠재적 재무건강상태를 측정하는 수단으로 당좌비율(Quick ratio)을 조사하는데, 이는 그들에게 고객의 현재 부채 대비 고객의 준비된 현금 공급 표시를 보여준다.
- 잠재적 혹은 현재의 주주들은 주가수익비율(PER) 같은 비율을 들여다보는데, 이는 그들에게 어느 기업이 다른 주가에 비해(그리고 어느 회사의 주가와 이전년도의 주가를 비교해) 높게 혹은 낮게 평가되었는지 평가하는데 도움을 준다.

우리는 이 파트에서 여러분이 많은 비율을 어떻게 계산했는지를 보여줄 것이다. 그것들을 계산하는 능력은(다시 말해 라인의 행간을 읽는 능력은) 재무지능의 징표이다. 비율을 배우는 것은 여러분이 상사 혹은 최고책임자에게 현명한 질문을 하게 할 것이다. 물론 우리는 기업의 성과를 끌어올리기 위해 그것들을 어떻게 사용하는지도 보여줄 것이다. 비율의 힘은 재무제표에 있는 숫자들이 그 자체로는 전체를 드러내지 않는다는 사실에 있다. 1,000만 달러의 순이익이 기업의 건전성을 유지할 최저선일까? 누가 알겠는가? 그것은 기업의 사이즈, 지난해의 순이익, 올해의 예상 순이익 등 수많은 변수에 달려 있다. 만약 순이익 1,000만 달러가 좋은지 나쁜지를 묻는다면, 유일한 해답은 오래된 농담에서 어떤 여성이 했던 대답뿐이다. 이 여성은 그녀의 남편이 어떠냐는 질문에 이렇게 답했다.

"무엇에 비교해서 인가요?"

비율은 비교의 포인트를 제공하며, 그리하여 날것의 숫자 하나보다 더 많은 것을 말해준다. 예를 들어 이익은 매출액 혹은 자산총계 혹은 주주가 기업에 투자한 자본의 금액에 비교될 수 있다. 다른 비율은 각각의 관계를 드러내며, 각각의 비율은 1,000만 달러의 순이익이 좋은 뉴스인지 나쁜 뉴스인지를 측정하는 방법을 제공한다. 재무에 있는 많은 다른 아이템들은 비율에 통합돼 있다. 비율은 들여다보는 숫자들이 우호적인지 비우호적인지를 아는데 도움이 된다. 게다가 비율들은 서로 비교될 수 있다. 예를 들면 다음과 같다.

- 비율 그 자체를 시간의 흐름에 따라 비교할 수 있다. 매출액 대비 이익은 올해 상승했는가, 하락했는가? 이런 수준의 분석은 일부 강력한 트렌드를 드러낸다. 만약 비율이 나쁜 방향으로 향하고 있다면 커다란 경고의 깃발이 펄럭이는 것이다.

- 또한 비율을 예상했던 것과 비교해볼 수 있다. 우리는 단지 비율 하나를 꺼내기 위해 이 파트에서 조사를 할 것이다. 만약 재고자산 회전율이 애초에 기대했던 것보다 나쁘다면 왜 그런지를 조사해볼 필요가 있다.

- 비율을 산업평균과 비교해볼 수 있다. 만약 회사의 주요 지표들이 경쟁자들의 지표들에 비해 나쁘다면, 그 이유를 찾아내고 싶을 것이다. 확실히 우리가 논의하는 모든 비율이 동일 산업에 있는 기업들 간에도 동일하지 않을 것이다. 대부분 거기에는 합리적인 편차가 있다. 선 빔의 매출채권 회전일수가 그러했듯이 문제가 되는 것은 그 비율이 편차를 넘어설 때이다. 특별히 주의해야 한다.

비즈니스에 종사하는 매니저들과 주주들이 기업성과를 분석하는 비율에는 4개의 카테고리가 있다. 수익성 비율, 부채비율, 유동성 비율, 효율성 비율이다. 우리는 각각의 카테고리에 대한 사례를 알려줄 것이다. 그렇지만 이 비율의 많은 것들이 재무 담당자들이 특별한 접근법이나 관심을 전달하기 위해 가공됐다는 사실을 주의하라. 우리 고객들 사이에서는 이것이 정기적으로 사용되고 있다.

예를 들어 실리콘밸리에 있는 어느 고객이 사용하는 공식은 그 기업에만 있는 매우 독특한 것이어서, 결과적으로 그 기업의 결과를 경쟁사와 비교하기는 어려웠다. 그리고 경쟁사 역시 자기들만의 독특한 공식을 갖고 있었다. 이 같은 종류의 가공은 그들이 장부를 조작한다는 것을 의미하는 것은 아니다. 그들은 어떤 특정한 상황에 맞는 가장 유용한 정보를 얻기 위해 자신들의 전문성을 활용하고 있는 것이다(공식에도 기술이 있는 것이다). 우리가 제공하는 것은 우선적으로 알아둘 필요가 있는 기본공식이다. 각각의 공식은 다른 관점을 제공한다. 이는 마치 집 한 채를 4개의 벽에 나 있는 창문을 통해 들여다보는 것과 같다.

주의해야 할 단어

시작하기도 전에 경고를 하고 싶진 않지만, 우리의 경험에 따르면 일부 기업들은 다른 주요 비율과 비즈니스의 큰 그림을 무시하고 1~2개의 비율에 과도한 관심을 집중한다. 예를 들어 모든 상장기업들은 자사의 주가수익비율(PER)에 커다란 관심을 갖고 있다. 주가수익비율은 투자자들

248

이 주의 깊게 관찰하는 지표이다. 또한 많은 기업들이 순이익마진을 관찰하는데 이는 다른 분야에서는 성과를 나타내는 차선책일 수 있다.

예를 들어 조는 1990년대 초반에 포드자동차에 근무할 때 애프터마켓 부문에서 어떤 특정 카테고리에 대해 가격을 책정하라는 임무를 부여 받았다. 포드자동차는 그 파트의 모든 부분에서 이자마진을 미리 측정하고 싶어했으며, 이에 따라 가격을 정할 것을 요구했다. 조의 생산라인 창고에는 팔리지 않는 구식 무스탕이 쌓여 있음이 발견되었다. 포드자동차의 가격은 높았기 때문에 잠재적 구매자들은 부품을 고물상이나 제3의 판매상으로부터 싸게 구입할 수 있었다.

조는 이들 부품이 포드자동차의 창고를 차지하면서 원가가 발생하고, 이 회사의 재무상태표에 현금을 잡아먹는 재고자산으로 놓여 있음을 발견했다. 그렇지만 그가 부품을 파격적으로 할인해서 공간을 비우고 재고자산을 처분하자고 제안했을 때, 경영진의 답변은 딱 한마디였다. "NO." 경영진은 만약 그렇게 한다면 제품라인은 이익마진 목표를 달성하지 못한다고 봤고, 그래서 가격할인은 결코 고려하지 않았다.

우리가 보기에 포드자동차는 당시에 지나치게 이익마진이라는 비율에 집중했다. 반면에 부품을 판매하는 것의 가치를 가리키는 비율은 무시했다. 만약 포드자동차가 부품을 디스카운트했다면 이익은 목표치 아래로 떨어졌겠지만, 부품들이 그 당시에 전혀 팔리지 않았기 때문에 전체 이익은 전반적으로 높아졌을 것이다. 게다가 꽉 차 있던 창고를 비우고 재고자산 일부를 현금으로 전환했을 것이다. 그러면 총자산이익률, 잉여현금흐름, 그리고 자산회전율 같은 다른 비율은 개선됐을 것이다.

주의할 점이 또 한 가지 있다. 비율을 들여다볼 때, 숫자의 전반적인

가치를 고려할 필요가 있다는 것이다. 만약 월마트가 지속적으로 4조 달러 이상의 연매출에 대해 3% 이익마진을 얻는다면, 이는 5,000만 달러의 매출액을 기록하는 어느 비즈니스의 30% 이익마진 금액보다 훨씬 많다. 비율은 재무 수수께끼에 중요한 일부이지만, 항상 완전한 그림을 얻기 위해서는 전후 맥락에 그 비율을 집어넣을 필요가 있다.

21
수익성 비율, 높을수록 좋은 것이다

수익성 비율(Profitability ratios)은 기업의 이익창출 능력을 평가하는데 도움을 준다. 수익성 비율에는 수십 가지가 있다. 이는 재무 전문가들을 바쁘게 한다. 하지만 우리는 가장 중요한 것에만 집중할 것이다. 이것들은 실제로 대부분의 매니저들이 이해하고 활용할 필요가 있는 유일한 것들이다. 수익성 비율은 가장 평범한 비율이다. 만약 이 비율을 이해한다면 재무제표 분석에서 좋은 출발을 할 수 있다.

깊게 분석하기 전에 우리가 들여다보는 것의 기술적 측면을 기억하자. 수익성이란 어느 기업이 매출을 창출하고 비용을 통제하는 능력의 측정도구이다. 이 숫자들이 완전히 객관적인 것은 아니다. 매출은 수익이 언제 기록될 수 있느냐에 관한 규칙에 종속된다. 비용은 종종 추측이 아니라 추정의 문제이다. 가정들은 숫자 양쪽에서 만들어진다. 그러므로 손익계산서에 보고되는 이익은 재무기술의 결과물이다. 그리고 이 숫자들을 바탕으로 하는 비율은 그 어떤 것이라도 추정과 가정을 반영할 것이다. 그렇다고 이 가정과 추정을 무시하라고 하는 것은 아니다(비율은 여전히 유용하다). 추정과 가정은 항상 변할 수 있다는 사실을 명심하는 한 비율은 유용하다.

이제 우리가 앞에서 약속했던 수익성 비율을 알아보자.

매출총마진 퍼센트

매출총이익은 매출액에서 매출원가를 뺀 값이다. 매출총이익은 종종 매출총마진(Operating profit margin percentage)으로 불리는데 이는 매출총이익으로 매출액을 나눈 값이다. 결과적으로 퍼센트로 표시된다. 부록에 나와 있는 손익계산서의 샘플을 들여다보라. 이 샘플 손익계산서는 이 모든 비율의 사례를 계산하기 위해 사용할 것이다. 이번 경우에 계산식은 다음과 같다.

$$\text{매출총마진} = \frac{\text{매출총이익}}{\text{매출액}} = \frac{\$1,933}{\$8,689} = 22.2\%$$

매출총마진은 비용이나 경비가 산입되기 전의 제품이나 서비스의 기본적인 수익성을 보여준다. 그것은 모든 매출액 달러 중 얼마를 비즈니스에서 사용하는가를 보여준다. 이 사례에서는 22.2퍼센트이다. 그리고 간접적으로 제공된 제품과 서비스를 얻기 위해 직접비용(매출원가)으로 얼마를 지불해야 하는가를 보여준다. 그러므로 그것은 기업의 재무적 건강에 대한 중요한 측정도구이다. 결국 기업의 나머지 부분을 지원하기 위해 제품이나 서비스를 충분히 높은 가격으로 제공할 수 없다면, 순이익을 얻지 못하게 된다.

매출총마진의 추세는 똑같이 중요하다. 왜냐하면 추세는 잠재적 문제를 나타내기 때문이다. 예를 들어 어느 기업이 어느 분기에서 양호한 매출(기대이상의 매출)을 발표했는데 주가는 하락했다고 해보자. 어떻게 그런 일이 있을 수 있는가? 아마도 애널리스트는 매출총마진 퍼센트가 하향세임을 주목했고, 그래서 그 기업이 기록적인 매출을 달성하기 위해서 상당한 디스카운트를 해야 했을 것이라고 가정했다. 일반적으로 총영업마진이 마이너스인 것은 두 가지 가운데 하나를 가리킨다(때때로 두 가지 모두이기도 하다). 기업이 격렬한 가격경쟁을 하고 있고 판매 담당자들이 디스카운트를 해야만 하거나, 아니면 재료비와 노무비가 상승세여서 매출원가가 증가한 것이다. 그러므로 매출총마진은 시장에서 우호적이거나 비우호적인 트렌드를 가리키는 일종의 조기경보 신호등이다.

영업이익마진 퍼센트

영업이익마진 퍼센트(Operating profit margin percent), 다시 말해 영업이익마진은 기업의 이익창출능력에 대한 좀 더 종합적인 측정도구이다. 영업이익, 다시 말해 EBIT(Earnings before Interests and Taxes)은 매출총이익에서 영업비용을 뺀 금액임을 기억하라. 그러므로 영업이익 수준은 기업이 얼마나 운영의 관점에서 비즈니스를 잘 운영하는가를 보여준다. 영업마진은 영업이익을 매출액으로 나눈 값이며 퍼센트로 표시된다.

$$\text{영업마진} \quad = \quad \frac{\text{영업이익(EBIT)}}{\text{매출액}} \quad = \quad \frac{\$\,652}{\$\,8,689} \quad = \quad 7.5\%$$

많은 기업들이 보너스 지급을 영업마진 목표치에 연결시켜서가 아니어도 영업마진은 실제로 매니저들의 핵심도구일 수 있다. 이것은 비재무 부서 매니저들은 순이익마진을 얻기 위해 궁극적으로 차감되는 다른 아이템(예를 들면 이자비용 혹은 법인세)에 대해 많은 통제권을 갖고 있지 않기 때문이다. 영업마진은 매니저들이 그룹의 일원으로서 자신의 업무를 잘하는지에 대한 훌륭한 지표이다. 영업마진에서 하향추세는 번쩍이는 경고등 임에 틀림없다. 원가와 비용이 매출액보다 빠르게 오르고 있음을 보여준다. 이것이 건강한 신호인 적은 거의 없다. 영업마진에 관한 한 트렌드를 원래의 숫자 대신에 퍼센트로 보는 것이 더 쉽다. 퍼센트의 변화는 변화의 방향뿐만 아니라 변화가 얼마나 큰지를 보여준다.

순이익마진 퍼센트

순이익마진 퍼센트(Net profit margin percentage), 다시 말해 순이익마진은 기업이 1달러 매출에 대해 사람, 거래처, 채권자, 정부 등 다른 모든 것에 대해 대금을 지급하고 나서의 금액이 얼마인가를 보여준다. 또한 매출액 이익률(Ros ; Return On Sales)로 알려져 있다. 그것은 순이익을 매출액으로 나눈 값이며 퍼센트로 표시된다.

$$\text{순마진} = \frac{\text{순이익}}{\text{매출액}} = \frac{\$248}{\$8,689} = 2.8\%$$

순이익은 최종결론이다. 순마진은 최종결론의 퍼센트 값이다. 하지만 산업마다 편차가 크다. 예를 들어 순마진은 소매업체 대부분의 경우에는 낮다. 일부 제조업에서는 상대적으로 높을 수 있다. 순마진에 대한 가장 좋은 비교는 어느 기업의 이전 시기의 성과와 같은 산업에 있는 유사한 기업의 성과를 비교하는 것이다.

지금까지 우리가 들여다봤던 모든 비율은 손익계산서에 나온 숫자를 사용하고 있다. 이제 우리는 조금은 다른 수익성 측정도구를 도입하고자 한다. 이 도구는 손익계산서와 재무상태표 모두에서 나온 것이다.

총자산이익률

총자산이익률(Return on Assets), 다시 말해 ROA는 비즈니스에 투자된 1달러당 몇 퍼센트가 이익으로 돌아왔는지를 말해준다. 이 측정도구는 우리가 앞에서 언급한 측정도구만큼 직관적이지 않다. 그렇지만 기본 아이디어는 복잡하지 않다. 모든 비즈니스는 운영을 위해 현금, 설비, 기계류, 장비, 차량, 재고자산 등의 자산을 투입한다. 제조기업은 자본의 상당 부분이 공장과 장비에 묶여 있을 수 있다. 서비스 기업은 고가의 컴퓨터와 통신 시스템을 보유할 수 있다. 소매기업은 많은 재고자산을 필요로 한다. 이러한 자산들은 재무상태표에 나타난다. 자산총계의 금액은 그것이 어떤 형태이든 얼마나 많은 달러가 그 비즈니스에서 이익을 창출하기 위해서 활용되고 있는가를 보여준다. 총자산이익률(ROA)은 얼마나 효과적으로 기업이 이익을 창출하기 위해 자산을 활용하고 있는지를 보여준다. 그것은 산업에서 사이즈가 다른 기업의 성과를 비교하는데 사용될 수 있다. 공식과 계산 예시는 다음과 같다.

$$\text{총자산이익률} \quad = \quad \frac{\text{순이익}}{\text{자산총계}} \quad = \quad \frac{\$248}{\$5,193} \quad = \quad 4.8\%$$

총자산이익률은 앞서 언급한 손익계산서의 비율들과 비교했을 때 또 다른 특이 체질이다. 매출총이익률이나 순이익마진이 너무 높은 경우란 없다. 일반적으로 그 수치가 가능한 높기를 원할 것이다. 그러나 총자산이익률은 지나치게 높은 것은 좋은 신호가 아니다. 해당 산업의 표준보다

 투하자본이익률ROI ; Return On Investment

왜 투하자본이익률은 우리의 수익성 지표에 나타나지 않는가? 그것은 이 용어가 여러 가지 다른 의미를 갖고 있기 때문이다. 전통적으로 투하자본이익률은 총자산이익률(ROA)과 동일했다. 그렇지만 요즘 투하자본이익률은 특정 후자에 대한 수익을 의미한다. 예를 들어 "그 기계에 대한 ROI는 얼마인가?" "우리의 훈련 프로그램에 대한 ROI는 얼마인가?" "우리의 새 인수에 대한 ROI는 얼마인가?" 하는 식이다. 이것에 대한 계산은 사람들이 원가와 이익을 어떻게 측정하느냐에 따라 달라진다. 우리는 파트 6에서 ROI 계산을 학습할 것이다.

상당히 높은 총자산이익률은 그 기업이 미래를 위해 자산을 갱신하지 않고 있음을 의미한다. 다시 말해 그 기업은 새로운 기계류나 장비에 투자하지 않고 있는 것이다. 만약 그것이 사실이라면 당장은 총자산이익률이 양호하더라도 장기적 전망은 타협을 해야 할 것이다(총자산이익률 측정시 기준은 산업마다 매우 다르다. 서비스기업과 소매기업은 제조기업에 비해 자산을 덜 필요로 한다. 다시 말하지만 그들은 일반적으로 낮은 마진을 창출한다).

총자산이익률이 매우 높을 경우의 또 다른 가능성은 경영진이 재무상태표를 갖고 장난치고 있다는 것이다. 이들은 다양한 회계 속임수를 통해 자산을 줄이고, 이 결과 총자산이익률을 더 좋게 보이게 만든다. 2001년에 무너진 거대 에너지 기업 엔론을 기억하는가? 엔론의 최고재무책임자인 앤드류 페스토우와 다른 경영진은 부분적으로 소유된 수많은 파트너십 기업을 설립했고, 이 파트너십 기업에 자산을 '매각'했다. 파트너십 기업의 이익에 대해 엔론이 가지고 있는 지분은 엔론의 손익계산서에 나타났지만 자산은 재무상태표 어디에도 없었다. 엔론의 총자산이익률은 대단했다. 그렇지만 건강한 기업은 아니었다.

자기자본이익률

자기자본이익률(ROE ; Return On Equity)은 어느 정도 다르다. 이것은 기업에 투자한 1달러에 대해 우리가 몇 퍼센트의 이익을 냈는지를 말해준다. 자산과 자본의 차이를 기억하라. 자산은 기업이 소유하고 있는 것이고, 자본은 회계규칙에 의해 결정된 자산의 순가치이다.

다른 수익성 지표와 마찬가지로 자기자본이익률은 특정 기업과 비교하는데 사용될 수 있다. 또 특정 기업과 다른 사업의 기업을 비교하는데도 사용될 수 있다. 하지만 이 같은 비교는 언제나 쉬운 것이 아니다. 예를 들어 A 기업은 부채를 더 많이 조달했기 때문에 B 기업보다 자기자본이익률이 높을 수 있다. 다시 말해 이런 기업은 상대적으로 부채가 많고 자본이 적다. 이는 좋은 것인가, 나쁜 것인가? 이 질문에 대한 해답은 A 기업이 리스크를 과다하게 짊어지고 있는가, 아니면 수익을 늘리기 위해 돈을 현명하게 조달하고 있는가에 달려 있다. 이는 기업의 부채비율을 들여다봐야 한다. 우리는 부채비율을 22장에서 다룰 것이다.

어쨌든 자기자본이익률의 공식과 샘플계산은 다음과 같다.

$$\text{자기자본이익률} \quad = \quad \frac{\text{순이익}}{\text{자본총계}} \quad = \quad \frac{\$248}{\$2{,}457} \quad = \quad 10.1\%$$

투자자의 관점에서 볼 때 자기자본이익률은 핵심지표이다. 투자자가 미국 재무부 채권에 투자하면 이자율에 따라 2~4%의 이익률을 얻을 수 있다. 미국 재무부 채권이자율은 무위험 투자로 얻을 수 있는 수익이다. 그러므로 만약 누군가가 돈을 기업에 투자한다면 그는 상당히 높은 자기자본이익률을 원할 것이다. 자기자본이익률은 그가 기업에서 궁극적으로 얼마의 수익을 거둘 수 있는지를 말하지 않는다. 왜냐하면 그것은 기업이 배당을 얼마나 줄 것인지, 그가 주식을 매도할 때 주가가 얼마나 될지에 달려 있기 때문이다. 하지만 투자가 어느 정도의 리스크를 갖고 있든 기업이 이익을 창출할 수 있는지는 보여줄 수 있다.

순자산이익률, 총자본이익률, 투하자본이익률, 자본이익률

많은 기업들이 자신들의 성과를 측정하기 위해 좀 더 복잡한 수익성 비율을 사용한다. 여기에 포함되는 것은 순자산이익률(RONA ; Return On Net Assets), 총자본이익률(ROTC ; Return On Total Capital), 투하자본이익률(ROIC ; Return On Invested Capital), 자본이익률(ROCE ; Return On Capital Employed)이 있다.

개별 기업들은 이 비율을 계산하기 위해 다른 공식들을 사용한다. 그렇지만 근본적으로는 똑같은 것을 측정한다. 바로 이 기업이 외부로부터의 투자와 재무로 얼마나 많은 이익을 창출했느냐는 것이다. 다시 말해 그들은 "기업은 다른 사람들이 투자한 금액을 정당화할 수 있을 정도로 충분한 이익을 벌었는가?"라는 질문에 대답하고 있다.

이들 비율을 계산하는 공식의 포괄적인 버전은 다음과 같다.

$$\frac{\text{부채에 대한 이자비용과 법인세 이후 순이익}}{\text{자본총계 + 총이자 발생부채}}$$

앞의 공식에서 분자는 종종 세후 순영업이익(NOPAT ; Net Operating Profit After Tax)이라고 불린다. 그것은 만약 기업이 (a) 부채가 없고, (b) 이자비용이 없지만, (c) 모든 영업이익에 대해 법인세를 내야 할 경우 얼마나 많은 돈을 버는가를 보여준다(부채에 대한 이자는 세금목적을 위해 차감될 수 있다).

순자산이익률(RONA) 접근법에 따르면 분모는 자산총계에서 매입채무나 미지급비용 같은 비이자성 부채에 의해 조달된 모든 자산을 차감한 금액이다. 앞의 등식에서 보여지는 자본이익률(ROCE), 투하자본이익률(ROIC), 총자본이익률(ROTC) 접근법에서는 분모는 자본총계에서 모든 이자성 부채를 더한 금액이다. 근본적으로 이러한 다양한 접근법은 결국 같은 것이다.

우리는 이자를 지급할 필요가 없는 부채에서 이자를 지급할 필요가 있는 부채를 분리한 것이다. 이러한 분리는 기업운영에 필요한 자금조달의 일부가 미지급부채, 매입채무, 이연법인세 같은 것에서 나온다는 사실을 반영하고 있다. 이것들은 결국에는 손익계산서에서 지불로 결말이 나지만 그 금액을 빚진 사람들은 상환을 기대하지 않는다.

부록의 샘플 손익계산서와 재무상태표를 활용하면 다음과 같은 비율을 계산할 수 있다.

1. 기업의 법인세 차감전 이익을 계산한다. 이것은 영업이익(EBIT)에서 이자비용을 차감한 것이다. $652 - $191 = $461

2. 기업의 법인세율을 결정한다. 그것은 손익계산서의 법인세 $213가 보여준다. $213 ÷ $461 = 46.2%이다. 이것은 대부분의 미국 비즈니스 법인세율인 30~40%보다 약간 높은 수준이다.

3. 기업의 영업이익에서 조세부담을 결정한다. $652 × 46.2% = $301 이다. 법인세 차감후 순영업이익(NOPAT)은 $652 - $301, 즉 351달러이다. 이것이 모든 비율의 분자이다.

4. 분모를 계산한다. 첫째 재무상태표에 모든 이자성 부채를 더한다. 이 경우 그 카테고리는 신용한도 100달러, 유동성 장기부채 52달러,

그리고 장기부채 1,037달러를 포함한다. 총액은 1,189달러이다. 재무상태표의 다른 부채들은 비이자성이다. 비록 현실세계에서도 실제로 그런지 더 공부해야 하지만, 일반적으로는 그렇다.

5. 이제 이 숫자를 자본총계에 더한다. $1,189 + $2,457 = $3,646이다. 이것은 외부인이 제공한 모든 자본에 기업이 이익에서 유보한 모든 것을 더한 금액이다. 이것이 비율의 분모이다.

6. 마침내 이 비즈니스를 위한 순자산이익률(RONA), 총자본이익률(ROTC), 투하자본이익률(ROIC), 자본이익률(ROCE)을 계산한다.

$$\frac{\$351}{\$3,646} = 9.6\%$$

이 모든 것이 무엇을 의미하는가? 이 기업에 연관된 모든 1달러당 지난 시기의 이익은 9.6%라는 것이다. 만약 비율이 기대 이상이라면 이 비즈니스의 주주들은 행복한 것이다. 만약 그것이 기대 이하라면 주주들은 다른 곳을 찾아보고 싶을 것이다. 이들 비율은 기업의 전반적인 자본에 대한 이익을 측정하는데 필수적이다.

이 비율들에 대해 주의할 점이 한 가지 있다. 손익계산서에서 추출한 이익을 재무상태표에서 가져온 자본금과 비교했음을 눈치챘을 것이다. 이것은 잠재적 문제를 불러일으킨다. 법인세 차감후 순영업이익(NOPAT)은 모든 기간 동안에 벌어들인 이익을 대표한다. 그렇지만 분모(자본총계)는 연말이라는 어느 특정 시점을 보여준다. 많은 재무 담당자들은 자본총계의 평균을 구하기 위해 연말의 숫자보다는 그 해의 여러 개의 재무상태표에서 평균치를 꺼내기를 선호한다(이 주제에 대해 더 알고 싶다면 이 파트의 마지막 툴박스를 참고하라).

단순한 수익성 비율을 계산하든, 아니면 좀 더 복잡한 것을 계산하든 한 가지를 기억하라. 분자는 항상 예상되는 이익의 형태라는 사실이다. 분모 역시 가정과 추정에 기반하고 있다. 이들 비율은 특히 수년에 걸친 트렌드를 수립하고자 할 때 유용하다. 하지만 그것들이 조작에 영향을 받지 않을 것이라고 생각해서는 안 된다.

22
부채비율 : 균형잡기

부채비율(Leverage ratio)은 기업이 어떻게, 그리고 얼마나 과도하게 부채를 사용하는지 보여준다. 부채는 많은 사람들에게 부담스러운 단어이다. 보통 기업이 은행으로부터 조달한 신용카드, 이자지급의 이미지와 결합돼 있다. 그렇지만 이를 주택 소유와 함께 생각해보자. 어떤 가족이 자신들이 부담할 수 있는 주택대출을 받는 한, 부채는 그 가족이 그렇지 않았다면 결코 소유할 수 없었던 집에서 거주하도록 도와준다. 게다가 주택 소유자는 과세소득에서 부채에 대한 이자를 차감할 수 있다. 이는 이 주택을 소유하는 것을 더 싸게 해준다.

기업도 마찬가지다. 부채는 기업이 단지 자본을 유치했을 때 허락하는 수준을 넘어 성장하는 것을 허용한다. 또 자본금을 넘어서는 이익을 벌게 해준다. 기업 또한 과세소득에서 이자를 차감할 수 있다(현행 소득법상 미국과 한국의 기업은 이자성 부채에 대한 세금 일부를 감면받는다).

부채에 대해 금융 애널리스트들이 즐겨 사용하는 단어는 레버리지(Leverage)이다. 이 용어가 함축하고 있는 것은 기업이 비즈니스를 운영하기 위해 적당한 자본을 쓰면서도 부채를 통해 많은 자산을 만들 수 있다는 것이다. 이것은 지렛대를 사용하면 그렇지 않을 경우에 움직일 수 있는 것보다 더 많은 무게를 움직일 수 있는 이치이다.

레버리지라는 용어는 실제로 기업에서는 두 가지 의미로 정의된다. 영업 레버리지와 재무 레버리지가 그것이다. 이 두 가지 용어는 서로 연관되어 있지만 다르다. 영업 레버리지는 고정비와 변동비 사이의 비율이다. 영업 레버리지를 늘린다는 것은 변동비를 줄일 목적으로 고정비를 더하는 것을 의미한다. 넓고 좀 더 효율적인 매장을 갖고 있는 소매상과 넓고 좀 더 생산적인 공장을 짓는 제조기업은 둘 다 고정비를 늘리는 것이다. 그렇지만 그들은 자신들의 변동비를 줄이기를 원하는데, 새로운 자산이 오래된 자산보다 더 효율적이기 때문이다. 이것이 영업 레버리지의 사례이다. 이와 대조적으로 재무 레버리지는 단순히 기업이 부채를 조달해 자산을 늘리는 정도를 의미한다.

두 가지 모두 기업이 좀 더 많은 돈은 벌게 해줄 가능성이 있지만, 그것은 또한 리스크를 증가시킨다. 항공산업은 높은 영업 레버리지(모든 항공기가 영업 레버리지이다)와 높은 재무 레버리지를 가진 사례이다. 비행기의 대부분은 부채에 의해 조달된다. 영업 레버리지와 재무 레버리지의 결합은 막대한 리스크를 불러일으킨다. 왜냐하면 특정 시즌에 매출이 떨어진다면 기업들은 그러한 고정비를 감당할 수 없기 때문이다. 2001년의 미국 9·11 테러 때가 그랬다. 항공사는 몇 주일 동안 강제로 영업을 정지해야만 했으며, 짧은 시간임에도 불구하고 수십억 달러의 손실을 입었다.

여기서 우리는 재무 레버리지에 집중할 것이며, 두 가지 비율을 들여다볼 것이다. 그것은 부채비율과 이자보상배율이다.

부채비율

부채비율(Debt-to-equity ratio)은 단순하고 쉽다. 이것은 기업이 자본 1달러당 얼마만큼의 부채를 갖고 있는가를 말해준다. 공식과 샘플의 계산법은 다음과 같다.

$$\text{부채비율} \quad = \quad \frac{\text{부채총계}}{\text{자본총계}} \quad = \quad \frac{\$\,2{,}736}{\$\,2{,}457} \quad = \quad 1.11$$

분자와 분모는 재무상태표에서 유래한다(이 비율이 퍼센트로 사용되지 않는다는 것을 주의하라).

좋은 부채비율이란 무엇인가? 대부분의 비율들이 그러하듯이 그 비율은 산업에 달려 있다. 그렇지만 많은 비율들은 1보다 상당히 크다(대부분 기업은 부채비율 100%를 상당한 정도로 초과한다). 대부분의 기업들은 부채가 자본보다 많다. 부채에 대한 이자는 기업의 과세소득에서 차감되기 때문에 많은 기업들이 부채를 자신들의 비즈니스 일부로 조달한다. 실제로 부채비율이 현저히 낮은 기업들은 차입매수(LBO ; Leveraged Buyout)의 목표가 되기도 한다. 차입매수란 경영진이나 다른 투자자가 부채를 활용해 그 기업의 주식을 매입하는 것을 말한다.

은행 담당자들은 부채비율을 좋아한다. 그들은 기업의 대출금을 제공할 것인가 말 것인가를 결정하기 위해 이 비율을 활용한다. 그들은 경험적으로 어느 특정 산업에 있는 기업에게 어느 정도의 부채비율이 적당한지를 알고 있다(물론 그들은 수익성, 현금흐름, 그리고 다른 측정도구들도 체크한다). 매니저가 부채비율을 경쟁자들과 비교하는 방법을 안다는 것은, 고위 임원진이 더 많은 부채를 갖는 것에 대해 어떻게 결정할지 알아내는 측정기 역할을 한다. 만약 부채비율이 높다면 대출로 더 많은 현금을 끌어들이는 것은 어려울 수 있다. 그래서 확장을 위해서는 더 많은 투자를 받아야 한다.

이자보상배율

은행 담당자들은 이자보상배율(Interest coverage)도 좋아한다. 이것은 기업성과 대비 '이자위험노출(Interest exposure)'의 측정도구(기업이 해마다 얼마나 많은 이자를 갚아야만 하는지에 대한 측정도구)이다. 이 비율의 공식과 계산법은 다음과 같다.

$$\text{이자보상배율} = \frac{\text{영업이익}}{\text{연간이자비용}} = \frac{\$652}{\$191} = 3.41$$

다시 말해 이 비율은 기업이 얼마나 쉽게 이자를 갚을 것인가를 보여준다. 이 비율이 1에 근접해 있다면 나쁜 신호이다. 기업의 이익이 대부분 이자상환으로 간다는 의미이다! 높은 이자보상배율은 일반적으로 기업이 더 많은 부채를 조달할 수 있다는 신호이거나, 혹은 적어도 기업이 상환을 잘할 수 있다는 의미이다.

만약 부채비율과 이자보상배율, 두 가지가 지나치게 나쁜 방향으로 가고 있을 때는 어떤 일이 벌어지는가? 다시 말해 부채비율이 매우 높고, 이자보상배율이 매우 낮을 때 어떤 일이 벌어지는가? 고위 경영진은 두 가지 비율을 합리적인 범위로 되돌리기 위해 부채를 갚는 것에 집중해야 한다고 생각한다. 하지만 재무 기술자들은 종종 다른 생각을 갖고 있다.

예를 들어 영업리스(Operating lease)로 불리는 놀라운 작은 발명품이 있다. 이것은 항공산업과 다른 산업에서 광범위하게 사용되고 있는데, 구체적으로 설명하면 항공사는 항공기 같은 장비를 직접 매입하기보다 투자자로부터 리스한다. 리스상환은 손익계산서의 비용으로 계산되지만, 그 기업의 장부에 있는 어떤 자산이나 부채의 증가도 가져오지 않는다. 레버리지가 이미 과도한 일부 기업들은 은행 담당자와 투자자들이 보고 싶어하는 이 두 가지 비율을 적정수준으로 유지하기 위해 장비를 리스할 때 프리미엄을 기꺼이 지불하고자 한다. 채무상환불능에 관해 완벽하게 이해하고 싶은가? 그렇다면 비율계산이 어떻게 나오든지 간에 재무담당 부서의 사람에게 그 기업이 영업리스 같은 부채와 유사한 도구를 사용하고 있는지를 물어보라.

23
유동성 비율, 지불할 능력이 있는가?

유동성 비율(Liquidity ratio)은 기업이 재무적 의무를 충족하는 능력이 있는가를 말해준다. 재무적 의무란 단지 부채만이 아니라 급여지급, 거래처의 대금지급, 법인세 기타 등등을 말한다. 이 비율은 특히 소규모 기업에게 중요하다. 왜냐하면 소규모 기업들은 현금이 고갈될 위험에 늘 노출돼 있기 때문이다.

이 비율은 대기업이 재정적 문제에 봉착했을 때면 언제나 중요하다. 항공사에게 되풀이되는 것은 말할 것도 없고, 일부 물류 대기업들도 최근 수년 사이에 파산을 겪었다. 전문 투자자와 채권자들이 유동비율을 신중하게 관찰하고 있음을 늘 잊지 말아야 한다.

이번 장에서는 유동성 비율 중 가장 일반적인 2개의 비율로 압축해 설명할 것이다.

유동비율

유동비율(Current ratio)은 어느 기업의 유동부채에 대한 유동자산을 측정한다. 재무상태표를 다룬 파트 3에서 우리는 회계상의 유동(current)이란 일반적으로 1년 미만의 기간을 의미한다고 배웠다. 그러므로 유동자산이란 1년 이내에 현금으로 전환될 수 있는 것들이다. 이 숫자는 보통 현금과 더불어 외상매출금과 재고자산을 포함한다. 유동부채는 외상매입금과 단기차입금과 같은 1년 이내에 상환되어야만 하는 것들이다. 유동비율에 대한 공식과 샘플계산은 다음과 같다.

$$\text{유동비율} \;\; = \;\; \frac{\text{유동자산}}{\text{유동부채}} \;\; = \;\; \frac{\$2{,}750}{\$1{,}174} \;\; = \;\; 2.34$$

이것은 지나치게 낮거나 높을 수 있는 또 다른 비율이다. 대부분의 산업에서 유동비율은 1에 가까울 때는 지나치게 낮은 것이다. 그 수준이라면 들어올 현금으로 부채를 간신히 갚을 수 있다. 은행 담당자들은 유동비율이 어쨌든 1 근처에 있는 기업에는 대출을 해주려 하지 않는다.

물론 1 미만이면 여러분이 은행에 현금을 얼마 가지고 있던 간에 너무 낮은 것이다. 유동비율이 1 미만이면 현금을 더 창출하거나 혹은 투자자들의 관심을 끄는 방법을 발견하지 않는 한, 다음 해 언젠가는 현금이 고갈될 것이라는 것을 알게 될 것이다.

유동비율이 너무 높은 것은 어느 기업이 투자를 하거나 혹은 주주에게 돌려주는 대신 현금을 보유하고 있다는 뜻이다. 예를 들어 2012년 초에 애플은 무려 1,000억 달러의 현금을 갖고 있었다(믿기지 않는 금액이지만 1,000억 달러가 맞다). 이 기업은 그해 3월에 수년 만에 처음으로 대부분의 투자자들이 즐거울 정도로 배당금 지급을 시작한다고 공시했다. 마찬가지로 구글은 이 글을 쓰는 시점(2012년 3월)에 은행에 엄청난 현금을 갖고 있다. 이 두 기업의 유동비율은 지나치게 높았다.

당좌비율

당좌비율(Quick ratio)은 산성 테스트(Acid test)로 많이 알려져 있다. 이제부터 이 용어의 중요성을 여러분에게 알려주겠다. 여기 그 공식과 계산법이 있다.

$$\text{당좌비율} = \frac{\text{유동자산} - \text{재고자산}}{\text{유동부채}} = \frac{\$2,750 - \$1,270}{\$1,174} = 1.26$$

당좌비율은 유동비율에서 재고자산을 차감해 계산된 것임을 주목하라. 재고자산을 차감한다는 게 어떤 중요성을 갖고 있는가? 유동자산에서 거의 모든 것들은 현금이거나 쉽게 현금으로 바뀔 수 있는 것들이다. 예를 들어 대부분의 받을어음은 1~2개월 내에 상환될 것이고, 이것들은 거의 현금이나 다름없다. 당좌비율은 기업이 재고자산을 판매하거나 제품으로 전환시키는 것을 기다리지 않고 얼마나 쉽게 단기부채를 상환할 수 있는가를 보여준다. 재고자산으로 많은 현금이 묶여 있는 기업은 채권자들과 거래처들이 당좌비율을 들여다볼 것이라는 사실을 알아야만 한다. 채권자와 거래처들은 대부분의 경우 당좌비율이 1보다 현저히 높을 것을 기대한다.

24
효과성 비율, 자산 활용하기

효과성 비율(효율)은 재무상태표의 자산이나 부채의 어떤 특정 핵심을, 얼마나 효과적으로 운영하는지 평가하는데 도움을 준다. 재무상태표를 운영한다는 표현은 특별한 의미가 있다. 왜냐하면 대부분의 매니저들은 손익계산서에만 집중하는 것에 익숙하기 때문이다. 그렇지만 한 번 생각해보자. 재무상태표는 자산과 부채를 나열하는데 이들 자산과 부채는 항상 유입이다. 만약 여러분이 재고자산을 줄이거나 받을어음의 회수를 가속화한다면 기업의 현금 포지션에 직접적이고 즉각적인 충격을 가할 수 있을 것이다. 효과성 비율은 여러분에게 그러한 성과의 측정을 어떻게 하는가를 알게 해준다(우리는 파트 7 재무상태표 경영에서 이 부분을 더 다룰 것이다).

재고자산 회전기간과 회전율

이 비율은 약간 혼란스럽다. 이것은 재고자산이 기업을 통해 순환되고, 빠른 속도로 혹은 낮은 속도로 회전할 수 있다는 사실에 근거를 두고 있다. 게다가 그것이 얼마나 빠르게 회전할 것인가가 문제가 된다. 만약 여러분이 재고자산을 묶여 있는 현금으로 간주한다면, 가능한 빨리 판매하고 실제 현금으로 모아라. 그럴수록 더 좋아질 것이다.

그러므로 재고자산 회전기간(DII ; Days In Inventory)이라는 것을 기억하기 쉬운 비율로 시작해보자(이것은 또한 재고기간Inventory days으로 불린다). 본질적으로 이것은 재고자산이 시스템 안에 머물러 있는 날짜를 측정한다. 분자는 기초 재고자산에 기말 재고자산을 더한 값을 2로 나눈 평균재고이다(기초 재고자산과 기말 재고자산은 재무상태표의 각각의 날짜에 기재돼 있다. 일부 기업은 기말재고 자산을 사용한다). 분모는 매일의 매출원가인데 이는 날마다 실제로 사용되는 재고자산이 얼마인가를 측정한 것이다. 이 공식과 샘플계산은 다음과 같다.

$$\text{재고자산 회전기간} \ = \ \frac{\text{평균 재고자산}}{\text{매출원가/일수}} \ = \ \frac{(\$1,270 + \$1,514) \div 2}{\$6,756 \div 360} \ = \ 74.2$$

재무 전문가들은 360을 일 년의 날 수로 사용하는 경향이 있다. 왜냐하면 이것이 근사값이기 때문이다.

이 사례에서 재고자산은 시스템에서 74.2에 머물렀다. 이 숫자가 좋은가 나쁜가는 제품, 산업, 경쟁상태 등에 달려 있다.

재고자산회전율(Inventory turns)은 또 다른 재고자산 측정지표인데 일년 동안 재고자산이 몇 번 회전했는가를 보여준다. 만약 재고자산의 모든 아이템이 똑같은 비율로 진행된다면 재고자산회전율은 1년 동안 저장한 것들을 판매하고 그것을 보충해야만 하는 숫자일 것이다. 그 공식과 샘플 계산은 다음과 같다.

$$\text{재고자산회전율} \quad = \quad \frac{360}{\text{재고자산 회전기간(DII)}} \quad = \quad \frac{360}{74.2} \quad = \quad 4.85$$

샘플에서 재고자산회전율은 연간 4.85회이다. 우리는 실제로 여기서 무엇을 측정하고 있는가? 두 비율은 어느 기업이 자신의 재고자산을 얼마나 효과적으로 측정하는가에 대한 지표이다. 재고자산회전율이 높을수록(다시 말해 재고자산 회전기간이 짧을수록) 재고자산의 경영은 타이트하고 현금 포지션은 더 양호하다. 고객의 수요를 충족시킬만한 재고자산을 충분히 갖고 있는 한, 더 효율적일 수 있는 한, 더 좋은 것이다.

2011년 9월 3분기 말에 미국 소매기업 타깃스토어(Target Store, 미국의 대형할인점)의 재고자산회전율은 4.9였다. 이는 대형 소매점으로서는 적당한 숫자이다. 그렇지만 월마트의 재고자산회전율은 7.6이었고 이는 더 양호한 것이었다. 소매 비즈니스에서 재고자산회전율의 차이는 성공과 실패의 차이다. 비록 월마트가 앞서 있기는 하지만 타깃스토어와 월마트 모두 성공적이다. 만약 맡고 있는 업무가 재고자산 운영에 관련돼 있다면 이 비율을 신중하게 추적할 필요가 있다(여러분의 직무가 재고자산과 관련이 없더라도 다음과 같은 질문은 할 수 있는 것이다. "어이, 셀리, 최근 우리 재고자산 회전기간이 약간 증가했는데, 어떻게 된 일이지?"). 이 두 가지는 재무적으로 현명한 매니저들이 좀 더 효율적인 조직을 창출하기 위해 사용할 수 있는 핵심 지렛대이다.

매출채권 회전기간

매출채권 회전기간(DSO ; Days Sales Outstanding)은 평균회수기간(Average collection period)과 받을어음기간(Receivable days)으로 알려져 있다. 이것은 매출을 현금으로 회수하는데 걸리는 평균시간을 측정하는 지표이다. 다시 말해 고객이 얼마나 빨리 대금을 지불하느냐를 보여주는 것이다. 이 비율의 분자는 일반적으로 들여다보는 시점의 마지막 날짜 재무상태표에서 나오는 기말 외상매출금이다(왜 '일반적으로'라는 단어를 쓰는가? 어떤 경우에 외상매출금은 기말에 급증하기 때문에 회계사들은 분자에 외상매출금 평균치를 사용한다). 분모는 일간 매출액이다. 연간 매출액을 360로 나눈 값이다. 그 공식과 샘플 계산은 다음과 같다.

$$\text{매출채권 회전기간} = \frac{\text{기말 외상매출금}}{\text{매출액/일수}} = \frac{\$1,312}{\$8,689/360} = 54.4$$

다시 말해 이 기업의 고객들은 대금을 지불하는데 대략 평균적으로 54일을 소비한다. 물론 여기에서 기업의 현금 포지션을 급격히 개선하는 길이 있다.

왜 그렇게 오래 걸리는가? 고객들이 제품결함이나 불량한 서비스에 기분이 좋지 않은가? 판매 담당자들은 대금지급조건을 협상하는데 너무 느슨한가? 미수금 담당자들의 도덕성이 해이해졌거나 비효율적인가? 모든 사람들이 구식의 재무경영 소프트웨어를 갖고 일하고 있는가? 매출채권 회전기간은 산업, 지역, 경제, 그리고 계절에 따라 매우 다르다. 그렇지만 만약 이 기업이 비율을 45일 혹은 40일로 낮출 수 있다면, 현금 포지션을 상당한 정도로 개선할 것이다. 이것은 중요하다. 주의 깊은 경영을 하는 것만으로도 기업의 매출액이나 원가의 변화 없이 재무적 상황을 개선할 수 있다.

또한 매출채권 회전기간은 잠재적 인수를 위해 실사(Due diligence)를 하고 있는 사람들을 위한 핵심 비율이다. 높은 매출채권 회전기간은 고객들이 대금지급을 적시에 하지 않는다는 것을 암시하는 적색 신호이다. 어쩌면 고객들은 재무적으로 어려운 상황일지도 모른다. 아마도 타깃스토어의 운영과 재무적 경영이 형편없을 수도 있다. 어쩌면 거래처를 속이려는 재무적 기만이 진행되고 있을 수도 있다.

우리는 파트 7의 운전자본 경영으로 되돌아갈 것이다. 잠시 동안 그것은 오직 가중평균이라는 점을 주목하라. 실사를 진행하는 담당자들은 미수금의 기간을 들여다보는 것이 중요하다. 다시 말해 송장이 얼마나 오래됐고 얼마나 많은가가 중요하다. 비정상적으로 대량이면서 기한이 늦은 송장은 매출채권 회전기간을 왜곡한다.

매입채무 회전기간

매입채무 회전기간(DPO ; Days Payable Outstanding) 비율은 어느 기업이 보유중인 송장을 상환하는데 걸리는 평균날짜를 보여준다. 이것은 일종의 매출채권 회전일수의 이면이다. 그 공식도 유사하다. 기말 매입채무를 일간 매출원가로 나눈 값이다.

$$\text{매입채무 회전기간} = \frac{\text{기말 매입채무}}{\text{매출원가/일수}} = \frac{\$1,022}{\$6,756/360} = 54.5$$

다시 말해 이 기업의 거래처는 돈을 상환받는데 오랜 시간을 기다리고 있다. 기업이 미수금을 회수하는 기간 정도로 기다리고 있다.

그래서 어쨌다는 말인가? 이것은 기업의 매니저보다는 판매대리점이 걱정할 문제가 아닌가? 글쎄 그렇기도 하고, 그렇지 않기도 하다. 매입채무 회전기간이 높으면 기업의 현금 포지션은 양호하다. 그렇지만 판매대리점은 덜 행복할 것이다. 대금지급이 늦는다는 평판을 얻은 기업은 최고의 판매대리점이 자신들의 비즈니스를 위해 그렇게 공격적으로 경쟁하지 않고 있음을 나중에 알게 것이다. 가격이 상향 조정되고 조건도 까다로워질 것이다. 30일 만의 대금지급을 한다는 것으로 알려진 어느 기업은 정반대의 상황일 것이다. 매입채무기간을 살펴보는 것은 이 기업이 현금을 유지하는 것과 판매대리점을 행복하게 하는 것, 그 사이에서 어떻게 균형점을 유지하고 있는지를 보여준다.

유형자산회전율

이 비율은 유형자산(PPE ; Property, Plant, and Equipment turnover)에 1달러를 투자했을 경우 회사가 몇 달러의 매출을 얻는가를 보여준다. 또한 이것은 건물, 차량, 기계류 같은 고정자산으로부터 발생하는 매출액을 얼마나 효율적으로 창출하는가를 측정하는 지표이다. 이 비율의 계산은 손익계산서에 있는 매출액을 재무상태표에 있는 기말 유형자산으로 나눈 값이다.

$$\text{유형자산회전율} \quad = \quad \frac{\text{매출액}}{\text{유형자산}} \quad = \quad \frac{\$8,689}{\$2,230} \quad = \quad 3.90$$

1달러의 유형자산에 대해 3.9달러의 매출액을 거두었다는 자체는 중요하지 않다. 그러나 그것을 지난 시기의 성과와 경쟁자의 성과와 비교했을 때는 중요하다. 어느 기업이 다른 조건은 동일한데 낮은 유형자산율을 창출하고 있다면, 이는 유형자산회전율이 높은 기업에 비해 자산을 효과적으로 활용하지 못하고 있는 것이다. 그러므로 기업이 어떤 상태에 있는지를 알아보기 위해서 트렌드와 산업평균을 체크해야 한다.

그러나 이때 "다른 조건이 동일하다면"을 주목하라. 사실은 재무기술은 이 비율의 숫자에 극적으로 영향을 미칠 수 있다. 예를 들어 어느 기업이 많은 장비를 보유하는 대신에 리스를 한다면, 리스한 자산은 이 회사의 재무상태표에 나타나지 않을 것이다. 이 기업의 외형상 자산은 훨씬 작을 것이며, 유형자산회전율은 매우 높을 것이다. 일부 기업들은 이 비율에 연계해 보너스를 지급한다. 그러면 매니저들은 장비를 매입하기보다 리스하는 쪽을 선호하게 된다. 리스는 개별기업들에게 전략적으로 의미가 있기도 하고 그렇지 않기도 하다. 이치에 맞지 않는 것은 보너스 지급에 근거하여 리스 여부를 결정하는 것이다. 그렇지만 리스는 금융리스(이는 재무상태표에 나타난다)에 반대되는 개념인 운영리스(이는 재무상태표에 나타나지 않을 것이다)에 부합하는 자격을 충족시켜야 한다. 어떤 형태의 리스를 시행하기 전에 재무부서와 상의해야 한다.

총자산회전율

총자산회전율(Total asset turnover)은 이전의 비율과 동일한 아이디어이다. 그렇지만 이것은 매출액을 고정자산이 아니라 자산총계와 비교한다(자산총계란 유형자산, 다른 장기 자산은 물론이고 현금, 미수금, 재고자산을 포함한다). 이 공식과 계산은 다음과 같다.

$$\text{총자산회전율} \quad = \quad \frac{\text{매출액}}{\text{자산총계}} \quad = \quad \frac{\$8,689}{\$5,193} \quad = \quad 1.67$$

총자산회전율은 고정자산의 활용에 대한 효율성뿐만 아니라 모든 자산 활용의 효율성을 측정한다. 만약 재고자산을 줄일 수 있다면, 총자산회전율은 증가한다. 만약 평균 미수금을 절감할 수 있다면, 총자산회전율은 증가한다. 만약 자산은 그대로 유지하면서(혹은 느린 속도로 증가시키면서) 매출액을 늘린다면, 총자산회전율은 증가한다. 이렇게 재무상태표를 경영하는 움직임은 효율성을 증가시킨다. 총자산회전율을 관찰하는 것은 일이 어떻게 진행되는지 확인하는 것이다.

물론 이것 말고도 수많은 다른 비율들이 있다. 모든 분야의 재무 전문가들은 이 많은 것들을 사용한다. 투자 애널리스트들은 우리가 25장에서 볼 테지만 다른 비율들도 본다. 여러분의 조직은 기업, 산업 혹은 두 가지 모두에 적합한 특별한 비율을 갖고 있을 것이다. 여러분은 그 비율들을 어떻게 계산하고, 어떻게 활용하고, 또 여러분이 그것에 어떻게 영향을 미치는가를 배우고 싶을지도 모르겠다. 그렇지만 우리가 여기서 개괄적으로 서술한 것들은 대부분 현업에 종사하는 매니저들에게 가장 일반적인 것들이다.

25
투자자 관점, 빅 5 숫자와 주주가치

우리가 이전에 언급했듯이 이 책은 투자자가 아니라 조직에서 일하는 사람들을 위해 썼다. 하지만 모든 기업들은 주주와 채권자들을 위해 최선을 다해야만 하기 때문에 투자자의 관점은 매니저의 결정에 영향을 미친다. 심지어 비공개기업의 오너와 종업원들도 이러한 관점을 이해하면 기업을 경영하는데 유리할 것이다. 왜냐하면 자사의 재무적 건강에 대한 훌륭한 지표를 제공하기 때문이다. 그래서 이번 25장에서는 다음과 같은 질문을 던져보겠다.

"투자자와 채권자들이 일반적으로 가장 신경 쓰는 비율과 지표는 어떤 것인가?"

월스트리트와 다른 외부 투자자들은 투자대상인 기업의 재무적 성과와 매력도를 측정할 때, 다섯 가지의 핵심 도구를 들여다본다. 이 측정도구를 '빅 5'라고 생각해도 무방할 것이다. 이 다섯 가지 모두가 올바른 방향으로 가고 있다면, 투자자들이 기업의 향후 전망을 호의적으로 여길 것이라고 생각해도 된다.

빅 5는 다음과 같다.

① 연간 단위 이상의 매출액 증가

② 주당순이익(EPS ; Earnings Per Share)

③ EBITDA(Earnings Before Interest Taxes Depreciation Amortization)

④ 잉여현금흐름(FCF ; Free Cash Flow)

⑤ 총자본이익률(ROTC ; Return On Total Capital) 혹은 자기자본이익률(ROE ; Return On Equity)로, 자기자본이익률은 은행이나 보험사 같은 금융사에 적합한 도구

이제 각각을 간략하게 들여다보자.

연간 단위 이상의 매출액 증가

모든 기업이 성장을 하는 것은 아니다. 대부분의 소규모 기업들은 성장의 기회가 제한되기 때문에 특정 규모에 도달하고 나면 그 자리에 머무른다. 일부 비공개기업들은 놀라운 성장전망을 갖고 있지만 오너들은 상대적으로 작게 유지하기를 좋아한다(보 벌링엄이 쓴《스몰 자이언츠(Small Giants)》는 그러한 수많은 기업들에 관한 이야기이다). 그렇지만 어느 기업이 '공개되면(주식을 외부 투자자들에게 매각하면)' 그 기업은 성장을 추구할 것

인가 그렇지 않을 것인가에 관해 선택할 수 없게 된다. 자신들이 투자한 대상의 가치가 시간이 흐를수록 증가할 것으로 기대되지 않는다면, 투자자들은 그 주식을 사지 않기 때문이다. 그들은 배당금이 증가하고, 주가가 반영되고, 혹은 둘 다 보기를 원한다. 배당금 증가는 주가를 끌어올린다. 둘 중 하나에는 도달하기 위해 기업은 자신들의 비즈니스를 확장해야만 한다.

그렇다면 어느 정도의 성장이 합리적인가? 그것은 기업, 산업, 그리고 경제적 상황에 달려 있다. 일부 하이테크 기업(구글)들은 폭발적인 성장을 기간 내내 경험한다. 대부분의 성장 지향적인 기업들은 훨씬 느리게 성장한다. 연간 성장률이 10%만 지속되기만 한다면 엄청나게 양호한 것이다(경영컨설팅 업체 베인앤컴퍼니 조사에 따르면 오직 글로벌 기업의 10%만이 자본비용을 벌어들이면서, 매출액과 이익의 연간성장률을 5.5% 이상 10년 넘게 유지하고 있다). 또 일부 대기업은 성장률 목표치를 자신들이 영업활동을 수행하고 있는 국가의 GDP성장률에 연계시키고 있다. 만약 GDP가 1% 증가하고 있는데 GE가 2~3% 증가하면, 이 기업은 성공적으로 경영했다고 할 수 있다.

주당순이익

주당순이익(EPS ; Earnings Per Share)은 분기실적 발표회에서 투자자들에게 가장 먼저 보고하는 숫자이다. 주당순이익은 기업의 분기 혹은 연간 순이익을 해당기간 평균 발행주식수로 나눈 값이다.

투자자들은 매출액이 그러하듯이 주당순이익이 시간이 흐르면서 증가하기를 바란다. 다른 조건이 동일하다면 증가하는 주당순이익은 주가 상승의 전조가 된다. 경기침체기에는 매출액이 감소할 것이다. 그렇지만 대부분의 기업들은 원가를 절감함으로써 주당순이익을 유지하려고 주주들은 경기침체기에 매출액 감소는 용인할 수 있지만 주당순이익의 감소를 보고 싶어하지는 않는다.

EBITDA

우리는 이 책에서 여러 번 EBITDA(Earnings Before Interest, Taxes, Depreciation, and Amortization)를 언급했다. 투자자와 은행 담당자들은 EBITDA를 미래영업현금흐름의 좋은 지표로 보기 때문에 중요하다. 채권자들은 EBITDA가 기업이 자신들의 대출금을 상환하는데 도움을 줄 수 있기 때문에 좋아한다. 주주들은 회계사들이 감가상각 같은 비용을 더하기 전의 현금수익의 측정도구이기 때문에 EBITDA를 좋아한다. EBITDA는 우리가 앞서 언급했듯이 회계 속임수에 의해 조작될 수 있지만 순이익처럼 쉽게 조작되지는 않는다. 강하고 건강한 기업은 시간이 흐르면서 EBITDA의 증가를 경험한다.

EBITDA는 종종 기업을 평가할 때도 사용된다. 많은 기업들이 EBITDA의 배수 가격에 매수 혹은 매각된다.

잉여현금흐름

우리는 파트 4의 툴박스에서 잉여현금흐름(Free Cash Flow)을 논의했다. 이것은 어느 투자자의 투자평가 도구에서든 핵심이다. 만약 어느 기업의 잉여현금흐름이 건강하게 증가하고 있다면, 투자자들은 이 기업이 경영을 잘하고 있고 시간이 흐르면서 주가가 증가할 것이라고 어느 정도 확신할 수 있다. 게다가 건강한 잉여현금흐름을 가진 기업은 투자나 부채를 확보하기 어려울 때에도 스스로의 자금으로 성장할 수 있다.

이 사실을 확인할 수 있는 또 다른 좋은 방법이 있다. 많은 투자자들은 이제는 EBITDA로 나눈 잉여현금흐름을 들여다보고 있다. 이 비율이 낮다면 그것은 그 기업이 현금흐름이 상대적으로 약한데도 회계 속임수를 통해 EBITDA를 강하게 보이게 하기 위해 노력하고 있음을 알려준다. 일부 사람들은 현금전환지표(Cash conversion metric)라고 부른다. 가끔씩 사용되는 또 다른 지표는 EBIT(EBITDA가 아니다)로 나눈 영업현금흐름이다. 어느 것이든 이 지표들은 기업이 이익을 현금으로 잘 전환시켜주는가를 보여준다.

총자본이익률 혹은 자기자본이익률

21장에서 논의한 바 있는 총자본이익률(ROTC)은 투자자들에게 이 기업이 자신들의 투자를 정당화하기에 충분할 만큼 높은 이익을 창출하고 있는지를 말해준다. 자기자본이익률(ROE)은 금융기업을 평가하는데 가장 광범위하게 사용된다. 예를 들어 은행은 예금의 형태로 자금을 빌림으로써 돈을 만들고 그다음 이 예금을 대출한다. 총자본이익률은 은행의 성과를 측정하는 좋은 지표가 아니다. 왜냐하면 은행의 예금자에 대한 채무는 은행자본의 일부가 아니라 비즈니스의 일부이기 때문이다. 자기자본이익률이 성과를 측정하는 훨씬 나은 도구이다.

그 밖의 숫자들 : 시가총액, 주가수익비율, 주주가치

투자자들은 빅 5 숫자와 더불어 수많은 다른 비율과 지표를 체크한다. 가장 일반적으로 시가총액, 주가수익비율, 주주가치가 대표적이다.

기업 시가총액은 기업의 현재 주가를 발행주식수로 곱한 값이다. 그것은 특정 날짜 기업 가치의 총액이다. 만약 어느 기업이 1,000만 주의 발행주식수를 갖고 있고 화요일에 주가가 20달러라면, 그날의 해당 기업의 시가총액은 2억 달러($20×10,000,000)이다. 많은 대기업들은 시가총액이 1,000억 달러가 넘는다. 2011년 말에 애플의 시가총액은 약 3,750억 달러였다. IBM의 시가총액은 2,200억 달러에 육박했다.

시가총액이 투자자들에게 기업의 가치가 얼마인지를 보여주는 반면에 기업의 장부가치는 순전히 재무상태표에 나와 있는 기업 자본총계의 가치이다. 대부분 기업들의 시가총액은 이들 기업의 장부가치보다 훨씬 높다. 일부 투자자들(예를 들어 워런 버핏)은 "장부가치 대비 시장가치비율 (Market to Book)"을 들여다보기를 좋아한다. 버핏은 종종 시가총액이 장부가치와 유사하거나, 심지어 장부가치 미만으로 거래되는 기업을 찾고자 노력한다.

주가수익비율(P/E 혹은 PER)은 그 기업의 현재 주가를 지난해의 주당순이익(EPS)으로 나눈 값이다. 역사적으로 볼 때 상장돼 있는 대부분 기업들은 대략 PER 16~18배에 거래됐다. 주가수익비율이 높은 기업들은 성장 잠재력이 높다고 여겨진다. 주가수익비율이 낮은 기업들은 성장이 낮은 기업으로 여겨진다. 투자자들은 종종 자신들이 믿기에 적합하다고 생각하는 것보다 주가수익비율이 낮게 거래되고 있는 기업을 찾고자 노력한다. 2011년 말에 애플과 IBM의 PER은 둘 다 약 14.6배였다.

어떤 의미에서 이들 지표는 기업 주주가치를 보여주는 지표들이다. '주주가치'라는 용어는 다양한 의미가 있다. 때때로 주주가치는 단순히 시가총액을 의미하기도 한다. 때로는 기업의 미래현금흐름 기대치를 의미하기도 한다(결국 그것은 주식 1주를 살 때, 투자자가 매입하는 가격이다). 또는 주주가 시간이 흐르면서 실현되기를 희망하는 배당, 주가 혹은 두 가지 모두의 증가분을 가리킨다. 최고경영자는 해마다 보내는 편지에 "우리의 목표는 주주의 가치를 높이는 것입니다"라고 쓴다. 여기서 그가 사용하고 있는 단어의 정의가 무엇인지는 중요하지 않다. 왜냐하면 그 증가라는 의미가 뭐든지 간에 투자자에게 이익으로 돌아가기 때문이다.

주주가치를 높이는 것은 주주뿐만 아니라 그 기업을 위해 일하는 모든 사람들에게 중요하다. 지난 시기와 비교했을 때, 혹은 경쟁자와 비교했을 때, 주주가치가 높은 것은 상대적인 재무적 힘을 나타낸다. 채권자들은 강한 기업에 돈을 대출해주는 것을 좋아한다. 투자자들은 강한 기업에 투자하기를 좋아한다. 강한 기업들은 약한 기업들에 비해 경기가 나쁠 때 더 살아남는 경향이 있고, 경기가 좋은 때는 더 번영하는 경향이 있다.

강한 기업들은 종업원들의 지속적인 보수지급 및 보수인상은 말할 것도 없고, 직업 안정성과 승진 기회를 제공한다. 고객들 또한 강한 기업을 좋아한다. 강한 기업들은 약한 기업에 비해 가격에 좀 더 융통성이 있으며, 다음 달 혹은 내년에도 사업을 영위하고 있을 가능성이 높다.

무엇이 주주가치를 결정하는가? 그것은 단지 현재의 재무적 성과만을 말하는 것은 아니다. 예를 들어 지명도가 높은 바이오테크 기업은 이익이 없더라도 높은 시장가치가 있다. 왜냐하면 투자자들은 이 기업이 향후 시장에 내놓을 제품을 통해 미래에 큰 가치를 창출할 것으로 기대하기 때문이다. 반대로 성장성이 형편없는데 현재 수익성이 굳건한 기업은 현재 이익이 적지만 미래 전망이 더 나은 기업에 비해 가치가 훨씬 낮다.

일반적으로 주주가치는 시장의 인식에 달려 있으며, 시장의 인식은 다음과 같은 것들에 의해 움직인다.

- 기업의 현재 재무적 성과
- 기업의 미래 성장 전망
- 기업의 미래에 기대되는 현금흐름
- 기업성과의 예측 가능성, 다시 말해 내재된 리스크의 정도
- 기업 경영진의 전문성과 종업원들 기술에 대한 투자자들의 평가

물론 이 밖에 수많은 다른 요소가 있다. 전반적인 경제상황, 주식시장의 전반적인 상태, 투기적 성향의 정도 등이 여기에 해당된다. 어느 특정 시기에 어느 기업의 '진짜(True)' 가치에 대해 투자자들 간에 의견이 일치하지 않을 것이다. 이는 왜 일부 투자자들은 특정 가격에 주식을 사려

고 하고, 또 다른 일부 투자자들은 그것을 팔려고 하는지를 설명해준다.

신중한 투자자들은 항상 우리가 이 책에서 설명한 매출액, 매출원가, 영업마진 등의 회계적 측정지표를 들여다본다. 그들은 기업의 물리적 자산, 재고자산, 미수금, 경비의 수준, 그리고 많은 다른 지표를 들여다본다. 그들은 또한 투자란 경제학은 물론이고 심리게임이라는 것을 이해하고 있다. 경제학자 존 메이너드 케인스가 지적했듯이, 주식을 매입하는 것은 미인대회에서 누가 이길 것인가를 예측하려고 노력하는 것과 같다. 스스로 생각하기에 가장 예쁜 사람이 아니라, 다른 모든 사람들이 가장 예쁘다고 여길 사람을 고르고 싶어한다. 주식도 마찬가지이다. 주가는 어느 기업이 단지 대단한 성과를 나타냈을 때가 아니라 많은 투자자들이 미래에 더 나은 성과를 가져올 것이라고 믿을 때 상승한다.

우리는 매니저의 관점은 물론이고, 투자자의 관점에서 비율의 중요성을 알게 되기를 바란다. 재무상태를 이해하는 것도 중요하지만 그것은 재무지능을 향한 기나긴 여정에서 출발점에 불과하다. 비율은 여러분을 다음 단계로 성장하게 해줄 것이다. 비율은 여러분이 행간을 읽도록 해준다. 그럼으로써 무슨 일이 벌어지는지 실제로 이해할 수 있게 된다. 비율은 여러분의 기업 혹은 다른 기업을 분석하기 위한 유용한 도구이다. 또한 그것은 재무적 스토리를 말해준다.

TOOL BOX

어떤 비율이 비즈니스에서 가장 중요한가?

어떤 비율들은 어떤 산업에서 결정적으로 여겨지기도 한다. 예를 들어 소매기업들은 재고자산회전율을 주의 깊게 관찰한다. 비축물을 빨리 회전시킬수록 매장 같은 그들의 다른 자산들을 효율적으로 활용하는 것이기 때문이다. 하지만 다른 기업들은 그들이 처한 상황과 경쟁 상태에 근거해 그들 고유의 핵심 비율을 만들어내고 싶어한다. 예를 들어 조의 셋포인트사는 소규모 프로젝트에 기반한 기업이며 영업비용과 현금, 두 가지를 주의 깊게 관찰해야만 한다.

그렇다면 셋포인트사의 매니저들은 어떤 비율을 가장 주의 깊게 관찰해야 하는가? 바로 내부적인 비율이다. 다시 말해 매출총이익을 영업비용으로 나눈 값이다. 이 비율을 주의 깊게 관찰하면 영업비용이 이 기업이 창출하는 매출총이익을 초과하지 않도록 확인시켜준다. 또 다른 비율은 유동비율이다. 이는 기업의 유동자산을 유동부채와 비교하는 것이다. 유동비율은 일반적으로 기업이 부채를 해결할 만큼의 충분한 현금을 가지고 있는지를 보여주는 좋은 지표이다.

여러분은 이미 기업의 핵심 비율을 알고 있을 것이다. 만약 그렇지 않다면 최고책임자 혹은 스텝진에게 그것이 무엇인지를 물어보라. 그들은 그 질문에 매우 쉽게 대답해줄 것이다.

매출액 퍼센트의 중요성

여러분은 종종 기업의 손익계산서에서 곧바로 만들어진 비율 한 가지를 볼 것이다. 각각의 아이템은 달러뿐만 아니라 매출액에 퍼센트로 표현된다. 예를 들어 매출원가는 매출액의 68%이고 영업비용은 20%라는 식으로 기재돼 있다. 매출액 대비 비율로 표시되는 숫자 그 자체는 오랜 시간에 걸쳐 트렌드를 수집하는데 추적될 것이다. 기업들은 이 분석을 어느 정도 상세하게 추구할 수 있다. 예를 들어 각각의 제품이 매출액에 몇 퍼센트를 차지하는지를 추적하는 것, 혹은 소매체인에서 각각의 매장 혹은 지역이 매출액의 몇 퍼센트를 차지하는지를 추적하는 것이 여기에 해당된다. 매출액 비율법에 의한 계산은 매니저에게 단순한 숫자에 비해 더 많은 정보를 제공한다. 매출액 비율은 매니저가 매출액과 연관한 그의 비용을 추적하도록 해준다. 그렇지 않다면 매출액이 증가하거나 감소할 때 자신이 올바른 방향으로 가고 있는지 알기 힘들 것이다.

여러분 기업이 매출액 비율을 넘지 않는다면 이 방법을 연습해보라. 최근 3년간의 손익계산서를 가져와서 각각의 주요 아이템에 대해 매출액 비율을 계산해보라. 그리고 나서 시간의 흐름에 따라 그 결과치를 추적해보라. 만약 어떤 아이템의 매출액 비율은 증가하고 다른 아이템의 매출액 비율은 감소한다면 왜 그런 일이 벌어졌는지 스스로에게 물어보라. 그래도 모르겠다면 답을 알 만한 누군가를 찾아봐라. 이러한 연습은 기업이 처해 있는 경쟁적 압력에 관해 많은 것을 가르쳐줄 것이다.

비율들 간의 관계

재무제표들처럼 비율들도 수학적으로 서로 들어맞는다. 이 부분은 너무 깊게 들어가지 않을 것이다. 우리는 재무 전문가를 목표로 하는 것이 아니기 때문이다. 하지만 비율들 가운데 관계 한 가지는 언급할 가치가 있는데, 왜냐하면 우리가 매번 말해왔던 것이기 때문이다. 다시 말해 매니저들은 비즈니스의 성과에 다양한 방법으로 영향을 미칠 수 있다.

기업의 핵심 수익성 목표는 총자산이익률(ROA ; Return On Asset)에서 출발한다. 이것은 결정적인 측정도구라고 할 수 있다. 왜냐하면 투자자본은 비즈니스의 연료이기 때문이다. 만약 어느 기업이 만족스러운 총자산이익률을 달성할 수 없다면, 이 기업의 자본흐름은 고갈될 것이다. 우리는 총자산이익률이 순이익을 자산총계로 나눈 값임을 잘 알고 있다.

그렇지만 총자산이익률을 표시하는 다른 방법은 두 가지의 다른 요소들을 통해 가능하다. 이것은 서로 곱하면 순이익을 자본총계로 나눈 값이 된다. 여기 그것들이 있다.

$$\frac{\text{순이익}}{\text{매출액}} \times \frac{\text{매출액}}{\text{자산}} = \frac{\text{순이익}}{\text{자산}} = \text{총자산이익률}$$

첫 번째 용어인 순이익을 매출액으로 나눈 것은 순이익마진(Net profit margin), 다시 말해 매출액 이익률(ROS ; Return Of Sales)이다. 두 번째는 매출액을 자산으로 나눈 값은 24장에서 논의된 총자산회전율(Asset turnover)이다. 그러므로 순이익마진에 총자산회전율을 곱한 것은 총자산이익률(ROA)이다. 이 등식은 목표로 이동하기 위해서는 두 가지 방법이 있음을 보여준다. 여기서 목표는 총자산이익률보다 높은 곳에 있다.

한 가지 방법은 가격을 인상하거나 제품이나 서비스를 효과적으로 전달함으로써 순이익마진을 늘리는 것이다. 이는 여러분이 속한 시장이 매우 경쟁적이라면 어려울 수 있다. 두 번째 방법은 총자산회전율을 높이는 것이다. 그러려면 평균재고자산을 줄이고, 매출채권 회전기간을 줄이고, 유형자산의 매입을 줄여야 한다. 만약 순이익마진을 개선할 수 없다면 재무상태표를 관리하는 것이 경쟁에서 이기고 총자산이익률을 개선하는 최선의 길일 것이다.

상이한 기업, 상이한 계산

이 파트에 있는 챕터를 읽었다면 우리가 보여주는 공식이 '바로 그' 공식이라고 생각할 것이다. 예를 들어 총자산이익률은 순이익을 자산으로 나눈 값이다. 맞는가?

하지만 반드시 그렇지는 않다! 우리는 표준 공식을 보여주었을 뿐이다. 심지어 어떤 기업들은 일부 숫자들을 계산하는 특별한 방법이 있다. 회계사들은 해가 바뀌어도 지속성을 유지할 필요가 있고, 공개기업들은 어떻게 자신들이 그 비율들을 계산했는지를 공개해야만 한다. 한 기업의 비율을 다른 기업의 비율과 비교할 때는 이들 기업이 각각의 비율들을 동일한 방법으로 계산했는지 확인할 필요가 있다.

가장 일반적인 차이는 재무상태표의 데이터에서 발생한다. 동일한 사례인 총자산이익률(ROA)을 사용해보자. 분모인 자산총계는 재무상태표에서 나온다. 물론 재무상태표는 전형적으로 두 개의 시점을 보여준다. 예를 들어 2011년 12월 31일, 2012년 12월 31일이 그것이다. 표준공식을 위해 자산총계의 숫자를 가장 최근 시점인 2012년 12월 31일을 사용한다(이것은 기말 자산총계로 불리는데 여러분이 갖고 있는 데이터에서 가장 최근 시점이다).

하지만 일부 기업들은 특정 시점이 자산총계를 측정하는 최선의 방법이라고 생각하지 않는다. 그래서 그들은 2011년의 수치와 2012년의 수치를 더해 2로 나눈 '평균' 자산총계를 사용한다. 혹은 3분기, 4분기 혹은 5분기의 데이터를 사용하는 '롤링평균(Rolling average)'을 계산한다. 3개 분기가 막을 내리면 계산식에서 오래된 데이터를 새로운 데이터로 교체한다.

이것이 정말 중요한가? 어느 정도는 중요하다. 롤링평균은 결과 값을 개선하는 경향이 있으며, 최종 값은 좀 더 오르거나 내린다. 이때 대부분의 재무 애널리스트들은 총자산이익률(ROA) 같은 것을 계산할 때 어느 정도 평균화하는 것이 더 합리적이라는 사실에 동의한다. 21장에서 우리가 언급했듯이 순이익 같은 손익계산서의 숫자를 자산총계 같은 숫자와 비교할 때마다, 사과와 오렌지를 비교하는 것 같은 상황에 처하게 된다. 손익계산서는 특정 기간에 걸친 이익을 측정한다. 재무상태표는 특정 시점의 자산들을 나열해준다. 그러므로 어떤 단일한 시점의 자산보다는 전체 기간 동안의 자산총계 롤링평균을 사용하는 것이 좀 더 합리적으로 보인다.

일반적으로 정확한 방법론이라는 것은 그다지 중요하지 않을 것이다. 비율들은 장기간에 걸친 트렌드를 들여다보기 위해 사용된다는 것을 명심하라. 그리고 기업이 그 방법을 지속적으로 사용하는 한 그 비교에서 많은 것을 배울 수 있다.

Part 6
투하자본이익률에
주목하라

26
투하자본이익률의 장벽

재무지능이란 전적으로 기업의 재무적 측면이 어떻게 작용하고, 재무적 의사결정이 어떻게 만들어지는가에 관한 것이다. 이번 장에서 논의되는 원칙들은 미국이라는 기업에서 일부 의사결정(자본투자에 관련된 의사결정이다)이 어떻게 만들어지는가에 관한 것이다.

화폐의 시간가치(Time Value of Money)로 알려진 재무의 기본원칙을 다시 소개할 필요는 없을 것이다. 왜냐하면 우리는 날마다 그것을 활용하고 있기 때문이다. 우리는 주택대출을 받고 자동차대출을 받는다. 우리는 신용카드의 잔고를 유지한다. 또 우리는 예금을 이자가 지급되는 현금계좌 혹은 저축계좌에 넣고, 머니마켓펀드(MMF)에 넣고, 채권, 주식, 아이(I)본드, 그리고 그 밖의 여러 가지의 투자상품에 넣는다. 특히 미국은 채무자의 나라(사실상 미국 정부는 너무나 많은 부채를 빌려서 2001년에 신용등급이 강등됐다)이지만, 또한 예금자, 채권자, 투자자의 나라이기도 하다. 이런 모든 활동은 화폐의 시간가치를 반영하기 때문에 이 개념을 이해하고 있어야 한다. 그렇지 않으면 나중에 큰 대가를 치를 수도 있다.

화폐의 시간가치의 원칙을 간단하게 설명하면 다음과 같다. 오늘 여러분의 손에 있는 1달러가 내일 여러분이 갖기를 기대하는 1달러보다 더 가치가 있다. 그리고 그것은 지금부터 10년 후에 모으게 될 1달러보다 훨씬 더 값어치가 있다. 그 이유는 명백하다. 여러분은 오늘의 1달러를 잘 알고 있기 때문이다. 반면에 내일 갖게 되기를 기대하는 1달러는 약간 불확실하다. 리스크가 포함돼 있기 때문이다. 거기다 여러분은 지금 갖고 있는 달러로 오늘 무언가를 할 수 있다. 만약 갖게 되기를 희망하는 달러를 소비하려면, 그것을 갖게 될 때까지 기다려야만 한다. 화폐의 시간가치를 가정하면 돈을 다른 누군가에게 빌려준 사람은 이자를 받을 것으로 기대한다. 그리고 돈을 빌리는 사람은 누구나 이자를 갚기를 기대한다. 기간이 길수록 리스크가 높을수록 이자의 변화는 커질 것이다.

비록 이자라는 용어를 사용하지 않고 있고 이익이 얼마가 될 것인가에 관한 확정된 기대가 없지만, 여기에서도 원칙은 동일하다. 예를 들어 하이테크 스타트업 기업의 주식을 산다고 해보자. 여러분은 어떤 이자도 받지 못할 것이며 아마도 결코 배당도 받지 못할 것이다. 그렇지만 그 주식을 매입한 가격보다 더 높은 가격으로 팔 수 있다고 기대한다. 사실상 투자에 대한 이익을 기대하고 그 기업에 자신의 돈을 빌려준 것이다. 이익이 현실화되면 마치 그것이 이자인 것처럼 퍼센트라는 용어로 계산할 수 있다.

이것이 자본투자에 관한 기업의 의사결정에 깔려 있는 기본원칙이다. 우리는 이것을 이번 파트에서 논의할 것이다. 미래에 이익을 실현하기를 희망한다면 기업은 지금 현금을 소비해야만 한다. 만약 새로운 기계를 매입하거나 새로운 지점을 개점하는 것에 관한 재무적 제안을 준비하는 책임이 있다면(이 업무를 어떻게 수행할 것인지는 뒤에서 보여줄 것이다), 화폐의 시간가치가 포함된 계산을 한 것이다.

화폐의 시간가치가 기본원칙이지만, 자본적 지출을 분석할 때 사용하게 될 세 가지 핵심 컨셉은 미래가치(Future Value), 현재가치(Present Value), 요구수익률(Required Rate of Return)이다. 처음에는 이러한 개념들이 많이 혼란스러울 것이다. 하지만 그렇게 복잡하지 않다. 이 개념들은 화폐의 시간가치를 단순하게 계산하는 방법들이다. 이 개념을 이해하고 이것을 의사결정에 사용한다면, 금융분야의 전문가들이 그러하듯이 좀 더 창조적으로 생각하고 있는 자신을 발견할 수 있을 것이다. 다만 좀 더 기술적으로 말해야 할 것이다.

미래가치

미래가치(Future value)란 만약 현금이 대출되거나 투자된다면 미래에 얼마만큼의 가치가 있을 것인가 하는 것이다. 개인금융에서 이 개념은 종종 은퇴계획에 사용된다. 예를 들어 여러분이 현재 나이가 35세이고 은행에는 5만 달러를 갖고 있다고 해보자. 그러면 그 5만 달러의 가치가 65세에는 얼마가 될 것인지 궁금할 것이다. 그것이 바로 5만 달러의 미래가치이다. 투자 애널리스트는 어떤 비즈니스에서 1년 동안 특정 수치의 퍼센트로 이익이 증가한다면, 2년째에는 얼마의 이익이 증가하는지 계산할 수 있다. 이러한 미래가치 계산은 고객에게 그 기업이 좋은 투자처인지에 관해 조언하는데 도움을 준다.

미래가치를 계산하는 것은 재무 전문가들에게 넓은 캔버스를 제공한다. 예를 들어 앞서 언급한 은퇴계획을 살펴보자. 향후 30년 동안 평균 3%의 이익을 예상하는가? 혹은 평균 6%를 예상하는가? 그 차이는 상당하다. 3%라면 5만 달러는 12만 1,000달러를 약간 넘게 된다(인플레이션이 그 기간의 달러가치에 어떻게 영향을 미칠지 생각하는 것은 일단 접어두자). 6%일 경우 인플레이션의 효과에 관해 똑같은 조건을 가정한다면 그 5만 달러는 28만 7,000달러를 넘을 것이다. 여기서 올바른 이자율을 결정하는 것은 어렵다. 도대체 누가 향후 30년 동안 지속될 이자율을 알 수 있겠는가? 장기간에 미래가치를 계산하는 것은 기껏해야 경험에 근거한 추측일 뿐이다. 기술적인 훈련인 것이다.

그러한 면에서 투자 애널리스트는 어느 정도 좋은 위치에 있는 것이다. 왜냐하면 그는 겨우 2년이라는 기간만 살펴보고 있기 때문이다. 그럼에도 여전히 그가 맞서 싸워야 할 변수들이 있다. 왜 그는 이익이 3%, 5%, 7%, 혹은 다른 비율이 될 것이라고 생각하는가? 만약 그렇게 된다면 어떤 일이 벌어질 것인가? 예를 들어 이익이 겨우 3% 증가한다면 이자손실을 볼 것이고, 그들의 주식을 매도할 것이다. 그들 주식의 주가수익비율(PER)은 하락할 것이다. 만약 이익이 7%로 성장한다면 투자자들은 흥분하고 주식을 더 많이 매입하고, 이는 주가수익비율을 끌어올릴 것이다. 물론 시장 그 자체도 주가에 영향을 미칠 것이다. 하지만 시장의 전반적인 방향은 아무도 예측할 수 없다. 다시 말하지만 우리는 경험에 근거한 추측으로 돌아가는 것이다.

사실상 미래가치에 관한 모든 계산은 현재와 들여다보는 그 시점 사이에 무엇이 발생할 것인가에 관한 일련의 과정을 포함하고 있다. 이때 가정이 바뀌면 상이한 미래가치를 얻는다. 이익률의 변화는 재무 리스크의 한 형태이다. 투자의 전망이 길면 길수록 더 많은 추정이 요구되고, 그렇게 되면 리스크는 더 높아진다.

현재가치

현재가치(Present value)는 자본적 지출을 분석할 때 가장 빈번하게 사용되는 개념이다. 이것은 미래가치를 거꾸로 한 것이다. 어떤 특정한 투자가 향후 3년에 걸쳐 매년 10만 달러의 현금흐름을 창출한다고 해보자. 만약 그 투자가 돈을 지출할만한 가치가 있는지를 알고 싶다면, 그 30만 달러가 지금 얼마의 가치가 있는지 알 필요가 있다. 미래가치를 계산하기 위해 어떤 특정한 이자율을 사용하는 것처럼, 미래가치를 할인하기 위해 이자율을 사용한다. 그리고 그것을 현재가치로 환원한다. 단순한 사례를 들어보자. 지금부터 1년 후의 10만 6,000달러를 이자 6%의 현재가치로 환원하면 10만 달러이다. 우리는 오늘의 1달러가 내일의 1달러보다 더 가치 있다는 개념으로 돌아간 것이다. 이 사례에서 12개월 후에 10만 6,000달러는 오늘날 10만 달러의 가치가 있다.

현재가치라는 개념은 장비, 부동산, 비즈니스 기회, 심지어 인수합병 같은 투자를 평가할 때 광범위하게 사용되고 있다. 그렇지만 여기에서도 재무기술을 확실하게 볼 수 있다. 여러분은 현재가치를 계산하기 위해 투자가 미래에 창출할 현금과, 미래가치를 할인하기 위해 어떤 이자율을 사용해야만 하는지에 관한 가정을 수립해야만 한다.

요구수익률

현재가치를 계산하는 과정에서 어떤 이자율(Interest rate)을 사용할 것인가를 생각할 때, 거꾸로 작업을 한다는 사실을 기억하라. 여러분은 자신의 투자가 미래에 어느 정도 수지가 맞는다고 가정하고 있는 것이다. 그리고 미래의 시점에 그 금액을 얻기 위해 오늘 얼마의 금액을 투자하는 것이 가치가 있는지 알고 싶어한다. 그러므로 이자율 혹은 할인율(Discount rate)에 관한 결정은 본질적으로 투자를 하기 위해 어떤 이자율이 필요한지에 관한 의사결정인 것이다. 아마도 1년 후의 10만 2,000달러를 얻기 위해 지금 10만 달러를 투자하지는(수익률 2%) 않을 것이다. 그렇지만 1년 후에 12만 달러를 얻기 위해 지금 10만 달러는 기꺼이 투자할 것이다. 이것은 20% 수익률이다. 각각의 기업들은 각각의 '목표치(Hurdle)'를 설정한다. 또한 기업들은 일반적으로 리스크가 낮은 프로젝트보다 리스크가 높은 프로젝트에 목표를 높게 설정한다. 기업들이 투자를 하기 전에 요구하는 수익률을 '요구수익률(Required rate of return)' 혹은 '허들레이트(Hurdle Rate)'라고 부른다.

허들레이트를 설정하는 것은 언제나 몇 가지 판단이 개입되어 있다. 그렇다고 그 결정이 전적으로 주관적인 것은 아니다. 우선 첫 번째 요소는 기회비용(Opportunity Cost)이다. 어떤 기업이 오직 현금만을 많이 가지고 있고 그 펀드를 사용해서 어떻게 가장 잘 활용할 것인가에 관한 결정을 해야만 한다. 2% 수익률은 매력적이지 않다. 그것보다는 리스크가 거의 없는 3~4%의 이자율을 지급하는 미 재무부 채권(Treasury bill, 미 재무부 채권은 손해볼 위험이 거의 없는 사실상 세계에서 가장 안전한 채권이다)을 매입하는 것이 더 나을 것이기 때문이다. 20% 수익률은 당연히 매력적이다. 대부분의 투자에서 20% 수익률은 얻기란 매우 어렵지만, 그것은 그 모험이 얼마나 위험한가에 달려 있다.

두 번째 요소는 기업의 고유한 자본비용(Cost of capital)이다. 만약 기업이 돈을 빌리면 이자를 지급해야만 한다. 또 만약 기업이 주주의 자본을 사용하면 주주는 수익을 기대한다. 투자는 기업에게 충분한 가치를 더해줌으로써 채권자에게 재상환될 수 있고 이로 인해 주주들이 만족할 수 있어야 한다. 기업의 자본비용에 미치지 못하는 투자는 이들 두 가지 목표를 충족시키지 못할 것이다. 따라서 요구수익률은 언제나 자본비용보다 높아야만 한다(이 파트의 마지막에 있는 툴박스에서 자본비용을 좀 더 상세하게 논의했으니 참조하라).

허들레이트에 관한 결정은 공식에 따르는 경우가 거의 없다. 기업의 최고재무책임자 혹은 재무 담당자는 주어진 투자가 얼마나 리스크가 있

기회비용 Opportunity Cost

이 단어는 어떤 행동을 할 때 포기해야만 하는 것을 가리킨다. 만약 근사한 휴가에 모든 돈을 소비했다면, 그때의 기회비용은 자동차를 매입할 수 없다는 것이다. 또한 기회비용은 우리가 깨닫지 못하고 있지만 일상적으로 벌어지고 있다. 예를 들어 은행에 예금을 했다면 그 금액으로 주식투자를 해서 얻을 수 있는 이익을 포기한 것이다. 기회비용은 재무적으로는 어떤 선택을 함으로써 사라진 잠재적 혜택을 의미한다.

는지, 그 자금은 어떻게 조달되어야 하는지, 기업의 전반적인 상황은 어떠한지를 평가할 것이다. 최고재무책임자 혹은 재무 담당자는 기업이 미래를 위해 투자할 것을 주주들이 기대한다는 것을 안다. 주주들이 그 투자가 동일한 수준의 리스크를 가진 다른 곳에서 창출하는 수익률 이상을 기대한다는 사실도 알고 있다. 또한 기업의 현금 포지션이 얼마나 타이트한지, 기업의 최고경영자와 이사회가 어느 정도의 리스크를 감당할 수 있는지, 그리고 그 기업이 사업을 영위하는 시장이 어떻게 돼가는지를 알고 있다(또한 이것은 최고재무책임자나 혹은 재무 담당자가 알기를 원하는 것이다).

여러분은 그다음 해에 어느 정도의 허들레이트가 합리적인지에 관해 결정 혹은 가정을 내린다. 고성장 기업은 일반적으로 높은 허들레이트를 사용한다. 왜냐하면 이들 기업은 자신들이 필요로 하는 정도의 성장을 창출하는 곳에 돈을 투자하기 때문이다. 좀 더 안정적이고 낮은 성장률을 가진 기업들은 더 낮은 허들레이트를 사용한다. 만약 잘 모르겠다면 재무 부서에 있는 누군가가 여러분의 기업이 그와 같은 프로젝트를 위해 어느 정도의, 또 어떤 허들레이트를 사용할지 말해줄 것이다.

계산에 관련된 단어에는 이러한 개념을 포함하고 있다. 27장에서 우리는 한두 개의 공식을 보여줄 것이다. 그렇다고 이 모든 것을 곧바로 할 필요는 없다. 재무계산기를 사용할 수도 있고, 책상에 있는 책에서도 찾고, 혹은 온라인에서 계산할 수도 있다. 예를 들어 구글에서 '미래가치 계산기(Future Value Calculator)'라고 검색하면 단순한 미래가치를 계산할 수 있는 몇 개의 사이트를 찾을 수 있을 것이다.

실제 세계의 계산은 그렇게 쉽지 않다. 아마도 지금 고려하고 있는 투자가 첫 해에는 10만 달러를 창출하고, 그 이후에는 해마다 3%를 창출할 것이라고 생각할지 모른다. 이제 여러분은 그 증가분을 계산해야만 하고, 적합한 할인율이 올해부터 그 다음 해 이후까지 변할 것인지에 관해 가정해야 한다. 비재무부서의 매니저들은 이러한 복잡한 계산을 하는 것에 관해 걱정할 필요가 없다. 그것을 재무 담당자들이 해야 할 일이기 때문이다. 일반적으로 그들은 적합한 공식이 내장된 스프레드시트나 템플릿을 갖고 있어서 그냥 숫자만 넣으면 된다. 하지만 그 과정에서 사용하게 될 개념과 가정을 인지하고 있어야만 한다. 만약 그 논리를 이해하지 못한 채 단지 숫자만 넣는다면 왜 결과가 그렇게 나왔는지를 이해할 수 없을 것이며, 상이한 가정에서 시작했을 경우 그것이 어떤 다른 결과를 만들어내는지 알지 못할 것이다.

자, 이제 이 개념들을 적용시켜보자.

27
투하자본이익률 계산하기

자본적 지출(Capital expenditures), 자본적 투자(Capital investments), 자본예산(Capital budgeting), 그리고 투하자본이익률(ROI, Return On Investment) 같은 용어들이 있다. 많은 기업들이 이 용어들을 대략적으로 혹은 서로 혼용해 사용하고 있다. 하지만 이것들은 같은 것을 말하고 있다. 그것은 기업의 가치를 증대하기 위해 어떤 자본적 투자를 결정하느냐의 과정이다.

자본적 지출 분석하기

자본적 지출은 '상당한(Significant)' 현금투자를 요구하는 대규모 프로젝트이다. 모든 조직은 이 '상당한'이라는 단어를 서로 다르게 정의하고 있다. 일부 기업은 '상당한'이라는 기준을 1,000달러로 규정하고 있으며, 또 어떤 기업들은 5,000달러 이상이라고 규정한다. 자본적 지출은 1년 이상 매출액을 창출하는데 도움이 될 것으로 기대되는 아이템이나 프로젝트에 투입되는 개념이다. 그 범위는 폭넓다. 이것은 장비매입, 비즈니스 확장·합병, 그리고 신제품 개발을 포함한다. 새로운 마케팅 캠페인도 자본적 지출로 간주될 수 있다. 빌딩의 개축, 컴퓨터 시스템의 업그레이드, 새로운 기업용 차량의 매입도 마찬가지다.

기업들은 이러한 지출을 세 가지 이유로 재고자산, 저장품, 유틸리티의 일상적인 매입과 다르게 취급한다. 우선 첫 번째 이유는 그 지출이 대규모의(때때로 그것은 불명확하다) 현금을 수반하기 때문이다. 두 번째는 그것은 일반적으로 수년 동안 수익을 제공할 것으로 기대돼 화폐의 시간가치가 작동한다는 것이다. 세 번째 이유는 이것들은 언제나 어느 정도의 리스크를 수반한다는 것이다.

기업은 이러한 지출이 작용할 것인지(다시 말해 그것이 기대되는 결과를 가져올 것인지)를 알지 못할 수 있다. 우리는 자본적 지출을 분석하는 기본적인 단계를 개괄할 것이며, 주어진 지출이 그럴만한 가치가 있는지 재무담당자들이 계산하는 일반적인 방법 세 가지를 설명할 것이다. 이것 역시 재무기술의 연습이다. 놀랍지 않은가? 재무 전문가들은 제안된 프로젝트를 분석할 수 있고, 수많은 가정과 추정을 사용해 조언을 한다. 그리고 그 결과는 양호한 것으로 드러난다. 심지어 알려지지 않은 것에 대해 도전하기를 즐기며, 그것들을 개량해 자신의 기업이 성공적으로 사업을 이끌 수 있게 한다.

또한 재무지능이 적더라도 스스로 전문화된 지식으로 이 프로세스에 기여할 수 있다. 우리는 엔지니어와 기술자들을 자본 예산 프로세스에 참여시키는 최고재무책임자가 있는 회사를 알고 있다. 이 회사가 그렇게 하는 이유는 투자가 제강공장에서 무엇을 실제로 만들어낼 것인지를 알고 싶었기 때문이다. 그 최고재무책임자는 스스로 금속공학을 배우기보다 그 사람들에게 재무를 가르쳐주고 싶었기 때문이다. 다음은 어떻게 그것을 해냈는지에 관한 내용이다.

- 1단계 : 자본적 지출을 분석할 때 최초의 현금지출액을 결정하는 것이다. 심지어 이 단계가 추정과 가정을 포함하더라도, 여러분은 어떤 기계나 프로젝트가 매출액을 낼 때까지 어느 정도의 원가가 들어가는지 결정을 해야만 한다. 원가는 장비를 매입하고, 그것을 설치하고, 사람들이 사용하는 방법을 배우는 시간 등을 포함한다. 일반적으로 원가의 대부분은 첫 번째에 발생한다. 그렇지만 일부분은 2년 혹은 3년에 걸쳐 퍼지게 된다. 이 모든 계산들은 이익이 감소하는 관점이 아니라 현금이 바깥으로 빠져나가는 관점에서 수행되어야만 한다.
- 2단계 : 투자로부터 미래현금흐름을 계획하는 것이다(다시 말하지만, 여러분은 이익이 아니라 현금유입을 알고 싶어한다. 우리는 다음 장에서 이것의 차이를 더 말할 것이다). 이것은 속임수가 있는 명백한 재무기술의 사례이다. 왜냐하면 미래를 예측한다는 것은 매우 어려우며, 고려할 요소가 많기 때문이다. 이 파트의 마지막 부분에 있는 툴박스를 참고하라. 매니저들은 투자에서 미래현금흐름에 관한 계획을 수립할 때 보수적이고 심지어 신중할 필요가 있다. 만약 그 투자가 계획

310

이상의 수익을 가져올 경우 모든 사람들이 행복하겠지만, 그 수익률이 극도로 저조하다면 모두가 그리 행복하지는 않을것이다. 기업은 돈을 낭비하는 셈이 된다.

- 3단계 : 미래의 현금흐름을 평가하는 것이다. 다시 말해 투하자본이익률을 계산하는 것이다. 그 수익이 투자를 가치 있게 할만큼 충분한가? 어떤 근거로 우리는 그 결정을 할 수 있는가? 재무 전문가들은 어느 주어진 지출이 그럴만한 가치가 있는지 평가하기 위해 일반적으로 세 가지 다른 방법을 사용한다. 한 가지를 사용하거나 여러 가지를 조합해 사용한다. 회수기간법(Payback Method), 순현가법(Net Present Value Method), 그리고 내부수익률법(Internal Rate of Return Method)이 그것이다. 각각의 방법은 상이한 정보를 제공하며, 각각 독특한 강점과 약점이 있다.

좋은 자본예산에서의 작업과 진행은 원가와 수익의 추정과 관련이 있다는 사실을 알 수 있다. 수많은 데이터가 취합되고 분석돼야만 한다. 그 자체는 매우 어려운 작업이다. 그런 다음 데이터는 미래의 추진계획을 위해 해석돼야만 한다. 현명하고 똑똑한 매니저들은 이 두 가지가 어려운 과정임을 이해할 것이다. 또한 이들은 질문을 던지고 가정에 대해 의문을 제기할 것이다.

세 가지 방법 배우기

이러한 단계들이 어떻게 실행되는지를 보여주고, 또 어떻게 작용하는 지에 대한 이해를 돕기 위해 아주 간단한 예를 들고자 한다. 여러분의 회사는 장비(전문화된 컴퓨터) 일부를 3,000달러에 매입하는 것을 고려하고 있다. 이 컴퓨터는 종업원 한 사람이 고객에게 서비스를 제공하는 시간을 줄여준다. 이 컴퓨터의 수명은 3년으로 예상된다. 3년에 걸쳐 각 연도의 기말에 장비의 현금흐름은 1,300달러로 추정된다. 기업의 요구수익률(허들레이트)은 8%이다. 이 컴퓨터를 사야 하는가, 사지 말아야 하는가?

회수기간법

회수기간법(Payback method)은 아마도 자본적 지출로부터 미래현금흐름을 추정하는 가장 단순한 방법일 것이다. 그것은 해당 프로젝트에서 발생하는 현금흐름이 최초 투자를 상쇄하기까지 걸리는 시간을 측정한다. 다시 말해 그것은 돈이 회수되기까지 얼마의 시간이 걸리는지 말해준다. 회수기간법은 프로젝트 수명보다 짧아야만 하는데, 그렇지 않다면 투자를 할 이유가 전혀 없다. 우리의 사례에서 초기 투자비 3,000달러를 갖고 있다. 이를 회수하게 될 연간 현금흐름으로 나눈다.

$$\frac{\$3,000}{\$1,300/\text{연수}} = 2.31\text{년}$$

우리는 이 기계가 3년 동안 존속할 것으로 알고 있으므로 회수기간은 첫 번째 테스트를 충족시킨다. 그것은 프로젝트의 수명보다 짧다. 우리가 아직 계산하지 않은 것은 그 프로젝트가 전체 기간에 걸쳐 얼마만큼의 현금을 가져다줄 것인가이다.

바로 여기에서 회수기간법의 강점과 약점 모두를 볼 수 있다. 긍정적인 측면은 계산하고 설명하기가 단순하다는 것이다. 빠르고 쉬운 현실 확인을 제공한다. 만약 여러분이 고려하고 있는 프로젝트 기간보다 회수기간이 길다면 아마도 더 이상 들여다볼 필요가 없을 것이다. 또 만약 회수기간이 짧다면 아마도 더 많은 조사를 해야 할 것이다. 회수기간법은 어떤 계획이 조사해볼 필요가 있는지를 빠르게 결정해야 하는 회의에서 종종 사용된다.

반면에 회수기간법의 약점은 바로 여러분에게 많은 것을 알려주지 않는다는 것이다. 기업은 투자를 할 때 단순히 손익분기점만 확인하지 않는다. 기업은 수익창출을 원한다. 회수기간법은 손익분기점을 넘어서는 현금흐름을 고려하지 않으며, 전반적인 수익을 알려주지도 않는다. 게다가 화폐의 시간가치도 고려하고 있지 않다. 이 방법은 오늘의 현금지출을 내일 계획된 현금흐름과 비교하고 있다. 그런데 이것은 실제로는 메론과 양배추를 비교하는 것과 다름없다. 왜냐하면 오늘의 달러는 미래의 달러와 가치가 다르기 때문이다.

이러한 이유로 회수기간법은 오직 프로젝트를 비교하거나(그래서 초기투자가 조만간 얼마의 수익을 가져올 것인지를 알게 된다), 프로젝트를 거부할 때에만(초기투자를 결코 만회할 수 없는 프로젝트) 사용돼야 한다. 하지만 이 계산에 사용되는 두 숫자는 모두가 추정이라는 사실을 기억하라. 이 방법에서 사용되는 기술은 숫자들을 조합하는 것이다. 알려지지 않은 것을 어떻게 수치화할 수 있겠는가? 결국 회수기간법은 강력한 재무분석이 아니라 어림짐작이다. 만약 회수기간법을 사용해 사업이 전망이 있는 것처럼 보인다면, 그 투자가 실제로 그럴만한 가치가 있는지 조사하기 위해 다음의 방법으로 넘어가야 한다.

순현가법

순현가법(Net Pressent Value Method)은 회수기간법에 비해 더 복잡하다. 그렇지만 강력하다. 이 방법은 일반적으로 재무 전문가가 자본적 지출을 분석할 때 처음 선택하는 방법이다.

이유가 뭘까? 첫째는 순현가법은 화폐의 시간가치를 고려하기 때문이다. 다시 말해 미래의 현금흐름을 지금의 가치로 얻기 위해 할인하는 것이다. 둘째는 비즈니스의 자본비용 혹은 다른 허들레이트를 고려하기 때문이다. 셋째는 지금의 달러에서의 해답을 제공하고, 그리하여 최초의 현금지출을 수익의 현재가치와 비교하는 것을 가능하게 하기 때문이다.

어떻게 현재가치를 계산할 것인가? 우리가 언급했듯이 실제 계산은 재무계산기, 재무부서의 스프레드시트 혹은 이용 가능한 수많은 웹 도구가 있는 온라인을 통해서 이뤄질 수 있다. 아니면 재무 교과서에 나와 있는 현재가치와 미래가치의 표에서 해답을 볼 수 있다. 또한 우리는 실제 공식이 어떻게 생겼는지 보여줄 것이다. 그것은 할인방정식(Discounting Equation)이라고 불린다. 그리하여 여러분은 결과 값의 이면에 있는 것을 들여다보고, 실제 그것이 무엇을 의미하는지를 알 수 있게 된다. 할인방정식은 다음과 같이 생겼다.

$$\underset{\text{(PV)}}{\text{현재가치}} = \frac{FV_1}{(1+i)} + \frac{FV_2}{(1+i)^2} + \cdots \frac{FV_n}{(1+i)^n}$$

PV = 현재가치

FV = 미래가치, 각각의 시기에 예상된 현금흐름

i = 할인율

n = 기간, 들여다보는 기간의 횟수

순현재가치는 현재가치에 최초의 현금지출을 뺀 값이다. 우리가 언급한 사례의 경우 계산은 다음과 같다.

$$\underset{\text{(PV)}}{\text{현재가치}} = \frac{\$1,300}{1.08} + \frac{\$1,300}{(1.08)^2} + \frac{\$1,300}{(1.08)^3} = \$3,350$$

순현재가치(NPV) = \$3,350 − \$3,000 = \$350

글자 그대로 해석하면 3,900달러의 총예상 현금흐름은 할인율 8%를 적용했을 때 오늘의 가치로는 겨우 3,350달러이다. 최초의 현금지출액 3,000달러를 차감하면 순현재가치 350달러를 얻는다.

이것을 어떻게 해석해야만 하는가? 만약 어느 프로젝트의 순현재가치가 0보다 크다면 그 프로젝트는 수용되어야 한다. 왜냐하면 수익이 그 기업의 허들레이트보다 크기 때문이다. 여기서 이익 350달러는 그 프로젝트가 8% 이상의 수익을 가져다 준다는 것을 보여준다.

일부 기업들은 한 가지 이상의 할인율을 사용해 현재가치를 계산하기 바랄지도 모르겠다. 만약 그렇게 한다면 다음과 같은 관계를 보게 될 것이다.

- 이자율이 높아짐에 따라 순현재가치는 감소한다.
- 이자율이 낮아짐에 따라 순현재가치는 증가한다.

높은 이자율은 펀드에 대해 높은 기회비용을 의미하기 때문에 이 관계는 유효하다. 만약 어느 재무 담당자가 20%의 허들레이트를 설정했다면, 그것은 그가 유사한 수준의 리스크를 가진 다른 곳에서 거의 그 정도를 얻을 수 있음을 확신하고 있다는 것을 의미한다. 그 새로운 투자는 다른 펀드를 버릴 정도로 상당히 양호해야만 할 것이다. 이와 대조적으로 만약 그가 다른 곳에서 겨우 4%를 얻을 수 있다면 새로운 투자는 좋아 보이기 시작할 것이다. 마치 미 연방준비제도(Federal Reserve)가 이자율을 낮춤으로써 미국경제를 부양할 수 있듯이, 기업은 허들레이트를 낮춤으로써 내부적 투자를 자극할 수 있다. 물론 그렇게 하는 것이 현명한 정책이라고 할 수는 없다.

순현가법의 한 가지 단점은 그것을 설명하기 어렵고 다른 사람에게 프리젠테이션을 하기도 어렵다는 것이다. 회수기간법은 이해하기 쉽다. 그렇지만 순현재가치는 미래의 현금흐름에 대한 할인가치에 기반하고 있는 숫자이다. 이는 비 재무적 언어로 설명하기가 쉽지 않다. 그럼에도 여전히 순현재가치 프리젠테이션을 원하는 매니저들은 이 방법을 고집

하고 있다. 어떤 허들레이트가 기업의 자본비용과 동일하거나 높다면 순현재가치 테스트를 통과하는 투자는 주주가치를 늘려줄 것이며, 반대로 순현재가치 테스트를 통과하지 못하는 투자는 그것이 어떤 것이든(만약 그것이 실행된다면) 실제로 기업과 주주에게 해를 끼치는 것이다.

또 다른 잠재적 단점은 순현재가치 계산은 너무나 많은 추정과 가정에 기반하고 있다는 것이다. 기대하는 현금흐름은 오직 추정될 수밖에 없다. 어느 프로젝트의 최초의 원가는 결정하기가 매우 어려울 수 있다. 물론 상이한 할인율은 극단적으로 다른 순현재가치의 결과를 가져다줄 수 있다. 그렇지만 이 방법을 이해하면 이해할수록 다른 사람의 가정에 더 많은 질문을 할 수 있다. 방어할 수 있는 가정을 사용해 제안서를 준비하는 것이 더 쉬워질 것이다. 자본적 지출을 논의하기 위한 회의에서 다른 사람에게 설명할 때 돋보이는 재무지능을 키울 수 있다(예를 들어 여러분의 상사, 회사의 대표, 그리고 누구든). 분석을 이해하고 있으면 왜 그 투자가 만들어져야만 하고, 혹은 왜 만들어지지 말아야 하는지를 자신 있게 설명할 수 있다.

내부수익률법

내부수익률법(Internal Rate of Return method)을 계산하는 것은 순현재가치를 계산하는 것과 유사하다. 그렇지만 변수는 다르다. 순현가법이 어떤 특정한 할인율을 가정하고 그다음에 그 투자에 대한 현재가치를 조사하는 것과 달리, 내부수익률법은 예상된 현금흐름이 제공하는 실제 수익을 계산한다. 내부수익률은 투자심사 테스트를 통과하기 위해 들여다보는 기업의 허들레이트와 비교될 수 있다.

예를 들어보자. 어떤 기업이 3,000달러의 투자를 제안하고 있고, 그것은 향후 3년 동안 연간 1,300달러의 현금흐름을 받을 것이다. 여러분은 수익률을 계산하기 위해 총현금흐름 3,900달러를 사용할 수 없다. 왜냐하면 그 수익은 3년에 걸쳐 있기 때문이다. 그러므로 우리는 몇 가지 계산을 할 필요가 있다.

첫째, 내부수익률을 들여다보는 다른 방법이 있다. 순현재가치를 제로로 만드는 허들레이트가 있다. 할인율이 높아지면 순현재가치는 감소한다고 말했던 것을 기억하는가? 만약 점점 높은 이자율을 사용한다면, 순현재가치가 점점 작아져서 마침내 마이너스가 되는 것을 보게 될 것이다. 이는 그 프로젝트가 허들레이트를 통과하지 못함을 의미한다. 앞의 사례에서 만약 10%의 허들레이트를 설정하려고 한다면, 약 232달러의 순현재가치를 얻게 된다. 만약 20%의 허들레이트를 설정하려고 한다면, 마이너스 262달러의 마이너스 순현재가치를 얻게 될 것이다. 그러므로 순현재가치가 '0'이 되는 변곡점은 10%와 20% 사이 어느 지점에 있다. 이론적으로 간격을 좁혀감으로서 그 값을 찾을 수 있다. 실제로 재무계산기 혹은 인터넷 툴을 사용해서 순현재가치가 제로가 되는 지점이 14.36%라는 것을 확인할 수 있을 것이다. 그것이 바로 투자의 내부수익률이라고 하는 것이다.

내부수익률은 설명하기도, 프리젠테이션하기도 쉬운 방법이다. 왜냐하면 그것은 프로젝트의 수익을 허들레이트와 빠르게 비교하는 것을 허용하기 때문이다. 단점이라면 순현재가치법과 달리 기업의 전반적인 가치에 대한 프로젝트의 기여분을 개량화하지 못한다는 것이다. 또한 중요한 변수의 효과도 계량화하지 못한다. 다시 말해 얼마나 오랫동안 기업이 주어진 이익률을 즐길 수 있을 것인가를 계량화하지 못한다는 것이다. 경쟁하는 프로젝트들이 상이한 잔존기간을 갖고 있을 때 내부수익률을 독점적으로 사용하는 것은 높은 수익을 가져다주는 프로젝트를 선호하도록 이끌 것이다. 또한 내부수익률법은 규모의 이슈를 전달하지 못한다. 예를 들어 20%의 내부수익률은 그 수익이 어느 정도의 달러인지 말해주지 않는다. 이것은 1달러의 20%일 수도 있고, 100만 달러의 20%일 수도 있다. 이와 대조적으로 순현재가치법은 달러의 금액을 말해준다. 결론적으로 위험이 높다면 내부수익률법과 순현재가치법을 동시에 사용하는 것이 타당하다.

세 가지 방법 비교하기

여기서 우리는 두 가지 교훈을 얻을 수 있다. 한 가지는 우리가 검토한 세 개의 방법 중 어느 것에 의존하느냐에 따라 다른 결정을 내린다는 것이다. 또 다른 한 가지는 이들 방법이 충돌할 때는 순현가법이 최선의 선택이라는 것이다. 이제 또 다른 사례를 보고 그 차이가 어떻게 드러나는지 보자.

당신의 회사가 투자금 3,000달러를 갖고 있다고 해보자(금액을 적게 하는 것이 계산하기가 쉽다). 그것은 또한 상이한 유형의 컴퓨터 시스템에서 세 가지 상이한 가능성의 투자 값이 나온다는 것이다. 다음과 같다.

- **투자 A** : 3년 동안 연간 1,000달러의 현금흐름수익

- **투자 B** : 첫해 말에 3,600달러의 현금흐름수익

- **투자 C** : 3년째의 기말에 4,600달러의 현금흐름수익

기업의 요구수익률(허들레이트)은 9%이다. 그리고 이 세 가지 투자는 유사한 수준의 리스크를 갖고 있다. 만약 세 가지 투자 가운데 한 가지를 고른다면 무엇이겠는가?

회수기간법은 우리에게 최초의 투자를 회수하는데 얼마나 걸릴 것인가를 말해준다. 회수기간이 각각의 연도의 말에 발생한다고 가정하면 다음과 같다.

- **투자 A** : 3년

- **투자 B** : 1년

- **투자 C** : 3년

회수기간법에 의하면 투자 B가 명백히 승자이다. 그렇지만 우리가 순현가법으로 계산한다면 결과 값은 다음과 같다.

- **투자 A** : -469달러(마이너스다!)

- **투자 B** : 303달러

- **투자 C** : 552달러

이제 투자 A는 제외된다. 투자 C가 최선의 선택으로 보인다. 내부수익

률법에 의하면 어떻게 되는가?

- **투자 A** : 0%
- **투자 B** : 20%
- **투자 C** : 15.3%

이 과정은 흥미롭다. 우리가 내부수익률법만을 들여다보면 투자 B를 선택할 것이다. 그렇지만 순현재가치 계산은 투자 C를 선호한다. 그리고 그것이 올바른 결정일 것이다. 순현재가치법이 우리에게 보여주듯이 투자 C는 투자 B에 비해 오늘의 달러 측면에서 더 가치가 있다.

이것을 어떻게 설명해야 할까? 투자 B는 투자 C보다 높은 수익을 가져오지만 오직 1년뿐이다. 투자 C의 경우 우리는 낮은 수익을 얻지만 그 수익을 3년 동안 얻게 된다. 그리고 3년 동안에 15.3%의 이익은 1년 동안의 20% 이익보다 더 났다. 물론 만약 돈에 대한 투자수익 20%를 유지할 수 있다고 가정한다면, 투자 B가 더 나을 것이다. 그렇지만 순현재가치법은 이론적인 미래의 투자를 계산해 넣을 수 없다. 이것이 가정하는 것은 이 기업이 현금으로 9% 이익을 유지할 수 있다는 것이다. 심지어 그렇더라도 만약 우리가 투자비로 활용해서 연말에 3,600달러를 갖고 그것을 9%로 재투자한다면, 우리는 여전히 3년째의 연말에 얻는 금액이 투자 C에 비해 모자라는 상태가 된다.

그러므로 투자결정을 할 때 순현재가치법으로 계산하는 것이 타당하다. 논의와 프리젠테이션을 위해 때때로 다른 방법들을 사용하기로 결정하더라도 말이다.

수익성 지수

수익성 지수(PI ; Profitability Index)는 자본투자를 비교하는데 사용된다. 모든 기업은 결국은 한정된 자본을 갖고 있다. 대부분의 기업들은 그 자본을 여러 가지 다른 방법으로 투자할 수 있고, 각각의 투자는 상이한 금액을 요구할 것이다. 수익성 지수를 계산하면 어떤 투자가 비즈니스에 가장 가치 있는지를 볼 수 있다.

수익성 지수를 계산하자면 우리는 먼저 각각의 투자에 대한 순현재가치를 계산해야만 한다. 그리고 나서 현재가치를 얻기 위해 최초의 투자를 다시 더한다. 세 가지 사례에서 각각에 요구되는 최초의 투자금은 3,000달러였다. 투자 A는 -469달러의 순현재가치와 2,531달러의 현재가치를 갖고 있었다. 투자 B의 순현재가치는 303달러였고 현재가치는 3,303달러였다. 투자 C는 순현재가치는 552달러였고 현재가치는 3,552달러였다. 순현재가치에 관한 결과 값을 수익성 지수로 전환시키려면 현재가치를 최초의 투자금으로 나누면 된다. 계산은 다음과 같다.

- 투자 A의 수익성 지수는 2,531달러를 3,000달러로 나눈 0.84이다.
- 투자 B의 수익성 지수는 3,303달러를 3,000달러로 나눈 1.10이다.
- 투자 C 수익성 지수는 3,552달러를 3,000달러로 나눈 1.18이다.

다시 말해 투자 A는 투자된 1달러에 대해 0.84달러의 현재가치를 가져다준다. 투자 B의 경우 그것은 1.10달러이고, 투자 C는 1.18달러이다. 이 지수는 결과값에 따라 순위를 매기는 것이 가능하다. 이는 특히 상이한 수준의 투자에 요구되는 기회를 살펴볼 때 유리하다. 어떤 투자는 다른 투자에 비해 높은 순현재가치를 가져온다. 그렇지만 만약 그것이 대안에 비해 원가가 더 들어간다면 정확한 비교를 할 수 없다. 수익성 지수는 이 문제를 해결해준다.

어려운 부분

유용한 투하자본이익률(ROI) 분석의 핵심(이는 어떤 방법에서도 가장 어려운 부분이지만)은 투자에 대한 미래의 이익을 적절히 추정하는 것이다. 이 부분이 어려운 부분이고 실수가 가장 많은 부분이다. 심지어 경험이 많은 대기업에서도 이것을 어려워한다. 수지가 맞지 않는 수많은 합병과 다른 주요한 투자를 살펴보라. 나쁜 투자들은 거의 항상 프로젝트의 미래 경제적 이익에 대해 비현실적으로 예측해 전망했다.

그렇다면 어떻게 하면 이런 종류의 실수를 피할 수 있는가? 명심해야 할 것은 미래의 이익이 아니라 현금흐름에 집중해야 한다는 것이다. 이러한 집중을 유지하자면 계획을 세울 때 추가적인 분석단계를 거쳐야 한다. 이러한 추가적인 노력은 그럴만한 가치가 있다. 다음 사례를 생각해 보자. 이제 자본적 지출 분석에 좀 더 익숙해져 있으므로 우리는 실제 세계에서 대면하게 될 숫자들을 사용하게 될 것이다(여전히 단순화한 것이긴 하지만 유용하다).

3년 동안 기업의 생산능력을 증대시킬 새 공장을 지을 기회가 있다고 해보자. 이 공장은 3,000만 달러의 원가가 들어가고, 향후 4년 동안 가동될 것이다(단순하게 설명한다는 것을 잊지 마라). 또한 이 공장은 향후 3년 동안 해마다 6,000만 달러의 매출액을 발생시키는 신제품을 생산할 것이다. 그 프로젝트에 대한 추정손익계산서는 다음과 같다.

	Year 1	Year2	Year3
매출액	$60,000,000	$60,000,000	$60,000,000
재료비와 노무비	30,000,000	30,000,000	30,000,000
감가상각비	10,000,000	10,000,000	10,000,000
영업이익	20,000 000	20,000,000	20,000,000
법인세	5,000,000	5,000,000	5,000,000
순이익	$15,000,000	$15,000,000	$15,000,000

언뜻 보면 좋은 프로젝트로 보인다. 그렇지 않은가? 3,000만 달러를 투자해 3년 동안 4,500만 달러의 이익을 얻는다. 하지만 고의적으로 결정적인 점을 빠뜨렸다. 이 사례는 프로젝트로부터의 이익을 비교했다. 여러분이 기억하듯이 이익은 현금과 동일하지 않다. 이익을 현금투자와 비교하는 것은 복숭아를 바나나와 비교하는 것과 같다.

일반적으로 영업이익에서 현금을 얻어내기 위해서는 두 단계가 필요하다. 첫째는 비현금비용을 다시 더해야 한다. 예를 들어 감가상각비는 이익을 낮추는 비현금비용이지만 현금흐름에는 영향을 미치지 않는다. 둘째, 추가적인 운전자본(Working Capital)을 고려해야만 한다. 매출액 증가는 더 많은 재고자산 확보를 요구하게 되고, 이는 외상매출금 증가로 이어진다. 두 가지는 운전자본의 핵심 요소이다. 이 두 가지 투자는 현금으로 조달되어야만 할 것이다.

그러므로 이러한 새로운 매출액 증가는 새 고객에게 현재의 고객에 비해 더 나빠진 신용등급으로 물건을 팔 것을 요구한다고 가정해보자. 아마도 이들 고객으로부터 현금을 회수하는데 45일이 아니라 60일이 걸릴 것이다. 외상매출금 1,000만 달러를 3년의 기간 동안 늘릴 필요가 있을 것이다. 한편 재고자산이 추가적인 매출액을 커버하기 위해 500만 달러어치가 늘어날 필요가 있을 것이다(재무 담당자들은 이 모든 숫자들을 지난 시기 재무 상태를 근거로 추정할 수 있다. 이 사례에서 우리는 단지 그것들이 어떻게 될지를 가정할 뿐이다).

이익을 현금흐름으로 전환하자면 계산은 다음과 같다.

	Year 1	Year2	Year3
매출액	$60,000,000	$60,000,000	$60,000,000
재료비와 노무비	30,000,000	30,000,000	30,000,000
감가상각비	10,000,000	10,000,000	10,000,000
영업이익	20,000,000	20,000,000	20,000,000
법인세	5,000,000	5,000,000	5,000,000
순이익	$15,000,000	$15,000,000	$15,000,000
감가상각비 더하기	10,000,000	10,000,000	10,000,000
운전자본	(15,000,000)	0	15,000,000
순현금흐름	$10,000,000	$25,000,000	$40,000,000

이제 이 프로젝트는 좀 더 매력적으로 보인다. 이 계산은 3,000만 달러의 투자가 향후 3년 동안 7,500만 달러의 수익을 가져다준다는 것을 암시한다. 물론 이 투자가 비즈니스에 타당한지를 알아내기 위해서는 순현재가치 분석을 적용할 필요가 있다.

투하자본이익률 분석에서 악마 같은 존재는 디테일에 있음을 기억하라. 누구나 투자가 타당하게 보이도록 추정계획표를 만들 수 있다. 그래서 종종 민감도 분석(Sensitivity analysis)을 하는 것이 타당하다. 다시 말해 원래 추정계획의 80% 혹은 90%에 해당하는 미래현금흐름을 사용한 계산을 체크해봐라. 여전히 그 투자가 좋아 보이는지 살펴봐라. 만약 그렇다면 그 계산이 올바른 결정을 이끌 것이라는 것에 대해 좀 더 확신을 가질 수 있을 것이다.

우리가 알다시피 이번 27장은 아주 많은 계산을 포함하고 있다. 하지만 때때로 이 전체 프로세스가 얼마나 직관적일 수 있는지 안다면 놀랄 것이다. 최근에 조는 셋포이트사에서 재무점검 회의를 했다. 회의에서 어떤 고위 매니저가 셋포인트사의 새 기계센터에 8만 달러를 투자할 것을 제안했다. 그렇게 하면 외부 공급자에 의존하기보다 회사 내에서 부품을 생산할 수 있다는 이유였다. 조는 여러 이유로 그 제안이 내키지 않았다. 그런데 그가 말을 꺼내기 전에 공장 조립 담당 기술자가 매니저에게 다음과 같은 질문을 던졌다.

- 이 새로운 장비 덕분에 우리가 얻게 될 월간 현금흐름을 계산했습니까? 8만 달러는 많은 금액입니다.
- 지금 시기가 봄이고, 봄에는 우리 회사가 매출이 부진하며, 여름에는 현금이 빠듯하다는 것을 알고 있습니까?
- 그 기계를 운영하는데 소요되는 노무원가를 계산해봤습니까? 공장은 지금 매우 바쁩니다. 아마도 그 장비를 가동시키려면 인력을 더 고용해야만 할 겁니다.

- 우리 회사를 성장시키기 위해 그 현금을 더 나은 곳에 사용할 방법
  을 생각해봤습니까?

논의 후 매니저는 제안을 철회했다. 조립 부문의 기술자는 순현금계
산의 전문가는 아니었을 것이다. 하지만 그는 개념은 확실히 이해하고 있
었다. 직관은 그것이 작동되는 순간 위대하다. 만약 그 기술자가 그랬던
것처럼 직관으로 의사결정을 내릴 수 있다면, 혹은 다른 사람의 제안에
문제를 제기할 수 있다면 그렇게 해도 된다. 그렇지만 좀 더 크고 복잡한
프로젝트에서는 직관만으로 충분하지 않다. 분석이 필요하다. 이것이 이
번 27장에서 설명한 개념과 절차가 필요한 이유이다.

TOOL BOX

자본적 지출 분석을 위한 단계별 안내

새로운 공장에 필요한 새로운 장비를 매입하거나 혹은 새로운 마케팅 캠페인을 진행하는 것에 대해 상사와 논의하고 있다. 상사는 회의에서 다음과 같이 짧게 말하고 끝을 낸다. "좋은 의견으로 여겨집니다. 투하자본이익률(ROI)이 담긴 제안서를 나에게 써서 월요일까지 내 책상에 놓아두세요."

당황하지 말아라. 여기 여러분이 제안서를 준비할 수 있는 단계별 가이드가 있다.

1. ROI가 투하자본이익률을 의미한다는 사실을 기억하라. 이것은 "자본적 지출에 대한 분석을 준비하라"는 표현의 또 다른 말일 뿐이다. 상사는 그 투자가 그럴만한 가치가 있는지 알고 싶어하며, 그것을 지지하는 계산을 원하는 것이다.

2. 투자원가에 관해 얻을 수 있는 데이터를 수집하라. 새 장비의 경우 총원가는 매입가격, 배송원가, 설치, 공장가동 중지시간, 오류수정,

훈련, 그리고 기타 등등을 포함한다. 추정을 해야만 한다면 이 같은 사실을 주의하라. 전체 금액을 초기 현금 지출액으로 간주하라. 또한 기계의 사용연한을 결정할 필요도 있다. 쉬운 작업이 아니지만 우리는 이것에 대해 배웠다. 그 질문에 대답하기 위해 제조업자와 그 장비를 매입했던 다른 사람들과 논의할 수 있다.

3. 새 투자가 기업에게 얼마를 절약해줄 것인지, 혹은 그것이 기업이 이익을 내는데 어느 정도 도움을 줄 것인지에 관해 새 투자의 이익을 결정하라. 새 기계를 위한 계산에는 생산속도 향상, 재작업의 감소, 장비를 운영하는데 요구되는 노동력의 감소, 매출증가 같은 모든 원가절감을 포함해야만 한다. 여기에서 속임수가 있는 부분은 우리가 27장에서 보여줬듯이, 어떻게 이 모든 요소들을 현금흐름 추정으로 전환시킬 수 있느냐는 것이다. 그들은 이런 종류의 것에 훈련돼 있고 기꺼이 돕고자 할 것이다.

4. 이런 종류의 투자를 위한 기업의 허들레이트를 찾아내라. 이 허들레이트를 사용하는 프로젝트의 순현재가치를 계산해라. 또한 재무부서를 활용해야 한다는 사실을 기억하라. 그들은 자신들이 생각하기에 중요하다고 생각하는 데이터를 모아놓은 스프레드 시트를 틀림없이 갖고 있을 것이다. 그리고 그들이 원하는 방식대로 계산을 하게 된다.

5. 회수기간과 내부수익률을 계산하라(재무부서의 스프레드 시트에는 아마도 그런 것들을 포함하고 있을 것이다). 아마도 당신의 상사로부터 그것들이 어디에서 왔냐는 질문을 받을 것이다. 그러므로 그 질문에 답변할 준비가 필요하다.

6. 제안서를 작성하고 간략함을 유지하라. 프로젝트를 서술하고, 원가와 혜택을 개괄하고(재무적인 관점과 다른 관점 모두에서), 그리고 리스크를 서술하라. 그것이 어떻게 기업의 전략과 경쟁적 상황에 적합한지를 논의하라. 그다음에 여러분의 제안을 내놓아라. 만약 어떻게 그 결과에 도달했는지에 관한 질문이 있을 경우 순현재가치법, 회수기간법, 그리고 내부수익률법에 의한 계산을 포함시켜라.

매니저들이 자본적 지출에 관련된 제안서를 제출할 때 정도가 넘치는 경우가 가끔 있다. 아마도 인간의 본성 때문일 것이다. 우리 모두는 새로운 것을 좋아하며, 투자가 좋아 보이도록 숫자를 만드는 것은 매우 쉽다. 그렇지만 보수적이고 신중해야 한다. 그 추정이 좋아 보이는 지점이 어디인지, 생각하기에 불확실한 지점이 어디인지를 확실히 설명하라. 민감도 분석을 해서 현금흐름이 원하는 수준으로 현실화하지 않을 경우라도 그 추정이 타당하다는 것을 보여줘라. 보수적인 제안서는 돈을 지원받을 수 있게 해주며, 장기적으로는 기업의 가치를 높여주는 것이다.

한 가지 더 말할 부분이 있다. 가끔은 이러한 분석을 하기 위해 시간과 노력을 들이는 것이 가치가 없을 때가 있다. 예를 들어 고위 경영진이 이미 내린 결정을 정당화하기 위해 근거를 요구하는 것이다. 그러한 것은 분석을 위한 포인트가 없다. 그 일에서 빠져나오지 않는 한, 숫자가 '옳은' 것으로 드러날 때까지 가정과 추정을 '조작'해야만 할 것이다.

작은 소프트웨어 기업(연매출액 5,000만 달러 미만)이 있다. 이 회사가 회사 전용 제트 항공기를 매입하기로 결정했다. 오너는 회계 담당자에게 회사 항공기가 경제적 관점에서 타당함을 증명하는 ROI 분석을 요구했다.

회계 담당자의 결과 값이 기업의 규모에 비해 합리적이지 않은 것으로 나오자 오너는 '새로운' 정보를 토대로 다시 분석하도록 요청했다. 그러나 그 결과 값은 여전히 제트 항공기 값을 정당화하지 못했다. 그리 신경 쓸 필요는 없지만, 우리는 그 오너가 결국 대량판매 마감을 기다렸다가 제트 항공기 매입계획을 세웠다는 소문을 들었다.

어떤 투자는 생각할 필요조차 없고 자세한 분석을 요구하지 않는 경우도 있다. 조의 회사인 셋포인트사 엔지니어들은 프로젝트를 진행할 때 하루에 수백 달러의 매출총이익을 창출한다. 만약 엔지니어의 CAD시스템이 고장 났다면 그는 그 이익을 창출할 수 없다. 컴퓨터가 노후화돼 주기적으로 고장 난다고 상상해보라. 일 년에 며칠 동안 그것이 고장 난다면 기업은 수천 달러의 이익을 포기해야 하는 것이다. 반면 새 컴퓨터의 원가는 4,000달러이다. 이 경우 새 컴퓨터가 그 금액만큼의 가치가 있는지는 계산할 필요가 없다.

자본비용 계산하기

기업이 자본예산을 분석할 때 이자율이나 할인율을 어떻게 결정할까? 이 질문에 대답하기 위해서는 자본비용(Cost of capital)을 계산할 필요가 있다. 자본비용은 복잡한 계산일 수 있으며, 기업에 관해 몇 가지 사실들을 알아낼 필요가 있다. 다음과 같은 것들이다.

• 기업이 운영을 위한 자금을 조달하는데 사용하는 부채와 자본의 비

율은 무엇인가?

- 기업의 주식의 변동성은 어느 정도인가?
- 기업의 부채에 대한 전반적인 이자비용은 얼마인가?
- 시장에서의 일반적인 이자율은 얼마인가?
- 기업의 현재 법인세율은 얼마인가?

이러한 질문들에 대답하다 보면 투자를 정당화하는데 요구되는 최소한의 수익 혹은 이자율을 결정할 수 있다. 예를 들어보자. 우리는 앞의 질문들에 대한 해답을 다음과 같은 것으로 가정할 것이다.

- 이 기업은 운영을 위해 조달되는 자금을 30%의 부채와 70%의 자기자본으로 하고 있다(이 비율을 재무상태표에서 얻어낼 수 있다).
- 이 기업의 주가의 변동성은 베타로 측정되는데 1.25이다(배타는 주식의 변동성을 시장 전체의 변동성과 비교해 측정한다. 일반적으로 시장과 더불어 오르고 내리는 주식은 수많은 제조기업과 마찬가지로 1.0에 근접한 베타 값을 갖고 있다. 좀 더 변동성이 큰 기업들은 시장보다 더 오르고 내리는 경향이 있는데 이들 기업의 베타 값은 약 2.0이다. 그리고 전기설비 기업 같은 시장과 비교해 안정적인 기업들의 베타 값은 약 0.65이다. 베타 값이 높을수록 그 주식은 투자자들이 보기에 위험이 높은 것이다).
- 이 기업의 부채에 대한 평균이자율은 6%이다.
- 미 재무부 채권의 무위험 이자율은 3%이다. 주식시장에서의 전형적인 투자는 11% 수익을 가져올 것으로 기대된다.
- 이 기업의 법인세율은 25%이다.

이 정보를 바탕으로 우리는 기업의 가중평균자본비용(WACC ; Weighted Average Cost of Capital)을 결정할 수 있다. 다시 말해 30:70의 비율로 가중평균된 부채와 자본의 비율을 계산할 수 있다. WACC는 기업이 채권자, 오너, 그리고 이 기업에 자본을 제공한 다른 모든 사람을 만족시키기 위해 벌어들여야만 하는 최소한의 수익이다.

첫 번째 단계는 부채를 계산하는 것이다. 부채에 대한 이자는 세금이 공제되므로, 우리는 세후원가를 계산하기 위해 이자율과 법인세 모두를 들여다볼 필요가 있다. 여기 그 공식이 있다.

부채비용 = 부채에 대한 평균 이자비용 × (1 − 법인세율)

그러므로 이 기업에 대한 부채비용은 다음과 같다.

부채비용 = 6% × (1.00 − 0.25) = 4.5%

다음 단계는 베타 값과 시중이자율을 사용해 기업의 자본비용을 계산하는 것이다. 여기 그 방정식이 있다.

자본비용 = 무위험 이자율 + 베타 × (시장이자율 − 무위험 수익률)

이 사례의 경우는 다음과 같다.

자본비용 = 3% + 1.25 × (11% − 3%) = 13%

앞의 분석은 이 기업이 세후 부채비용이 4.5%이고 자본비용은 13%임을 보여준다. 마침내 우리는 이 기업이 30%의 부채와 70% 자본임을 알게 되었다. 그러므로 가중평균자본비용(WACC)은 다음과 같다.

$$(0.3 \times 4.5\%) + (0.7 \times 13) = 10.45\%$$

기업이 자신의 투자에 대해 얻어야만 하는 최소한의 수익은 10.45%이다. 이것이 이 기업의 자본사용을 정당화하는 수익률이다.

이 숫자를 보면 다음과 같은 질문을 던질 것이다. 왜 낮은 부채비용을 더 많이 사용하고 높은 자본비용을 덜 사용하지 않는가? 그렇게 하면 기업의 자본비용이 낮아지지 않는가? 그럴 수 있다. 또한 그렇지 않을 수도 있다. 부채를 더 많이 떠안으면 리스크가 더 증가한다. 이러한 인지된 리스크는 주식시장에서의 베타 값을 높여주고 그리하여 자본비용을 더 높일 것이다. 추가적인 리스크는 채권자에게 더 높은 수익을 요구하도록 종용하게 된다. 이러한 증가는 부채의 증가로 인해 발생하는 이익을 갉아먹는다.

기업의 재무그룹은 가중평균자본비용을 최소화하기 위한 부채와 자본의 올바른 조합을 결정해야만 한다. 이 조합을 정확히 알아내는 것은 어렵다. 그리고 그것은 이자율과 인지된 리스크가 변화하면 덩달아 변한다. 만약 재무 담당자들이 그 비율을 올바르게 한다면 그들은 확실히 자신들의 보수를 유지할 수 있을 것이다.

가중평균자본비용은 종종 기업이 자신의 자본투자에서 벌어들이는 최소한의 수익으로 여겨진다. 많은 대기업들은 해마다 자신들의 가중평균자본이용을 점검평가하며, 그것을 순현재가치와 다른 자본예산의 계산을 위한 허들레이트 설정의 벤치마킹으로 사용한다. 실제 결정에서 기업들은 종종 오차를 감안해 가중평균자본비용보다 2~3포인트를 더한다.

경제적 부가가치와 경제적 이익 조합하기

경제적 부가가치(EVA ; Economic Value Added)와 경제적 이익(EP ; Economic Profit)은 기업의 재무적 성과를 평가하는 척도로 광범위하게 사용되고 있다. 이 둘은 거의 같은 것을 측정한다. 하지만 계산법은 약간 다르다.

지금까지 우리가 아는 바로는, 경제적 부가가치는 사실상 컨설팅 회사의 등록상표로서 유일한 평가 척도이다(이것은 뉴욕의 스턴 스튜어트사가 소유하고 있다). 여기에 내재된 아이디어는 다음과 같다. 기업은 어떤 자본에 대한 리스크가 조정된 이익이 동일한 자본을 다른 곳에 투자했을 때 얻을 수 있는 것보다 더 많을 경우에만 주주들에게 이익을 가져다준다는 것이다.

경제적 부가가치와 경제적 이익을 계산하기 위해서는 총자본이익률 (ROTC ; Return on Total Capital)을 계산하는 것부터 시작해야 한다. 그러고 나서 가중평균자본비용을 차감한다. 이 두 가지 지표를 옹호하는 사람들은 기업이 자본, 부채 혹은 자본과 부채를 조합해 사용하건 그렇지 않건 간에 영업자산을 매입하는데 들어가는 원가를 감당해야만 한다는 점을 지적한다. 기업의 진짜 이익을 이해하기 위해서는 이러한 원가를 계산해 넣어야만 한다.

우리는 앞에서 사용했던 것과 똑같은 사례를 들여다볼 것이며, 어떻게 그 기업이 이들 지표에 의해 어떻게 작동하고 있는지를 볼 것이다. 이 기업의 가중평균자본비용이 10.45%였음을 기억하라. 우리는 또한 21장의 사례에서와 마찬가지로 이 기업의 총자본이익률이 9.6%였다고 말할 것이다. 경제적 부가가치의 공식은 다음과 같다.

경제적 부가가치 = 총자본이익률(ROTC) − 가중평균자본비용(WACC)

그러므로 우리 기업의 경우 그 값은 다음과 같다.

경제적 부가가치 = 9.6% − 10.45% = −0.85%

간단히 말해 이 기업의 경제적 부가가치는 마이너스이다. 자본공급자들이 일반적으로 기대하는 것보다 거의 1% 포인트 낮은 수익을 번다. 만약 이 기업의 경제적 부가가치가 계속해서 마이너스라면 주주와 채권자들은 다른 기업을 찾을 것이다.

이제 경제적 부가가치가 마이너스인 것이 경제적 이익에는 어떤 의미가 있는지를 들여다보자. 경제적 이익은 경제적 부가가치의 퍼센트를 달러 액수로 변환한 것이다. 경제적 부가가치에 21장에서 보여준 계산법대로 계산된 자본총계를 곱하기만 하면 된다. 그러므로 만약 21장의 사례에 나온 것처럼, 이 기업에 투자된 자산총계가 36억 4,600만 달러라면 그 계산은 다음과 같다.

$$경제적\ 이익 = -0.85\% \times 36억\ 4,600만\ 달러 = -\ \$30,991,000$$

자본의 공급자들이 기업으로부터 합리적으로 기대하는 것보다 3,100만 달러가 모자르다.

다음 해는 어떤가? 만약 이 기업의 성과가 개선되고 12%의 ROTC를 성취한다고 해보자. 하지만 가중평균자본비용(WACC)은 이자율의 감소 때문에 9.5%로 떨어진다. 유일하게 동일한 숫자는 자본총계이다. 이제 이 기업의 경제적 부가가치는 12%에서 9.5%를 차감한 2.5%이다. 그리고 이 기업의 경제적 지수는 2.5%에 36억 4,600만 달러를 곱한 9,115만 달러이다. 이것은 상당한 개선이며 자금공급자들은 의심할 바 없이 행복할 것이다.

Part 7
재무제표를 한걸음 더 깊이
들여다본다는 것

28
재무상태표 관리의 마법

'재무상태표 관리'라는 표현을 이 책에서 여러 번 언급했다. 이제 우리는 어떻게 그것을 진행하는지 깊게 파헤치려고 한다. 이유는 무엇인가? 현명한 재무상태표 관리는 재무의 마법과 유사하다. 그것은 기업에게 재무적 성과를, 심지어 매출액을 늘리거나 원가를 낮추지 않고서도 개선하게 해준다. 좀 더 나은 재무상태표 관리는 기업이 인풋(Inputs)을 아웃풋(Outputs)으로 바꾸고, 궁극적으로는 인풋을 현금으로 바꾸는 것을 효과적으로 도와준다. 그것은 현금전환주기를 가속화시킨다. 현금전환주기(Cash Conversion Cycle)라는 개념은 우리가 파트 7의 후반부에서 다룰 것이다. 좀 더 많은 현금을 더 빠른 시간에 창출할 수 있는 기업은 다음 행보를 할 때 선택의 폭이 넓다. 이런 기업은 외부 투자자나 채권자에게 의지하지 않게 된다.

회사의 재무부서는 궁극적으로 재무상태표 대부분을 관리하는 책임을 지고 있다. 그들은 얼마만큼의 금액을 어떤 조건으로 빌려야 하는지를 계산하고, 필요할 경우 자본투자를 조정하고, 또 기업의 전반적인 자산과 부채를 관찰하는 책임을 지고 있다. 하지만 비 재무부서의 매니저들은 재무상태표에 있는 어떤 핵심 아이템에 커다란 영향을 미친다. 이 아이템은 '운전자본(Working Capital)'으로 알려져 있다. 운전자본은 재무지능의 발전과 적용을 위한 핵심영역이다. 일단 이 개념을 파악한다면 재무부서와 고위 매니저들의 중요한 파트너가 될 것이다. 운전자본 관리를 잘하는 방법을 배우면, 회사의 수익성과 현금 포지션 두 가지에 강력한 영향력을 미치게 된다.

운전자본의 구성요소

운전자본은 현금, 재고자산, 그리고 외상매출금에서 기업이 단기적으로 빚지고 있는 모든 것을 차감한 것이다. 이것은 재무상태표에서 곧바로 얻을 수 있다. 다음의 공식이다.

운전자본(Working Capital) = 유동자산 – 유동부채

물론 이 방정식은 좀 더 분해될 수 있다. 우리가 들여다봤듯이 유동자산은 현금, 외상매출금, 그리고 재고자산 같은 아이템들을 포함한다. 유동부채는 외상매입금과 다른 단기적 채무를 포함한다. 그렇지만 이것들은 재무상태의 별개 아이템들이 아니다. 이것들은 생산사이클의 상이

한 단계와 운전자본의 상이한 형태를 나타낸다.

이를 이해하기 위해 어느 작은 제조기업을 생각해보자. 모든 생산사이클은 운전자본의 첫 번째 요소인 현금에서 시작된다. 기업은 현금을 갖고 약간의 원재료를 매입한다. 이는 원재료 재고자산을 만들어내는데, 이는 운전자본의 두 번째 요소이다. 원재료는 생산과정에 사용되며, 그리하여 재공품 재고자산을 창출하며, 결국에는 완제품 재고자산이 된다. 이것들 역시 운전자본 '재고자산'의 일부 요소이다. 결국 기업은 제품을 고객에게 판매하고 이는 운전자본의 세 번째이자 마지막 구성요소이다. 서비스 기업의 경우 사이클은 유사하지만 보다 단순하다.

예를 들어 우리가 운영하는 교육기관(저자들이 운영하는 비즈니스 능력 인스티튜트)은 기업의 임직원들을 훈련시키는 사업을 한다. 우리 기업의 영업사이클은 원재료(수강생)의 훈련개발에서 시작해 클래스를 훈련시키고 최종적으로 청구서를 회수하기까지 요구되는 시간과 관련돼 있다. 우리가 프로젝트를 끝내고 현금을 회수하는 것을 좀 더 효과적으로 끝낸다면, 수익성과 현금흐름은 보다 더 건강해질 것이다. 서비스 기업이 돈을 버는 최선의 방법은 서비스를 더 빠르게, 더 잘 제공하고, 그리고 현금을 가능한 빨리 회수하는 것이다.

이 사이클의 전 과정에 걸쳐 운전자본 형태는 바뀐다. 하지만 대출이나 자본투자에 의한 자금조달 같은 좀 더 많은 현금이 시스템에 들어오지 않는 한, 바뀌지 않는다.

 운전자본Working capital

운전자본은 기업운영에 필요한 돈이다. 회계사들은 일반적으로 운전자본을 기업의 현금, 재고자산, 외상매출금을 더한 값에서 단기부채를 빼서 구한다.

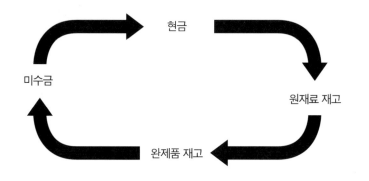

운전자본과 생산사이클

현금

원재료 재고

완제품 재고

미수금

물론 기업이 외상으로 매입하면 현금의 일부는 온전하게 남게 된다. 여기에 대응하는 '외상매입금'이 재무상태표의 부채 쪽에 생긴다. 그러므로 기업 운전자본의 정확한 그림을 얻기 위해서는 세 개의 다른 요소들부터 제거해야 한다.

운전자본 계산하기

기업들은 일반적으로 운전자본을 계산할 때 세 개의 중요한 요소를 들여다본다. 그것은 외상매출금, 재고자산, 외상매입금이다. 이들 요소 중 하나라도 변하면 운전자본을 다음과 같이 늘어나거나 줄어든다.

- 외상매출금(Account receivable)은 고객의 매입에 관련된 자금을 조달하기 위한 현금의 사용이다. 그러므로 외상매출금의 증가는 운전자본을 늘린다.

- 재고자산(Inventory)은 고객에게 판매하기 위한 재고자산을 매입하고 저장하기 위한 현금의 사용이다. 그러므로 재고자산의 증가는 또한 운전자본을 늘린다.
- 외상매입금(Account payable)은 다른 사람에게 빚진 돈이다. 그러므로 외상매입금의 증가는 운전자본을 줄인다.

운전자본을 이해하고 운영하기 위해 우리가 이미 논의했던 몇 가지 비율을 사용할 수 있다. 예상했듯이 이들 비율은 모두 외상매출금, 재고자산, 외상매입금을 측정한다. 매출채권 회전기간(DSO ; Days Sales Outstanding)은 기업이 매출을 현금화하기까지 소요되는 평균시간을 측정한다. 그러므로 매출채권 회전기간을 줄이면 기업은 운전자본을 줄이게 된다. 재고자산 회전기간(DII ; Days In Inventory Outstanding)은 시스템에서 재고자산이 머물러 있는 날짜이다. 재고자산에는 비용이 들기 때문에 재고자산 회전기간을 줄이면 운전자본을 줄일 수 있다. 이제 세 번째 측정도구가 무엇인지 추측했을 것이다. 그것은 매입채무 회전기간(DPO ; Days Payable Outstanding)이다. 만약 매입채무 회전기간을 늘리면(다시 말해 청구서를 늦게 결재하면) 운전자본을 줄이게 된다. 우리는 운전자본의 이같은 요소들을 관리하는 것을 29장과 30장에서 논의할 것이다.

전반적으로 기업에 적합한 운전자본은 얼마인가? 이 질문에 대답하기는 쉽지 않다. 모든 기업은 자신의 비즈니스를 수행하기 위해 넉넉한 현금과 재고자산을 필요로 한다. 기업 규모가 크면 클수록, 그리고 빠르게 성장하면 할수록 더 많은 운전자본이 필요할 것이다. 그렇지만 진짜 난관은 운전자본을 효과적으로 사용하는 것이다. 비 재무부서의 매니저들이 진짜로 영향을 미칠 수 있는 운전자본의 세 가지 계정과목은 외상매출금, 재고자산, 그리고 매입채무(범위를 좁히면)이다. 우리는 각각을 차례로 다룰 것이다.

그렇지만 우리가 이 작업을 하기 전에 이 모든 계산에서 얼마나 많은 '기술'이 개입돼 있는가를 물어볼 필요가 있다. 이 경우 최선의 대답은 아마도 "일부는 그럴 것이다"이다. 현금은 단단한 숫자이며 쉽게 조작되지 않는다. 미수금과 미지급금도 상대적으로 단단하다. 재고자산은 그렇게 단단하지 않다. 다양한 회계기술과 가정은 기업이 재고자산을 상이한 방법으로 평가하도록 허용한다. 그러므로 기업의 운전자본 계산은 어느 정도까지는 그 기업이 따르고 있는 규칙에 달려 있다. 하지만 일반적으로 운전자본 수치는 우리가 앞서 배웠던 많은 숫자들만큼 재량과 판단에 좌우되지는 않는 것으로 여겨진다.

대부분의 기업들은 자신들의 현금을 고객들이 제품이나 서비스를 구매할 수 있도록 외상으로 제공하는데 사용한다. 그것이 재무상태표의 외상매출금인데, 외상매출금은 고객들이 특정 시점에 빚진 금액으로 고객들이 그 전에 구매한 것의 가치에 근거한다.

우리가 5장에서 보았듯이 외상매출금을 측정하는 핵심지표는 매출채권 회전기간(DSO ; Days Sales Outstanding)이다. 다시 말해 기업이 외상매출금을 회수하기까지 걸리는 날짜이다. 매출채권 회전기간이 길면 길수록 기업 운영에 요구되는 운전자본은 증가한다. 고객들은 아직 지불되지 않은 제품이나 서비스 형태로 현금을 보유하고 있는데, 이는 기업이 재고자산을 구입하거나 더 많은 서비스 등을 제공하는 데 현금을 사용하지 못하는 결과를 초래한다. 반대로 매출채권 회전기간이 짧을수록 그 기업을 운영하는 운전자본은 감소한다. 그러므로 좀 더 많은 사람들이 매출채권 회전기간을 이해하고 그것을 낮추게 된다면, 기업이 자유롭게 사용할 수 있는 잉여현금은 증가한다.

매출채권 회전기간 관리하기

매출채권 회전기간을 이해하는 첫 번째 단계는 그것이 무엇이고 그것이 어느 방향으로 향하고 있는가를 이해하는 것이다. 만약 그것이 정상 수준보다 높고 증가추세라면(그것은 거의 언제나 그런 것처럼 보인다) 매니저들은 질문을 해야 한다.

예를 들면 생산과 연구개발 부서의 매니저들은 고객들이 청구서에 대한 대금을 덜 지급하게 만드는 문제가 제품에 있는지를 스스로에게 물어봐야만 한다. 기업은 고객들이 원하고 기대하는 것을 판매하고 있는가? 배송에 문제가 있는가? 품질 문제와 배송지연은 대금지급을 지연시키는 효과를 불러일으킨다. 배송지연으로 고객들은 언짢아 하게 되며, 그래서 대금지급을 늦출 결심을 하기 때문이다. 품질확인, 마케팅연구, 제품개발 등에 속한 매니저들은 외상매출금에 영향을 미친다. 서비스기업의 경우 배송 이외의 업무를 맡은 직원들도 똑같은 질문을 스스로에게 던질 필요가 있다. 만약 서비스기업의 고객들이 자신들이 얻는 것에 대해 만족하지 않는다면, 그들 역시 대금지급에 늦추려고 할지 모른다.

고객을 대면하는 매니저들(이들은 주로 판매와 고객서비스를 담당)은 똑같은 질문을 던져야만 한다. 우리의 고객들은 건강한가? 우리 산업에서 대금을 지급하는 표준방식은 무엇인가? 그들은 대금을 빠르게 혹은 늦게 지급하는 지역에 있는가? 판매 담당직원은 고객을 처음 접하는데, 그래서 고객들의 재무적 건강에 관해 관심을 가장 먼저 파악할 수 있는 사람들이다. 매출이 한 번 일어나면 고객서비스 담당자는 체크판을 집어 들고 무슨 일이 벌어지는지 배울 필요가 있다. 고객의 가게에서 무슨 일이 벌어지고 있는가? 초과근무를 하고 있는가? 그 회사가 직원들을 해고하고 있는가? 한편 판매 담당자들은 신용판매와 고객서비스를 담당하는 직원들과 협업할 필요가 있는데, 그럼으로써 모든 사람들이 대금지급조건을 이해하고 언제 고객들이 늦는지 눈치채게 될 것이다. 우리가 함께 일을 한 어떤 회사에서는 배송담당 직원들이 고객들의 상황에 대해 가장 잘 알았는데, 그것은 그들이 설비 근처에 있었기 때문이다. 그들은 고객들의 비즈니스에 관련된 이슈인 것처럼 보이는 일이 발생했을 때 판매와 회계 담당 부서에 경고를 해줬다.

신용(외상판매)담당 매니저들은 외상조건이 기업에게 좋은 것인지와 고객들의 외상이력이 적합한지를 물어볼 필요가 있다. 그들은 기업들이 제공하는 신용판매조건이 너무 쉬운지 혹은 너무 어려운지에 관한 판단을 할 필요가 있다. 매출액을 늘리는 것과 신용이 나쁜 사람에게 신용을 제공하는 것 사이에는 항상 반비례 관계가 있다. 신용판매담당 매니저들은 자신들이 제공하려고 하는 조건을 명확하게 정해놓을 필요가 있다. 30일 후 지불조건은 만족스러운가? 혹은 60일 지급조건을 허용해야만 하는가? 그들은 고객이 일찍 대금을 지급할 경우 할인제공과 같은 전략을 결정할 필요가 있다. 예를 들어 '2/10 net 30'은 만약 고객들이 자신들의 대금을 10일 이내에 지급한다면 2%의 할인을 제공하고, 30일을 기다려야 한다면 할인이 없는 조건을 의미한다. 때때로 1% 혹은 2%의 할인은 악전고투하고 있는 기업들이 외상매출금을 현금화하는데 도움을 주며, 매출채권 회전기간을 낮춰준다. 그렇지만 수익성을 갉아먹으면서까지 그렇게 하라는 것은 아니다.

우리는 고객에게 신용을 제공하는 이슈에 관해 단순하고 고유한 접근법을 사용하는 작은 기업을 알고 있다. 이 기업은 자신들이 원하는 특성을 파악하고 있었으며 이상적인 고객을 "밥"이라고 부르고 있었다. 이상적인 고객 밥의 특징은 다음과 같다.

- 그는 대기업에서 일한다.
- 그의 기업은 대금지급을 적시에 하는 것으로 유명하다.
- 그는 제공된 제품을 잘 관리하고 이해할 수 있다(이 기업은 복잡하고 기술집약적인 제품을 생산한다).
- 그는 지속적인 관계를 원하고 있다.

만약 새 고객이 이 기준을 충족시킨다면 이 작은 기업으로부터 신용을 얻을 것이다. 그렇지 않으면 신용을 얻지 못할 것이다. 이러한 정책을 운영한 결과, 기업은 매출채권 회전기간을 꽤 낮추고 추가적인 자본투자 없이 성장할 수 있었다.

이 모든 결정들은 외상매출금과 운전자본에 큰 영향을 미친다. 그리고 사실 그것들은 어마어마한 영향을 미칠 수 있다. 심지어 매출채권 회전기간이 하루만 감소해도 대기업은 하루에 수백만 달러를 절약할 수 있다. 예를 들어 24장에 있는 매출채권 회전기간의 계산법을 체크해봐라. 그러면 샘플기업의 하루 매출액이 무려 2,400만 달러임을 주목하게 될 것이다. 이 기업 매출채권 회전기간을 55일에서 54일로 줄인다면, 현금은 2,400만 달러가 늘어난다. 이 현금은 다른 곳에 사용할 수 있다.

재고자산 관리하기

많은 매니저들은(컨설턴트도 마찬가지이다) 요즘 재고자산에 집중하고 있다. 그들은 재고자산을 가능한 줄이기 위해 작업을 한다. 그들은 린 제조(Lean manufacturing), 적시(JIT, Just-in-Time) 재고경영, 경제적 발주량(EOQ, Economic Order Quantity) 같은 유행어를 상용한다. 이 모든 것들에 대한 관심이 쏠리는 것은 정확히 우리가 여기서 말하는 것인 재고자산 때문이다. 재고자산을 효과적으로 경영하면 많은 현금을 해소시킴으로써 운전자본을 효과적으로 감소시킨다. 물론 재고경영에서의 어려운 점은 재고자산을 제로로 줄일 수는 없다는 것이다. 그렇게 되면 수많은 고객들이 불만족스러워할 것이다.

관건은 재고자산을 최소 자산으로 유지시키는 동시에 모든 원재료와 부품이 필요할 경우 이용이 가능하고, 모든 제품이 고객이 원할 때 곧바로 판매될 수 있어야 한다는 것이다. 제조기업은 지속적으로 원재료를 주문하고 제품을 만들고 그 제품을 고객에게 배송할 수 있는 상태로 유지할 필요가 있다. 도매업자와 소매업자는 재고품을 주기적으로 보충할 필요가 있고, 공포의 '품절상품(Stockout)'을 피해야 한다. 그렇지만 재고자산의 모든 아이템들은 현금을 갉아먹는다. 이는 현금이 다른 목적으로 사용될 수 없음을 의미한다. 고객을 만족시키면서 동시에 현금소진을 최소화시키는 재고자산이 정확히 얼마인지는 수백만 달러짜리 질문이다(바로 그래서 수많은 컨설턴트가 존재하는 것이다).

재고자산을 관리하는 기술은 이 책의 범위를 벗어난다. 그렇지만 우리는 다양한 분야의 매니저들이 기업의 재고자산 활용에 영향을 미친다는 사실을 강조하고 싶다. 이는 모든 매니저들이 운전자본 요구량을 줄이는데 영향을 미칠 수 있음을 의미한다. 예를 들면 다음과 같다.

- 판매 담당 직원들은 고객들이 정확히 원하는 것을 갖고 있다고 고객들에게 말하기를 좋아한다. 전통적인 페인트 작업? 문제없습니다. 부가서비스? 문제없습니다. 그렇지만 이 모든 부가조건은 좀 더 많은 재고자산을 요구하며, 이는 또한 좀 더 많은 현금을 의미한다. 고객들은 틀림없이 만족할 것이다. 이러한 상식적인 요구는 재고자산에 돈이 들어간다는 사실과 균형을 맞춰야만 한다. 판매 담당자들이 부가적인 조건이 제한된 표준제품을 판매할수록 그들의 기업이 부담해야 하는 재고자산은 줄어든다.
- 엔지니어들은 동일한 부가서비스를 좋아한다. 사실상 그들은 끊임없이 기업의 제품을 버전 2.54에서 2.55로 교체하는 식으로 개선하기 위해 일한다. 이것은 칭찬받을 만하지만 재고자산 요구량과 균형이 맞춰줘야만 하는 것이다. 제품버전의 증가는 재고관리의 부담을 가져다준다. 제품라인이 소수이고 쉽게 교체되는 옵션으로 유지된다면 재고자산은 줄어들 것이며 재고관리는 덜 힘든 일이 될 것이다.
- 생산부서는 재고자산의 큰 영향을 미친다. 예를 들어 기업의 가동

중지시간 비중은 얼마인가? 빈번한 고장은 기업에게 더 많은 재공품(Work-in-process) 재고와 더 많은 완제품 재고를 부담시킨다. 그리고 전환교체에 들어가는 평균시간은 얼마인가? 특별한 파트를 얼마나 지을 것인가에 관한 의사결정은 재고자산 요구량에 커다란 영향을 미친다. 심지어 공장배치도 재고자산에 영향을 미친다. 효율적인 공장에서의 효과적으로 디자인된 제품생산 흐름은 재고자산 필요량을 최소화한다.

미국의 공장들은 엄청난 금액의 운전자본을 잡아먹는 기반 위에서 가동되고 있다는 사실을 알아둘 필요가 있다. 거래가 부진할 때도 기업들은 공장 효율성 유지를 위해 제품을 계속 찍어낸다. 공장 매니저들은 단위원가를 낮추는 것에만 집중한다. 왜냐하면 그 목표는 오랫동안 그들의 머릿속에 주입돼 있어서, 그것에 대해 더 이상 의문을 품지 않기 때문이다. 그들은 단위원가를 낮추라는 말을 들어 왔고 그 대가로 급여(보너스)를 받아 왔다.

비즈니스가 순조롭게 흘러간다면 이 목표는 완벽하다. 단위원가를 낮게 유지하는 것은 효과적인 방법으로, 모든 제품의 원가를 관리하는 단순한 방법이다(이것은 오직 손익계산서에만 집중하는 오래된 접근법이며, 어느 정도는 괜찮은 것이다). 그렇지만 수요가 부진해지면 공장 매니저는 단위원가는 물론이고 기업의 현금을 고려해야만 한다. 이러한 상황에서 공간을 차지할 재고자산을 찍어내고 있는 것이다. 팔리지 않을 제품을 만드는 것보다 차라리 책을 읽는 것이 났다.

기업은 현명한 재고관리를 통해 어느 정도를 절약할 수 있을까? 우리가 사례로든 기업을 다시 한 번 들여다보자. 재고자산 회전일수를 단 하루만 줄여도, 예를 들어서 74일을 73일로 줄이기만 해도 거의 1,900만 달러의 현금을 늘리게 된다. 어느 대기업이든 재고관리를 개선한 것만으로도 수백만 달러의 현금을 절약할 수 있으며, 그렇게 하면 운전자본 요구량을 줄이게 된다.

30
현금회전 들여다보기

　이번 장에서 우리는 현금회전주기(Cash Conversion Cycle)를 배울 것이다. 현금회전주기는 기업이 얼마나 효율적으로 현금을 회수하는가를 측정한다. 그렇지만 여기에는 우리가 먼저 고려해야만 할 부분이 있다. 기업이 거래처에 빚지고 있는 돈을 얼마나 빨리 상환하기로 결정하느냐는 것이다.

　외상매입금은 참으로 어려운 것이다. 이것은 재무가 철학과 만나는 지점이다. 재무적 관점만 생각하면 매니저는 매입채무 회전기간을 최대한 늘려서 기업의 현금을 보존하게 된다. 이 비율의 변화는 우리가 논의했던 다른 지표의 변화만큼이나 강력하다. 예를 들어 우리의 샘플기업에서 매입채무 회전기간을 단 하루만 늘려도, 이 기업의 현금 잔액은 약 1,900만 달러가 늘어난다.

　현금흐름을 늘리고 운전자본을 줄이는 방편으로 매입채무 회전기간을 빈번하게 활용하는 기업들이 많다. 예를 들어 2008년부터 그다음 해까지 경기침체가 이어지던 금융위기 기간에 많은 기업들은 현금을 보존하려는 전략으로 매입채무 회전기간을 늘렸다. 포춘 50대 기업에 속하는 어느 기업은 공급처에 120일이 지나 현금을 지급할 것이라고 말했다.

이것은 일반적인 시기에 좋은 전략인가? 혹은 포춘 50대 기업에 속하지 않는 기업에게도 좋은 전략인가? 이 전략은 측정하기가 대단히 어려운 잔여원가를 수반하고 있다. 확실히 재무팀은 매입채무 회전기간을 60일에서 70일로 늘림으로써 현금이 얼마나 창출되는지 측정할 수 있다. 대기업에게는 상당한 금액일 수 있다. 그렇다면 연성비용(Soft Cost, 제품을 생산하면서 들어가는 수치화하기 어려운 간접비용)은 어떤가? 현금대금지급을 미루는 기업은 핵심 공급자를 몰아붙이는 꼴이 되고 말 것이다. 공급업체는 그들이 준비해야 하는 추가적인 자금조달비용을 만회하기 위해 가격을 올릴 것이다. 그것은 배송시간을 늦추고 품질저하를 초래할 것이다. 공급업체는 자신들이 쥐어짜내진다는 느낌을 받을 것이고, 자신이 할 수 있는 한 이 문제를 대처하려고 할 것이다. 일부 공급업체는 그 기업과의 거래를 거절할 수도 있다.

또 다른 실제적인 고려사항은 던 앤드 브래드스트리트(Dun & Bradstreet)라는 평가이다(미국 뉴저지에 있는 컨설팅 전문 기업으로 기업 마케팅, 재무구조, 체인관리 업무 등을 컨설팅한다). 이 기업은 기업의 대금지급기록을 평가기준으로 삼는다. 지속적으로 대금지급을 늦게 하는 조직은 나중에 대출을 받을 때 어려움을 겪게 될 것이다.

저자 중 한 명인 조의 사례를 들어보겠다. 조가 초기에 근무했던 셋포인트사의 설립자는 조에게 'net 30'은 정확히 30일이라고 말했다. 셋포인트사는 항상 정확히 30일째에 공급업체에게 지급했다. 이 설립자는 이전에 번번히 매입채무를 100일 이상 지연시키는 회사에서 일했는데, 회사의 엔지니어들은 회사가 대금을 지급하기 전에는 중요한 프로젝트에 사용될 부품을 공급업체에서 얻을 수 없었다. 이것은 프로젝트를 지연시켰고, 프로젝트 완성에 기반한 매출액은 지급이 늦춰졌다. 상황은 점점 나빠졌다. 이러한 경험 때문에 셋포인트사의 설립자는 자신들의 사업에서는 절대 그러한 상황을 만들지 않기로 결심한 것이다.

그러나 이 정책은 조에게 문제가 되었다. 왜냐하면 당시 셋포인트사의 주요 거래처인 어느 대기업은 45일에서 60일 사이에 대금을 지급했기 때문이다. 조는 설립자와 함께 은행에 가서 신용한도를 논의했다. 조는 은행 담당자에게 얼마나 많은 현금이 필요한지를 설명했다. 은행 담당자는 다음과 같이 대답했다. "나는 왜 한도가 필요한지 모르겠습니다. 간단하게 당신 회사의 공급자에게 대금지급하는 것을 20일 더 늦춘다면 나아질 것입니다." 그러자 설립자가 확고하면서도 나직하게 대답했다. "만약 내가 거래처에 대금지급을 늦게 한다면 그들이 품질 좋은 제품을 제때에 제공하겠습니까? 나는 신뢰할 수 있는 거래처가 필요합니다. 그런 것이 비즈니스입니다. 내가 만약 그들에게 대금지급 기한을 20일 더 연장한다고 하면 그들과 우리 회사와의 관계는 어떻게 되겠습니까?" 젊은 은행 담당자는 잠시 그들을 노려보았다.

마침내 은행 담당자는 셋포인트사의 신용한도를 검토하는 것에 대해 동의했다. 셋포인트사는 신용한도를 확보하게 됐고, 거의 20년 동안 극소수의 예외를 제외하고는 거래처에게 30일 후 대금을 지급하는 것을 고수할 수 있었다. 이 정책으로 셋포인트사의 비용이 늘어났는데, 왜냐하면 운전자본 요구량이 늘어났기 때문이다. 물론 이 정책이 현금흐름을 압박하기는 한다. 하지만 셋포인트사 경영진은 그것이 기업의 명성과 거래처와의 관계에 긍정적인 영향을 미칠 것이라고 믿었다. 또한 장기적으로 자신의 기업을 둘러싼 비즈니스 커뮤니티를 쌓는데 도움을 될 것이라고 믿었다.

우리는 매입채무에 관련된 정책을 더 이상 깊이 파헤치지 않을 것이다. 왜냐하면 대부분 기업들의 비 재무부서 매니저들은 얼마나 빨리 기업이 자신의 청구서를 갚느냐에 관해 직접적인 영향을 미치지 않기 때문이다. 하지만 여러분 기업의 매입채무 회전기간이 늘어나고 있다는 사실을 눈치 챘다면(또한 그것이 매출채권 회전기간보다 높다면) 재무담당자에게 몇 가지 질문을 할 필요가 있다. 결국 업무는 거래처와 좋은 관계를 유지하는 것에 달려 있기 때문에(셋포인트사의 설립자처럼), 거래처와의 관계를 불편하게 만들지 않기를 원할 것이다.

현금회전사이클

운전자본을 이해하는 또 다른 방법은 현금회전사이클(Cash conversion cycle)을 연구하는 것이다. 근본적으로 생산단계(운영사이클)를 기업 운전자본에 연계한 타임라인이다. 이 타임라인은 세 가지 단계가 있다. 다음의 그림에서 이 단계들이 서로 어떤 관계가 있는지를 볼 수 있다. 세 가지 단계와 측정도구를 이해하는 것은 비즈니스를 이해하는 강력한 방법이다. 올바른 결정을 내리는데도 도움을 줄 것이다.

현금회전사이클

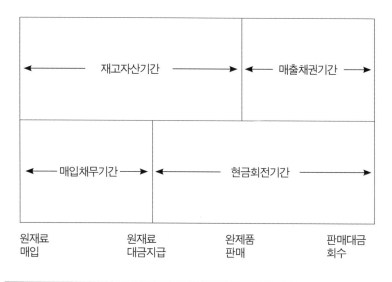

왼쪽에서 시작해보자. 기업은 원재료를 매입한다. 그것은 매입채무기간과 재고자산기간에서 시작한다. 다음 단계에서 기업은 원재료를 갚아야만 한다. 그것은 현금회전사이클을 시작하게 만든다. 현금이 이제 상환됨으로써 외부로 유출됐고, 이제 중요한 것은 얼마나 빨리 현금이 되돌아오는가를 보는 것이다. 하지만 기업은 여전히 재고자산기간에 있다. 아직어떤 완제품도 사실상 판매하지 않은 것이다.

마침내 기업은 완제품을 판매한다. 그리하여 재고기간이 끝났지만 또이제 막 매출채권기간에 들어간다. 이 기업은 여전히 어떤 현금도 받지않았다. 그리고 최종적으로는 매출에 대한 현금을 회수한다. 그리하여 매출채권기간과 현금회전기간이 종료된다.

이 모든 것들이 왜 중요할까? 왜냐하면 우리는 이 모든 것에 얼마나 많은 시간이 필요한지 결정하는데 사용할 수 있고, 얼마나 많은 기간동안 기업의 현금이 묶여 있는지를 알 수 있기 때문이다. 그것은 매니저와 리더가 알아야 할 중요한 숫자이다. 이 정보가 있다면 매니저들은 잠재적으로 기업을 위해 현금을 절약하는 방법을 찾을 수 있다. 그것을 계산하기 위한 공식은 다음과 같다.

현금회전주기 = 매출채권 회전기간 + 재고자산 회전기간 − 매입채무 회전기간

다시 말해 매출채권 회전기간에 재고자산 회전기간을 더하고 매입채무 회전기간을 차감해라. 그것은 기업이 얼마나 빨리 현금으로 매입채무를 갚는지, 기업이 매출채권을 회수하는 날짜기준으로 말해준다.

현금회전사이클은 또한 얼마나 많은 현금이 기업을 운영하는데 들어가는지 계산하는 방법을 알려준다. 일간 판매량에 현금회전사이클 기간을 곱하면 된다. 샘플기업을 위한 계산이 다음에 나온다.

매출채권 회전기간	+	재고자산 회전기간	−	매입채무 회전기간	=	현금회전사이클
54일	+	74일	−	55일		= 73일
73일	×	$24,136,000(일간 판매액)				= $1,761,928,000

이 기업은 운영자금 조달을 위해 약 18억 달러를 필요로 한다. 이것은 대기업에는 당연한 것이다. 심지어 소기업들도 그들의 현금회전사이클이 60일이라면 자신들의 매출액과 비교하면 훨씬 많은 운전자본을 필요로 한다. 규모에 관계없이 어떤 기업이든 이 지점에서 문제에 봉착할 수 있다. 이 책의 초반부에 언급한 타이코 인터내셔널은 2년 동안 600개의

기업을 인수한 것으로 유명했다. 이 모든 인수는 엄청난 도전이었는데, 하나하나가 현금회전주기의 대폭적인 증가를 야기했다. 왜 그럴까? 그 이유는 무엇일까?

타이코는 동종산업을 인수했고 이에 따라 경쟁제품이 자신들의 제품 리스트에 더해지게 되었다. 이제 타이코는 재고창고 여러 개의 매우 유사한 제품을 갖게 됐다. 이 재고품은 예전에 그랬던 것만큼 빠르게 회전하지 않게 되었다. 재고자산 회전기간이 통제불능 상태에 빠진 것이다. 이 결과 기업의 일부 부서 경우 재고자산이 10일 이상으로 늘었다. 매출액이 300억 달러가 넘는 다국적 기업에게 그 정도 규모의 증가는 현금을 수억 달러를 소진시킬 수 있다(이것이 타이코가 인수를 중단하고 기업운영에 집중한 이유였다).

현금회전사이클은 파트 7에서 논의된 모든 기술에 의해 단축될 수 있다. 매출채권 회전기간을 줄이고 재고자산을 줄이고 매입채무 회전기간을 늘리는 것이 그 기술이다. 기업의 사이클이 어느 정도이고, 그 회전기간이 어디로 향하고 있는지를 알아내라. 여러분은 재무부서에 있는 사람들과 논의하고 싶을 것이다. 누가 알겠는가? 여러분이 현금회전사이클이 무엇인지를 알고, 어떤 레버가 거기에 영향을 미치는지 알고 있다는 사실에 재무부서 담당자들이 깊은 인상을 받을지? 더 중요한 것은 현금회전주기를 빠르게 하고, 운전자본 요구량을 줄이고, 잉여현금흐름을 더 많아지게 해주는 대화를 할 수 있다는 것이다. 그러면 기업에 있는 모든 사람들이 이익을 얻을 것이다.

TOOL BOX

매출채권의 노후화

매출채권을 좀 더 효과적으로 다루고 싶은가? 그렇다면 매출채권 회전기간(DSO ; Days Sales Outstanding)이 들여다봐야 할 유일한 측정도구는 아니다. 또 다른 측정도구는 '매출채권의 노후화'로 불리는 것이다. 노후화를 검토하는 것은 기업 매출채권의 진정한 상태를 이해하는 열쇠가될 수 있다.

우리가 앞서 언급했듯이 매출채권 회전기간은 개념정의상 평균이다. 예를 들어 만약 10일 미만의 매출채권을 100만 달러를 갖고 있고 90일 이상의 매출채권을 100만 달러를 갖고 있다면, 평균 매출채권 회전기간은 약 50일이다. 그렇게 나빠 보이지 않는다. 하지만 실제로 당신이 속해있는 기업은 상당한 어려움에 처해 있을 것이다. 왜냐하면 고객의 절반이 대금을 지급하지 않는 것처럼 보이기 때문이다.

동일한 규모의 다른 기업은 매출채권 회전기간이 90일이 넘지만 겨우 25만 달러에 불과하고, 평균 매출채권 회전기간이 50일이다. 이 기업은 특별한 문제가 없을 것이다.

노후화를 분석하는 것은 이러한 종류의 숫자를 제공할 것이다. 총 매출채권 회전기간은 30일 미만이어야 하고, 전체 매출채권기간은 30일에서 60일 사이에 이루어져야 한다. 또한 전체 매출채권 회전기간 숫자를 체크하는 것 못지않게 분석을 하는 것은 매출채권의 전체 그림을 얻기 위해서라면 할 만한 가치가 있다.

Part 8
재무적으로
현명한 기업이란 무엇인가

31
재무지능과 기업의 성과

　우리는 재무지능을 늘리고, 여러분이 보다 나은 리더, 매니저 혹은 종업원이 되는 것을 돕기 위해 이 책을 썼다. 이 책에 포함된 재무제표, 비율, 그리고 다른 모든 것들을 이해하게 되면, 여러분의 직업에서 좀 더 효율적이 되고 커리어 전망을 양호하게 해줄 것이라 생각한다. 또한 기업의 재무적 측면을 이해하게 되면 직업을 좀 더 의미 있게 생각할 것이다.

　야구나 주사위 놀이를 할 때 그 게임을 어떻게 하는지 처음부터 배우고 시작한 것은 아닐 것이다. 마찬가지로 비즈니스라고 뭐가 다르겠는가? 규칙을 아는 것(이익이 어떻게 개선되고, 왜 총자산이익률이 주주에게 중요한지 등)은 기업의 큰 그림 안에서 자신들이 하는 일을 바라보게 해준다. 사람들은 기업에서 특정 목적을 성취하기 위해 협업한다. 속해 있는 조직이 어떻게 작동하는지 좀 더 명확하게 알게 될 것이다. 여러분은 기업에 공헌하고 싶을 것이고, 어떻게 하면 그렇게 할 수 있는지 알게 될 것이다.

여러분은 예전보다 훨씬 더 잘 평가할 수 있게 될 것이다. 왜냐하면 핵심 숫자가 어떤 방법으로 움직이는지 알 수 있고, 그 숫자들이 이쪽에서 왜 저쪽으로 움직이는지 알 수 있기 때문이다.

흥미로운 점도 있다. 앞에서 보여주었듯이 기업의 재무제표는 현실의 부분적인 반영일 뿐이다. 또한 재무제표는 추정, 가정, 훈련된 추측, 그리고 이 모든 결과로서 편향의 반영들이다(재무제표는 때때로 조작되기도 한다). 여러분 회사의 재무부서 담당자들은 이 모든 것들을 알고 있지만 대부분은 그 지식을 우리들과 공유하지 않는다.

이제 여러분은 그들에게 어려운 질문을 해야 한다. 어떻게 그들은 매출액의 특별한 카테고리를 인식하는가? 왜 감각상각에 대해 특별한 시간 프레임을 고르는가? 왜 재고자산 회전기간은 급증하는가? 이러한 질문을 비 재무부서의 동료들이 하게 된다면 재무 담당자들은 충격을 받고, 자신들의 가정과 추정에 대한 근거를 기꺼이 논의하려 할 것이다. 심지어 여러분에게 조언을 구할지도 모른다.

더 나은 기업들

우리는 기업의 '재무지능지수(Financial Intelligence Quotient)'가 높을 때 더 많은 성취를 한다고 믿는다. 결국 건강한 비즈니스란 좋은 것이다. 건강한 기업은 가치 있는 제품과 서비스를 고객에게 제공한다. 또한 그것은 종업원들에게 안정적인 직업, 급여인상, 그리고 승진의 기회를 뜻한다. 더불어 주주에게는 수익을 가져다준다. 결국 건강한 기업은 경제가 잘 이루어지도록 돕고, 커뮤니티를 강하게 유지해주고, 생활여건을 개선시킨다.

　재무적으로 현명한 매니저들은 더 나은 의사결정을 할 수 있기 때문에 기업을 건강하게 만드는데 기여한다. 그들은 자신들의 지식을 활용해 기업의 성공을 돕는다. 기업의 자원을 현명하게 관리하며 재무정보를 좀 더 기민하게 활용한다. 그럼으로써 기업의 수익성과 현금흐름을 증진시킨다. 또한 어떤 일이 왜 발생하는지를 좀 더 이해하고, 고위 임원의 잘못된 리더십에 대해 투덜대는 대신 전심전력을 다해 일을 수행한다. 예를 들어 앞에서 매출담당 임원반을 가르치고 그들 기업의 실제 재무제표를 사용했던 것을 기억하는가? 우리가 현금흐름표를 사용했을 때(우리는 그들에게 기업의 현금이 인수를 통한 성장을 추구하는 과정에서 어떻게 고갈되는지를 보여줬다), 매출담당 임원은 미소를 지었다. 그에게 왜 웃는지 질문하자, 웃으며 다음과 같이 말했다.

　"나는 올해를 더 나은 해로 만들기 위해 부서의 부사장을 상대로 싸웠지요. 왜냐하면 그들이 우리가 매출을 올렸을 경우 받는 커미션 조건을 바꿨기 때문이죠. 보통은 매출이 발생했을 때 보상을 받는 것에 익숙해져 있었습니다. 지금은 매출이 현금으로 회수되었을 때 보수를 받습니다. 하지만 이제는 왜 그런 변화가 일어났는지 이해하게 됐습니다."

　그는 자신이 동의한 인수를 통한 성장전략에 대해 계속 설명했다. 하지만 그는 전략에는 동의하지만 그 전략을 뒷받침하기 위해 방침이 변경됐다는 사실에는 주의를 기울이지 않았다. 이해하지 못한 것이다.

　재무지능은 다른 의미에서도 건강한 비즈니스를 만든다. 수많은 기업들이 오늘날 정치와 권력에 의해 지배받고 있다. 그들은 상사에게 아첨하고 보이지 않는 곳에서 서로 협잡을 하는 사람들을 더 대우한다. 험담과 불신이 만연해 있는 것이다. 개인들이 자신만의 이익을 위해 날뛰는 동안 공통의 목표는 길을 잃었다. 이렇게 극단적인 수준이 되면 그러한 환경은 정말로 유해하다. 우리와 같이 일을 했던 어느 한 기업의 종업원들은 이익공유 보너스는 자신들의 불행에 대해 거세게 불평할 때에만 분배되는 것이라고 생각하고 있었다. 그들이 생각하기에 이익공유는 불평하는 자신들을 조용하게 만들기 위한 것이었다. 사실 그 기업은 실제로는 종업원들의 분기 이익공유와 관련된 장기적인 계획이 있었지만, 사내정치 때문에 직원들의 신임을 얻지 못했다.

사내정치에 대한 확실한 해독제가 있다. 부드러움, 투명성, 그리고 공개된 커뮤니케이션이다. 사람들이 기업의 목표를 이해하고 그것을 달성하기 위해 일을 할 때 신뢰감과 공동체 의식으로 만들어진 조직을 창조하기가 쉽다. 장기적으로 그러한 유형의 조직은 덜 공개된 조직에 비해 항상 더 성공적이다. 확실히 엔론, 월드컴, 리먼 브라더스는 비밀주의적이고 독단적인 리더십으로 잠시 동안은 번영할 수 있었다. 하지만 장기간에 걸쳐 성공한 기업은 거의 변함없이 신뢰, 커뮤니케이션, 그리고 공유된 목적의식을 기반으로 세워진 것이다. 재무적 훈련(재무지능의 증가)은 큰 차별화를 만들 수 있다. 이익공유의 목적이 직원들을 잠잠하게 만들기 위한 것이라고 생각하는 임직원들이 있는 회사에서 훈련한 직원들은 그 계획이 어떻게 작동되는지 배운다. 그들은 자신들이 영향을 받는 숫자들에 집중하기로 했고, 곧바로 매 분기마다 이익공유를 체크하는데 익숙해졌다.

결국 재무적으로 현명한 매니저들은 예상치 않은 사건에 대해 좀 더

발 빠르게 반응할 수 있었다. 《전투수행(Warfighting)》이라는 유명한 책이 있다. 미국 해병대원들이 집필하고 1989년에 처음 출판되었으며, 나중에는 특수부대를 위한 일종의 바이블이 되었다. 이 책에 따르면 전투수행 중인 해병대원은 불확실성과 빠르게 변화하는 조건에 항상 직면해 있다고 한다. 그들은 상부의 지시에 거의 의존할 수 없고, 스스로 결정을 내려야만 한다. 그래서 사령관들은 광범위한 목표를 설명하고 실행에 관한 의사결정을 하급장교와 일반 사병에 맡긴다. 이것은 오늘날 변덕이 심한 비즈니스 환경에 처한 기업들에게 가치 있는 교훈을 준다. 매니저들은 상부와 논의하지 않고 매일매일 의사결정을 내려야만 한다. 만약 그들이 자신들이 일하고 있는 재무환경을 이해하고 있다면, 그러한 결정들은 좀 더 빠르고 효과적으로 만들어질 수 있다. 그렇게 되면 기업의 성과(전투수행 중인 해병대 성과와 유사하게)는 좀 더 강력해질 것이다.

재무지능의 효과와 훈련

자, 이제 다음 단계다. 매니저들이 재무를 이해하는 것이 차이를 만들어낸다면, 부서의 모든 사람들(회사의 모든 사람들)이 재무를 이해한다면 얼마나 많은 차이를 만들어낼지 상상해보라.

똑같은 논리가 적용될 것이다. 사무실, 매장, 공장, 상점의 진열대, 그리고 고객 접점에 있는 사람들이 만약 자신들의 부서가 어떻게 측정되고, 자신들이 날마다 하는 것의 재무적 의미를 알고 있다면 보다 현명한 결정을 내릴 수 있다. 파손된 파트에서 다시 일할 것인가, 아니면 새로운 것을 사용할 것인가? 최대한 빨리 일할 것인가, 아니면 실수를 줄이기 위해 신중하게 일할 것인가? 새로운 서비스를 개발하는데 시간을 써야만 하는가, 아니면 기존 고객을 잘 다루고 잘 돌보기 위해 시간을 써야만 하는가? 고객이 필요할 것 같은 모든 것을 갖추는 것은 얼마나 중요한가? 해병대원들과 마찬가지로 현장 종업원과 감독관들은 조직이 무엇을 필요로 하는지 그 개념을 알아야만 한다. 그럼으로써 자신들의 업무를 좀 더 현명하게 할 수 있는 것이다.

기업들은 물론 이러한 아이디어를 이해하고 있다. 최근 수년 동안 성과목표, 핵심성과지표, 그리고 다른 지표를 갖고 있는 임직원들이 급증하고 있다. 아마도 여러분은 회사 사람들에게 그들이 평가받는 핵심성과지표를 알려준 당사자일 것이다. 만약 그렇다면 여러분은 회의적인 시각이 많다는 것을 알 것이다. 이번 분기의 핵심평가지표와 지난 분기의 핵심평가지표가 다를 경우 회의적 시각은 더 많아진다.

하지만 현장에 있는 사람들이 핵심평가지표 혹은 성과의 목표에 관한 재무적 논리를 이해한다면 어떻게 될 것인가? 만약 그들이 일부 경영진이 무작위적으로 핵심평가지표를 결정해서가 아니라, 기업의 재무상황이 변했기 때문에 새로운 핵심평가지표를 이번 분기에 마주하게 되었음을 알게 되었다면 어떻게 될 것인가? 앞에서 예로 나왔던 매출담당 경영진과 마찬가지로, 변화의 이유를 이해하면 기꺼이 새 상황에 적응하려고 한다. 만약 이해하지 못한다면, 경영진이 자신들이 하고 있는 것의 의미를 알고 있는지 궁금해할 것이다.

매니저급에서 재무지능이 비즈니스의 성과를 높여주는 것과 마찬가지로 일반 직원들도 마찬가지다. 예를 들어서 효과적인 조직을 위한 센터

(CEO ; The Center for Effective Organization)는 임직원들의 참여도에 관한 많은 측정기구를 조사했다. 특히 두 가지 측정도구가 비즈니스의 성과, 계획, 목표에 관한 정보를 공유했고 기업을 이해하는 기량에 관해 임직원들을 훈련시켰다. 이 두 가지 모두가 생산성, 고객만족, 품질, 스피드, 수익성, 경쟁력, 그리고 임직원의 만족과 긍정적으로 관련돼 있었다. 다시 말해 구성원들의 재무지능을 훈련시킬수록 조직은 상태가 좋아졌다. 다니엘 데니슨(Daniel R. Denison), 피터 드러커(Peter Drucker), 그리고 제프리 페퍼(Jefferey pfeffer)를 포함한 다른 경영학계의 학생들도 임직원들을 더 훈련시킬수록 비즈니스의 성과는 더 높아졌다. 사람들이 어떤 일이 벌어지는지 이해할 때 조직에서의 신뢰지수는 증가한다. 회전율은 감소하고 동기부여와 소명의식은 증가한다. 높은 신뢰와 동기부여, 그리고 소명의식이 더 나은 결과를 가져온다는 것을 의심하는 사람이 있는가?

조는 이 모든 현상을 가장 먼저 목격했다. 그와 그의 파트너는 셋포인트사를 밑바닥에서부터 키우는데 수년을 소비했다. 모든 스타트업 기업과 마찬가지로 이 기업은 주기적으로 어려움과 위기를 겪었으며, 이 회사의 회계사는 조에게 회사가 다음 위기에서는 살아남지 못할 것이라 여러 번 말했다. 하지만 어떻게든 항상 위기를 극복했다. 마침내 그 회계사는 조에게 말했다. "이런 어려운 상황을 극복한 것은 당신이 임직원들을 훈련시키고 재무상황을 공유했기 때문이라고 생각합니다." 셋포인트사는 어려울 때 서로 모여서 어려움을 극복하는 방법을 찾았다. 회계사의 말이 맞다. 셋포인트사의 임직원들은 모두가 자신의 회사가 어디에 서 있는지를 알고 있었다. 재무정보를 공유하고 부하직원과 같이 일하는 사람들이 이해하도록 돕는 것은 기업에서 공동의 목표를 창조해내는 방법이다. 그것은 팀워크가 살아남고 번영하게 만드는 환경을 만들어준다. 게다가 모든 사람들이 볼 수 있도록 장부가 공개되면 조작하기란 매우 어려운 법이다.

물론 재무상황을 공유하는 것만으로는 충분하지 않다. 재무정보를 이해해야만 하고, 그것은 일반적으로 훈련이 필요하다. 이것이 점점 더 많은 기업들이 재무지능 훈련을 그들의 재무 교과목에 포함시키는 이유이다. 일부 훈련 프로그램은 필수과목이고 일부는 선택과목이다. 이 모든 과목들의 초점은 간단하다. 만약 임직원, 매니저, 그리고 리더들이 재무적 성공이 어떻게 측정되는지 이해한다면 기업이 좀 더 성공적일 것이라는 아이디어에 근거하고 있다. 재무지능을 늘리는 방법은 그것이 팀이건 부서이건 부문이건 혹은 전체 기업이건 간에 다양한 방법이 있다. 이 책의 저자인 우리들(캐런과 조)의 회사인 비즈니스 능력 인스티튜트(BLI)는 리더십과 경영팀을 교육시킬 뿐만 아니라 판매 담당자, 인사부서 담당자, IT 담당자, 생산 담당자, 엔지니어, 프로젝트 매니저 등 그 밖의 재무적 측면의 여러 사람들을 교육시킨다. 다음 32장에서는 지금 속한 조직에서 재무지능 수준을 어떻게 늘릴 것인지에 관한 특별한 아이디어를 제시할 것이다.

32
재무지능에 관한 전략

여러분의 목표가 재무지능 작업장 혹은 부서를 갖는 것이라면, 시도해야 할 첫 번째 단계는 어떻게 거기에 도달할지 전략을 생각해내는 것이다. 우리는 전략이라는 단어를 가볍게 사용하지 않는다. 일회성 훈련 코스를 이수하거나 일회성 지침서를 나눠준다고 해서 모든 사람의 재무지능이 깨어날 것이라 기대할 수는 없다. 반드시 학습이 필요하다. 교재는 반복되고 복습하면서 다시 들여다봐야 한다. 재무지능은 기업문화의 일부가 돼야 한다. 그리고 그렇게 하기 위해서는 시간, 노력, 그리고 심지어 약간의 자금이 필요하다.

그렇지만 해볼 만한 가치가 있다. 이번 장에서 우리는 소기업과 대기업 모두를 위한 몇 가지 제안을 하고자 한다. 하지만 어떤 하나의 범주 혹은 또 다른 범주에 자신을 국한시킬 필요는 없다. 모든 제안들이 서로 상호작용을 한다. 다른 점은 대체로 실행 계획과 예산의 문제이다. 예를 들어 대기업은 공식적인 훈련프로그램을 만들어내는 것에 익숙하다. 반면에 소기업은 즉흥적 대처능력이 필요할 수 있다. 그리고 소기업은 훈련프로그램에 필요한 자금이 충분치 않을 수 있다. 하지만 우리는 이것이 최종 결과에 직접적인 영향을 미치는 프로그램 중 하나라고 믿고 있다.

소기업의 도구와 기술

다음의 도구와 기술들은 절대 완벽한 리스트가 아니다. 하지만 이것들은 매니저나 기업의 오너가 주도권을 쥐고 매우 쉽게 실행할 수 있는 접근법이다.

반복적 훈련

세 가지의 짧고 비공식적인 훈련 세션을 조합하는 것으로 시작하자. 그렇다고 거창한 것들을 의미하는 것은 아니다. 몇 장의 인쇄물로 이뤄진 파워포인트 프레젠테이션도 괜찮다(하지만 우리는 그러한 파워포인트가 학습을 위해서는 그리 효과적이지 않다고 말하고 싶다). 각각의 세션은 30~60분 동안만 진행되야 한다. 하나의 세션에 하나의 재무적 컨셉을 담는 것에 집중하라. 예를 들어 조는 셋포인트사에서 각각 한 시간짜리로 이뤄진 세개의 세션을 운영하고 있다. 그 세 개의 세션은 손익계산서에 관한 것, 현금흐름과 프로젝트 파이낸스에 관한 것, 그리고 재무상태표에 관한 것이다. 당신이 속해 있는 환경을 기반으로 매출총이익, 매출액당 매출비용, 재고자산회전율을 들여다볼 것이다. 이 개념은 팀의 업무에 적절해야만 하며, 그것들이 어떻게 숫자에 영향을 미치는지 직원들에게 보여줘야만 한다.

그리고 수업들은 정기적으로 진행되어야 한다. 아마도 한 달에 한 번 정도가 적합할 것이다. 임직원들은 그들이 원한다면 2~3회 정도 참석하게 하라. 사람들이 이러한 것들을 받아들이는 데는 종종 시간이 걸린다. 100% 출석할 것을 사람들에게 장려하는 것이 좋다. 당신이 신뢰하는 사람들에게 그들이 회사 성공의 중요한 일부라는 것을 믿게 하고, 그들의 참여를 당신이 원한다는 사실을 말할 수 있는 환경을 만들어라. 결국 당신은 다른 사람들에게 이 클래스에서 가르치도록 요청할 수 있다(이것은 그들이 교재를 공부하게 하는 좋은 방법이다). 가르치는 스타일은 사람마다 다르기 때문에, 당신이 가르칠 수 없는 사람들도 학습할 수 있을 것이다.

주간 '숫자' 미팅

주간 단위 혹은 월간 단위로 부서의 성과를 측정하는 두 개 혹은 세 개의 숫자는 무엇인가? 매니저로서 업무를 잘 수행하고 있는지 배송 담당자로서 혹은 판매 담당자로서 관찰할 수 있는 두 개 혹은 세 개의 숫자는 무엇인가? 그것은 선적량인가, 매출액인가? 시간당 청구서인가, 예산 대비 성과인가? 사실은 당신이 주목하는 핵심 숫자들은 어느 정도 기업의 재무제표와 관련이 있고, 결국 그 결과에 영향을 미친다. 그러므로 이러한 숫자들을 팀과 함께 주간회의에서 공유하라. 그 숫자들이 어디서 왔는지, 그것들이 왜 중요한지, 그리고 어떻게 팀의 모든 멤버들이 그것에 영향을 미치는지를 설명하라. 시간의 흐름에 따른 트렌드도 추적하라.

어떤 일이 벌어질까? 사람들은 곧바로 숫자에 관해 스스로 말하기 시작할 것이다. 올바른 방향으로 바늘을 움직이는 방법을 생각하기 시작할 것이다. 일단 한 번 시작하면 다음 단계로 넘어가도록 노력하라. 다음 달 혹은 다음 분기에 그 숫자들이 어디에 있을지 예측하라. 사람들이 전망에 관해 신뢰하기 시작하면서, 얼마나 그 숫자에 주도권을 갖게 되는지 알게 되면 놀랄 것이다(우리는 월말 혹은 분기말에 주워진 숫자가 어떻게 될 것인지 내기를 하는 임직원들도 봤다).

강화하기 : 점수판과 다른 시각적 보조물

기업 경영진이 자신들의 컴퓨터에 기업의 성과지표가 특정 시점에 어떻게 나타나고 있는지 보여주는 대시보드를 갖고 있는 것이 요즘 유행이다. 우리는 항상 궁금했다. 왜 소기업은 운영부서가 이러한 것들을 모든 종업원들이 볼 수 있도록 공개하지 않는지 말이다. 그러므로 회의에서 핵심 숫자를 논의하는 것을 추천한다. 뿐만 아니라 그 숫자들을 점수판에 적어서 지난 성과와 현재의 성과, 그리고 미래의 성과를 비교하는 점수판을 올리는 것을 제안한다. 모든 사람들이 그 숫자들을 볼 수 있도록 공개하면, 그것을 망각하거나 무시하기는 어렵다. 그럼에도 작은 그래프는 쉽게 무시될 수 있다는 것을 기억하라. 아마 실제로도 그럴 것이다. 대시보드를 갖고 있다면 점수판은 모든 사람들이 명확하게 직접적으로 쉽게 볼 수 있어야 한다는 사실을 명심하라.

Copyright © Business Literacy Institute. Illustrated by Dave Merrill.

사람들은 기업이 어떻게 돈을 버는지 상기시켜주는 시각적 도구를 좋아한다. 그것들은 매일 핵심 숫자에 집중하기 위한 컨텍스트(context)를 제공한다. 우리의 비즈니스 능력 인스티튜트(BLI)는 '머니맵(Money map)'라고 부르는 것을 발전시켜왔다. 이 머니맵은 이익이 어디서 나오는가에 관한 주제를 묘사하고 있다. 앞에 있는 일러스트를 들여다봐라. 이 지도는 가상의 기업에서 전체 비즈니스 프로세스를 추적하고 있으며, 1달러에서 어느 정도가 각각의 부서의 비용을 지불하는지 보여주고, 어느 정도가 이익으로 남는지 중점적으로 보여준다.

우리는 고객별로 맞춤형 지도를 만들었는데, 이렇게 하면 모든 사람들이 자신들이 속한 기업의 모든 생산과정을 볼 수 있다. 원재료를 충분히 알고 있다면 자신만의 지도와 다이어그램을 그릴 수 있다. 그림은 학습을 강화하기 강력한 도구이다. 사람들이 그림을 들여다볼 때 어떻게 그것들이 큰 그림에 들어맞는지 상기시켜주며, 유용하기도 하다. 예를 들어 우리가 알고 있는 어느 한 기업은 똑같은 지도를 두 장 만들어두었다. 한 장은 기업의 목표 수치를 보여줬다. 또 다른 한 장은 매니저들이 실제 수치를 적어 뒀다. 각각의 핵심적인 요소에 대해 그것이 최고의 성과로부터 얼마나 가까워졌는지 혹은 얼마나 멀어졌는지를 볼 수 있다.

대기업에서 재무지능을 건설하기

우리는 포춘 500대 기업과 수십 차례 일을 같이 했다. 그들이 자신의 조직에서 재무지능 수준을 늘리도록 도왔다. 이들은 우리와 상황을 다르게 판단하고 있는 것 같았는데, 그것은 목표와 그 기업의 문화에 의존하고 있기 때문이었다. 물론 많은 대기업들이 다른 외부 트레이너들에 의존하고 있거나 자신들만의 프로그램을 창조했다. 너무 자세히 말하지는 않겠지만, 우리가 겪었던 것을 토대로 이야기해보겠다.

리더십 지원

사람들의 재무지능을 증진시키는 모든 아이디어는 대부분의 대규모 조직들에게 새로운 것이다. 그래서 그런지 종종 상당히 많은 회의론과 심지어 의견에 반대하는 사람을 만난다. 이들은 "왜 모든 사람들이 재무를 알아야만 하는가? 재무제표 때문에 회계조직을 따로 갖고 있는 것이 아닌가?"라고 반문한다.

이것이 바로 재무훈련이 최고위층으로부터 지원을 필요로 하는 이유일 것이다. 최고위층의 지원이 강력할수록 조직 전체의 구성원들이 그 아이디어로 흡수될 것이다. 재무지능 훈련으로 강력한 영향을 경험한 기업들의 고위 경영진은 그것이 필수적이라고 믿었던 회사들이었다. 그러한 기업들은 임직원들을 해마다 교육시키며, 일부는 해마다 수업을 재수강한다. 심지어 일부는 자신들의 리더와 매니저로서의 지식을 향상시키기 위해 새로운 강의를 추가해서 듣는다.

최고위층의 지원은 또한 다른 사람들로 하여금 주도권에 기여하도록 격려한다. 예를 들어 어떤 고객과 일을 할 때 우리는 우리가 가르치는 콘텐츠를 고객의 핵심개념, 지표, 그리고 재무적 결과에 맞춘다. 그러한 유형의 프로그램을 만들려면 다양한 부서 사람들의 도움이 필요하다. 특히 재무부서 사람들의 도움이 필요하다. 일반적으로 재무부서의 사람들은 프로그램이 조직의 최고위층으로부터 완벽한 지원을 받고 있는 것을 알게 되면 기꺼이 협력한다.

가정과 사후관리

효과적인 훈련의 큰 장애물은 책임자급에 있는 사람들이 이미 재무를 알고 있다는 것이다. 대기업에서 흔히 있는 일이다. 이러한 가정에 대한 전형적인 표현은 다음과 같다.

"찰리는 오랫동안 판매부서의 회장이었다. 물론 그는 우리의 재무제표를 어떻게 읽는지를 알고 있다."

하지만 우리 경험에 비춰봤을 때 이 가정은 거의 사실이 아니다. 많은 매니저와 임원들이 자신들의 업무를 매우 잘 수행하지만, 그들은 재무적 측정지표를 진정으로 알고 있지 않다. 자신들의 업무가 그러한 지표에 어떻게 영향을 미치는지 거의 모르기 때문에 자신들의 잠재능력을 모른 채 업무를 수행한다. 우리가 미국 매니저들에게 했던 21개의 질문지로 돌아가보자. 3장에서 보았듯이 그 결과는 재무지능의 수준이 놀라울 정도로 낮다는 것을 확인해줬다. 그러므로 모든 사람들이 알고 있다고 가정하지 말고 먼저 평가를 하자.

사람들에게 자신들이 재무를 알지 못한다는 것을 인정하게 만드는 것도 어려운 일이다. 아무도 동년배 혹은 직접적인 보고자 앞에서 멍청해 보이기를 원하지 않는다. 그러므로 수업에서 사람들에게 손을 들고 자원하라고 요청하는 것은 쓸데없는 짓이다. 대신 우리는 모든 수업에서 재무의 근본적인 요소를 항상 포함시켰다. 우리가 '기초(Basic)'가 아니라 '근본적인(Foundational)'이라는 표현을 썼음에 주목하라. 그리고 어디서부터 시작해야 할지 평가하고 결정해야 한다. 일부 기업들은 모든 사람들이 참석하기를 요구한다. 그렇게 되면 몇몇 사람들이 하는 이 훈련이 '필요한지'에 관한 질문을 받지 않아도 된다. 어떤 사람들은 단계를 건너뛰지 않고 수업을 듣는다. 그렇게 하는 이유는 아마도 참가자들이 교실 내에서 상사나 직접 보고자가 없는 것이 질문을 하는데 좀 더 편안할 것이라고 생각하기 때문이다.

많은 훈련 과정에서 제기되는 또 다른 이슈는 사후관리의 부족이다. 대부분의 대기업들은 새 프로그램을 빈번하게 도입한다. 이들 대기업은 그들 매니저들을 다양한 포지션을 통해 순환시킨다. 이렇게 되면 재무지능 훈련이 갈피를 잡지 못하게 된다. 대규모 조직에서 지속적인 재무지능을 지원하는 최선의 방법은 커뮤니케이션이 지속된다는 것을 확신시키는 것이다. 경영진은 회의에서 그 숫자를 말할 수 있다. 만약 상장기업이라면 분기실적 발표 때 직원들이 주목하도록 요청할 수 있다. 그리고 질의응답 시간을 마련할 수도 있다. 리더들은 모든 사람들이 '재무를 아는 것의 중요성'을 인식하도록 기회를 활용해야 한다.

현실성

고객이 훈련 프로그램을 요청할 때 우리는 그 기업이 무엇을 원하는지, 그리고 훈련 수강생들이 어떤 종류의 훈련이 필요한지 묻는다. 그때 우리는 세 가지 질문을 던진다.

- 누가 참석하기를 원합니까?
- 어떤 콘텐츠를 가르쳐야 합니까?
- 강의를 어떻게 출시해야 합니까?

이런 논의는 프로그램의 성공적인 계획과 실행을 위한 단계를 만든다.

누가 참석하는가는 종종 미리 결정된다. 예를 들어 일부 고객은 재무지능 프로그램을 그들의 리더십 혹은 경영발전 프로그램에 통합한다. 그렇지만 많은 고객들은 그룹에서 시작해서 그것이 어떻게 진행되는지를 관찰하고, 그다음에 다른 사람들에게 도입하기를 결정한다. 일부는 최상위 임직원들이 훈련을 먼저 실시한다. 그다음에 중간 단계의 매니저들, 그리고 나서 모든 직원들에게 확대한다. 이런 방식으로 하는 것은 리더는 매니저들을 지원할 수 있고, 매니저들은 나머지 사람들을 지원할 수 있다는 논리에 근거한다.

똑같은 수업에 다른 수준의 사람들을 섞어 놓기도 한다. 그렇게 하는 것은 좋은 토론이 이루어지도록 만들어주고, 모든 사람들이 함께 있다는 느낌을 만들어준다. 이것의 단점은 직원들이 상사가 교실에 있는 때 질문을 던지는 것을 불편하게 느낀다는 것이다. 여전히 다른 사람들은 기능에 의한 프로그램을 출시하고 있다. 예를 들어 인사부에 처음 실시하고, 그다음으로 IT부서, 그리고 나서 다른 부서로 이동하는 식이다. 반면에 다른 기업들은 단순하게 공개등록을 허용한다.

무엇을 가르칠 것인가는 중대한 결정이다. 그리고 그 대답은 항상 개별 기업들의 필요에 달려 있다. 다음은 그에 따른 고려사항이다.

- 리더라도 기본과정은 건너뛸 수 없다. 우리는 항상 근본적인 요소를 가르친다. 높은 수준 혹은 낮은 수준으로 기본적인 요소를 파헤친다. 이런 요소들을 가르칠 필요가 있다고 말하는 리더와 매니저는 드물다. 여기서 근본적인 요소란 다음과 같다. 손익계산서와 재무상태표를 어떻게 읽을 것인가? 매출인식은 무엇을 의미하는가? 자본적 지출과 비용적 차이점은 무엇인가?
- 핵심지표와 콘셉트를 통합하라. 이것이야말로 CEO와 CFO가 무엇을 말하고 있는지 청중이 배울 수 있는 기회이다. 잉여현금흐름(FCF), EBITDA, 혹은 몇몇 다른 지표가 이 산업과 이 기업에 중요한

가? 만약 그렇다면 그것을 가르쳐라. 정의, 요소, 공식, 그리고 기업의 고유한 결과를 복기하라.

- 청중이 필요로 하는 것을 결정하라. 만약 판매 담당자들과 일을 같이 한다면, 고객의 재무상황을 조사하기를 원할 것이다. 그것은 판매 담당자들로 하여금 고객의 니즈를 재무적 측면에서 어떻게 측정할 것인가를 배우는데 도움을 줄 것이다. 만약 HR 담당자들과 같이 일을 한다면, 어떻게 HR이 재무제표에 영향을 미치는지 집중하고 싶을 것이다(많은 HR 담당자들이 자신들은 기업에 아무런 영향도 끼치지 않는다고 느끼고 있다).

이 모든 접근법에서 어른들이 배우는 방식과 관련이 있는 몇 가지 핵심규칙을 기억해야만 한다. 성인들은 교사가 개념적 학습을 실제 숫자를 활용한 계산과 결합시킬 때 가장 잘 배운다. 실제 숫자를 활용할 때, 결과의 의미를 설명할 때, 그리고 그것들의 영향에 관해 토론을 이끌 때 가장 잘 배운다. 우리는 가동중지기간을 줄이고, 현금흐름을 개선시키기 위한 새로운 방법 같은 놀라운 것들을 듣게 될 것이라고 확신한다. 사람들이 큰 그림을 이해할 때(그리고 그들이 배운 것을 자신들의 업무와 어떻게 연관시키는가와 기업의 경영에 영향을 미치는가를 이해할 때) 관심이 집중될 것이다. 강의에 집중시키고 재미있게 만들어라. 그리고 그 누구도 회계사로 만들지 않아야 함을 기억하라.

최종의견 : 정보공유에 관한 이슈

재무적 정보를 공유하는 것은 많은 사람들을 불안하게 만들며, 이는 충분히 그럴 만한 이유가 있다. 공개기업은 사적인 재무 데이터를 내부거래를 통제하는 규칙을 위반하는 리스크 없이는 공유할 수 없다. 비공개기업의 오너들은 세무 당국을 제외하고는 어느 누구도 데이터를 볼 권한이 없다고 느낀다. 이는 마치 개인의 은행계좌를 훔쳐볼 권한이 없다고 생각하는 것과 비슷하다. 우리가 수많은 고객들과 경험한 것을 바탕으로 이 이슈를 정리하면 다음과 같다.

공개기업들은 그들의 연간보고서와 분기보고서에서 아주 풍부한 정보를 내놓는다. 수업에서 우리가 활용하는 대부분의 데이터는 사업보고서(10-K)의 연간결과에서 나온다. 일반적으로 우리는 고객들에게 추가적인 정보를 우리와 공유하도록 요청한다. 그럼으로써 참가자들은 자신들에게 필요한 것을 배울 수 있다. 예를 들면 공개되지 않은 지표 혹은 데이터를 유용한 방법으로 분해한 내부 손익계산서, 혹은 내부적으로 논의됐지만 외부에는 공유되지 않은 핵심개념 등이다. 우리는 이 자료들을 비밀로 유지할 것임을 확인시켜주지만, 때때로 기업의 경영진은 경쟁사가 그 정보를 취득할 것이라는 걱정을 한다. 그렇지만 재무적 훈련에서 경쟁사에게 이득을 주는 자료는 거의 포함하지 않는다. 경쟁사의 ROTC(학사장교 훈련단, Reserve Officers' Training Corps)에 활용하는 공식을 들여다본다고 한들 무엇을 얻겠는가?

무엇을 공유하고, 어떻게 그것을 공유할 것인가에 관한 이슈는 사실상 비공개기업에서는 더 어렵다. 물론 일부는 공유에 아무런 문제가 없다. 이 문제에 관해 걱정을 갖고 있는 사람들을 위해 우리는 종종 정보를 공유하되 배포자료를 나중에 수거할 것을 제안한다. 이렇게 하면 데이터가 누설되는 일이 거의 없다. 어떤 고객은 정확히 트렌드와 비율을 반영하면서도 실제 숫자는 드러내지 않는 방법으로 데이터를 변경하기도 한다. 이 경우에는 훈련생들이 데이터가 가공되어 있다는 것을 이해하는 것이 중요하다. 가장 나쁜 것은 정보를 가짜로 만들어내고 그것이 진짜인 척하는 것이다. 이것은 신뢰가 형성되는 것을 어렵게 한다.

접근법이 무엇이든 실험하는 것을 두려워하지 마라. 조직이 재무지능 수준을 높임으로써 얻을 수 있는 것이 더 많다.

33
재무적 투명성, 궁극적 목표

재무훈련은 매우 가치가 있다. 재무훈련을 받는 사람에게도 그렇고 그것을 후원해주는 기업에게도 그렇다. 그렇지만 요즘에는 그것마저도 장기적이지 못하다. 왜 그럴까?

사람들은 최근 수년 사이에 재무에 관해 많은 것을 배우지 못했다. 그렇지만 고용주의 재무적 안정성을 당연히 여길 수 없다는 것은 확실히 배우고 있다. 너무나 많은 대기업들이 퇴출되거나 혹은 헐값에 팔리고 있다(대량의 일자리 상실을 동반한다). 너무나 많은 기업들이 장부조작을 하는 것으로 드러나고 있다. 이는 그곳에서 일하고 있는 사람들에게 파괴적인 영향을 끼친다. 이런 일련의 사태들로 세계 여러 나라의 사람들은 교훈을 얻었다. 실제적인 이유를 위해서라도 자신들이 일하고 있는 기업의 재무적 상황을 이해해야만 한다는 것을 말이다. 이제는 투자자처럼 기업이 어떻게 돼가는지 알 필요가 있다.

재무적 투명성과 재무지능의 문화로 인해 얻을 수 있는 것이 무엇인지 생각해보라. 이 문화는 모든 곳에 있는 사람들이 실제로 재무제표를 보고 이해할 수 있는 것을 말한다. 그렇다고 모든 사람들이 월스트리트의 애널리스트나 공인회계사가 되기를 원하는 것이 아니다. 단지 재무제표가 공개되어 있고 핵심개념이 반복적으로 설명되고 있다면, 모든 임직원들이 좀 더 신뢰감을 갖고 기업에 좀 더 헌신하게 될 것이며, 기업은 좀 더 강해질 것이라고 생각하는 것이다. 확실히 공개기업들은 자신들의 연결재무제표를 임직원들에게 분기당 한 번을 제외하면 보여줄 수 없다. 그렇지만 자신들의 재무제표가 배포되었을 때 설명하는 기회를 활용할 수 있다. 또한 임직원들이 자신들이 일하고 있는 부서나 공장의 숫자를 볼 수 있도록 할 수도 있다.

그러면 우리가 열정적으로 믿고 있는 지식의 힘을 볼 수 있을 것이다. 무엇보다도 우리는 재무지식과 재무지능의 힘을 믿는다. 재무정보는 어떤 비즈니스에서도 신경이 곤두서는 시스템이다. 비즈니스가 어떻게 값어치가 매겨지는지 보여주는 데이터를 포함하고 있기 때문이다.

그 데이터는 해당 기업의 강점이 무엇인지, 약점은 어디에 있는지, 기회요인과 위협요인이 어디에 있는지 보여준다. 너무나 오랫동안 소수의 사람들만이 재무 데이터가 무엇을 말하는지 이해하는 유일한 사람들이었다. 우리는 보다 많은 사람들이 재무 데이터를 이해해야 한다고 생각한다. 매니저에서 시작하지만 궁극적으로는 전체 노동자들로 퍼져야 한다고 믿는다. 사람들은 재무 데이터를 이해함으로써 더 나아질 것이며, 기업 또한 그럴 것이다.

TOOL BOX

사베인-옥슬리법 이해하기

재무부서 근처에서 일을 한다면 아마도 사베인-옥슬리법(Sarbane-Oxley)에 대해 들어봤을 것이다. 사베인-옥슬리법은 '사복스(Sarbox)' 혹은 '속스(Socks)'라고도 알려져 있다. 사베인-옥슬리법은 2002년 7월에 지속적으로 발생하는 금융사기에 대응하기 위해 미국 의회에서 제정한 법이다. 이 법은 1930년에 제정된 미 증권법 이래로 기업지배구조, 재무정보 공개, 공공회계에 영향을 미치는 가장 중요한 법안일 것이다. 재무정보 보고에 관한 통제와 법규를 위반할 경우 처벌을 강화하는 법안으로, 금융시장에 대한 대중신뢰를 위해 고안되었다.

사베인-옥슬리법의 조항들은 재무에 종사하거나 관련된 거의 모든 사람들에게 영향을 미친다. 또한 대부분의 생산 담당자들에게도 영향을 미친다. 이 법은 상장기업회계감독위원회(PCAOB ; Public Company Accounting Oversight Board)를 만들어냈다. 이 법안에 따르면 회계법인이 고객들에게 회계서비스와 비 회계서비스를 동시에 제공하는 것을 금지한다. 이 법안은 이사회에 적어도 한 사람의 재무 전무가가 포함돼 있을 것을 요구하고 있으며, 이사 위원회로 하여금 임직원들이 비밀리에 분식회계에 관해 이사들에게 재고할 수 있는 절차를 수립할 것을 요구하고 있다. 또한 이 법에 따르면 기업은 금융사기로 의심되는 것을 제보하는 임직원들을 해고할 수도, 강등시킬 수도, 괴롭힐 수 없다.

무엇보다도 사베인-옥슬리법은 CEO와 CFO에게 큰 영향을 미치고 있다. 이들 임원들은 자신들 기업의 분기보고서와 연간보고서의 사실성을 증명해야 하며, 정보공개와 통계절차를 선서해야 하며, 재무제표들이 잘못된 정보를 포함하고 있지 않다는 것을 확증해야만 한다. 우리가 같이 일하는 대부분의 기업들은 각각 분기마다 승인과 사인절차를 강화하고 있다. CEO와 CFO는 재무제표 때문에 곤란한 입장에 놓여 있기 때문에 종종 모든 부서의 부서장들이 자신들의 부문에 사인하기를 원한다. 이것은 일부 최종결정의 수준을 몇 단계 낮추었다. 이 법안에 따르면 만약 재무적 결과가 고의적으로 잘못 기재되었다면, 당사자들은 벌금을 내거나 교도소에 가야 한다. 여기에서는 기업이 임원과 관리직에게 개인적 대출을 해주거나 보증하는 것을 금지하고 있다(비영리기관 기업도서관연구그룹의 조사에 따르면 이 법안이 시행되기 이전인 2001년에 기업들은 경영진에게 무이자 저리로 45억 달러 이상을 대출해준 것으로 드러났다).

이 법안은 만약 기업이 위법행위 때문에 재무결과를 재공시해야 한다면, CEO와 CFO에게 보너스와 스톡옵션에서 발생하는 이익을 반환할 것도 요구하고 있다. 사베인-옥슬리법은 기업들에게 내부통제를 강화할 것을 요구하고 있다. 기업들은 주주에게 보내는 연간사업보고에 '내부통제보고서'를 포함해야만 하며, 재무보고에서 적합한 통제를 유지하는 것에 관한 경영진의 의무도 보고해야 하고, 통제의 효과성에 관한 결과도 언급해야 한다. 게다가 경영진은 기업의 재무적 상황 혹은 운영현황의 중대한 변화에 관한 정보를 빠른 속도로 현재시점에 기반해 공개해야만 한다.

사베인-옥슬리법은 공개기업이 그들의 재무제표에 좀 더 많은 책임을 지도록 강제하고 있으며, 사기가 발각되지 않을 가능성을 낮추었다. 그렇지만 이 법안은 실행하기가 매우 비싸다. 이 법안을 위해 기업이 사용하는 평균비용이 500만 달러이다. GE 같은 대기업의 경우 3,000만 달러에 이른다.

우리(캐런과 조)는 20년 넘게 같이 일을 해왔다. 우리의 파트너십은 어느 컨퍼런스에서의 우연한 만남에서 시작됐고, 시간이 흐르면서 비즈니스 능력 인스티튜트(BLI)의 공동 오너십으로 발전했다. 그리고 이제는 책의 공동 저자가 됐다. 수년 동안 우리는 같이 일을 해왔으며, 우리의 생각과 일에 영향을 미치는 많은 사람들과의 경험을 공유했다. 이 책은 우리의 교육, 우리의 일과 하나의 회사를 같이 경영하는 경험, 우리의 연구, 우리의 파트너십, 그리고 수천 명의 종업원 및 매니저들과 같이 일하면서 학습한 것들의 정점이다.

캐런은 논문을 위해 연구를 수행하던 중에 존을 처음 나났다. 존은 현재도 오픈북 경영에 관한 뛰어난 전문가이고 매우 존경받는 비즈니스 작가이다. 우리는 수년 동안 관계를 유지해왔고 항상 서로가 하는 일에 흥미를 보였다. 존이 이 프로젝트에 참여하게 되었을 때 캐런은 무척 기뻐했다. 존은 팀에 없어서는 안 될 사람이었다.

그 밖의 많은 사람들이 이 책을 위해 도와줬다. 그중 몇몇 사람은 다음과 같다.

- 이 책의 1판 독자들에게 감사를 드린다. 우리가 첫 번째 책을 쓸 때, 재무에 관한 견실하고 실제적인 책이 필요한 것은 알았지만 베스트셀러를 쓰고 있는 줄은 몰랐다. 이번 2판이 가능했던 것은 부분적으로 이 책을 읽은 많은 독자들이 추천하고, 공유하고, 이 책이 필요하다고 생각하는 사람들을 위해 구입했기 때문이다.

- 보 벌링엄(Bo Burlingham)은 〈Inc〉라는 잡지의 편집자이고,《스몰 자이언츠》라는 놀라운 책의 저자이며,《드림 컴퍼니(The Great Game of Business)》와《위대한 비즈니스 게임(A Stake in the Outcome)》이라는 책들의 공동저자이다. 또 다른 저자는 잭 스택(Jack Stack)이다. 보 벌링엄은 조와 함께 또 다른 프로젝트를 위해 수집했던 금융사기에 관한 연구와 글을 공유해줬다.

- 조 콘웰(Joe cornwell)과 조 반덴버그(Joe VanDenBerghe)는 셋포인트사의 설립자이다(셋포인트사에서는 그들 "The Joes"라고 불린다). 모든 사람들에게 재무를 가르쳐야 한다는 믿음, 셋포인트사의 모든 사람들이 적극적으로 기업의 성공에 참여하는 것을 지치지 않고 독려한 그들에게 감사한다. 또한 현재 셋포인트사의 최고경영자인 브레드 안구스(Brad Angus)에게도 감사하고 싶다. 그는 이번 2판을 위해 많은 도움을 준 조언자였다. 우리가 이 책에서 셋포인트사 사례를 이야기할 수 있어 기쁘게 생각한다. 그 외에 라이드 릴렌드(Reid Leland, Lean Werks 오너), 마크 코이(Mark Coy), 마이클 잭슨(Michel Jackson), 제이슨 먼스(Jason Munns), 스티브 뉴츠먼(Steve Neutzman), 카라 스비스(Kara Smith), 로저 토머스(Roger Thomas)에게 감사를 전한다. 그리고 재무지능에 대한 우리의 접근을 개선하

는데 도움을 준 셋포인트사의 모든 임직원들에게 감사의 말씀을 전하고 싶다. 만약 이 책을 읽는 지금 유타 주에 있다면 셋포인트사를 한번 방문하기를 권한다. 이 회사의 시스템은 잘 작동되며, 그곳에서는 재무지능과 오너십을 볼 수 있을 것이다. 그 회사 직원들의 비즈니스에 대한 이해도와 성공에 대한 헌신을 본다면 아마 놀랄 것이다.

• 비즈니스 능력 인스티튜트(BLI)의 고객들에게도 감사의 말씀을 전한다. 그들의 헌신 덕분에 많은 조직들에게 재무지능을 전파하고 도움을 줄 수 있었다. 모두에게 감사인사를 하는 것은 불가능하지만, 이번 2판을 제작하는 과정에서 많은 도움을 준 하이디 플란트와 에드번트 팀에게 감사를 전한다. 그 외에 일반계약협회(the Association of Contractors), CVS 케어마크에 있는 셔릴 메키, 전기기술(Electronic Arts)에 있는 엔디 빌링스 · 제프 데트릭 · 마이클 과니리 · 엘리 머피, 제너럴 일렉트릭(GE) 팀의 발로리 멕클렌드, 굿리치에 있는 지니 호버먼의 짐 로버츠 · 톰 케이스 · 론 카토 · 케더린 햄플리, 걸프스트림에 있는 그레나이트 건설사의 티파티 켈러, 하버드 뱅가드에 있는 타냐 셔멕, 독립 대학서점연합회 공급매니지먼트 인스티튜트에 있는 버키 나로키, 크라톤에 있는 게일 톰 린슨, 멕더미드사의 마이클 지그문트, 국립방송협회의 마이클 듀크와 앤 프레네트, 스티브 케파스, 데이비드 피트리쳐, 크리스티 시바타, 메리본 허멘, NBC유니버셜 팀 씨에라 와이어리스의 마누바바, 휴먼리소스 매니지먼트협회 실리콘 밸리의 메간 올리와 스테이시 펠, 스마일 브렌스의 베스골드스타임, 비아사트의 멜린다 델 토로와 론

웬거린, 그리고 비자의 말릴라 사라비아에 감사한다.

- 비즈니스 능력 인스티튜트(BLI)의 동료들에게도 감사드린다. 우리 판매촉진 팀의 짐바도, 케시 아이반 씨크, 호빅 찰리안, 그리고 에드 웨스트 필드는 모두 특급 트레이너들이다. 이들은 자신들만의 고유한 스타일로 강의를 이끌고 학생들의 경험을 풍부하게 만들어준다. 스테파니 웩슬러는 고객서비스 담당 매니저이다. 그녀의 전문성은 우리 프로젝트가 올바른 길로 가도록 도와주었다. 훈련 개발팀의 매니저인 쥬디 글로브는 우리 훈련 프로그램들을 최고가 되도록 해주었다. 카라 스미스 또한 훈련 개발부에서 일했는데 쥬디의 팀에 합류해 우리의 프로그램이 최고의 수준에 이르도록 했다. 샤론 마스의 광범위한 비즈니스의 능력에 관한 지식은 우리의 고객지향적인 훈련 프로그램의 콘텐츠에 반영돼 있다. 비즈니스 개발부서의 브레드 앵거스는 우리가 고객의 니즈를 충족시키는지 지칠 줄 모르고 확인하는 일을 했다. 캐시 호예는 팀의 행정 어시스턴트인데 모든 것이 부드럽게 운영되도록 해주었다.

- 데이브 메릴은 우리의 '머니맵' 일러스트를 그린 창의적인 아티스트이다. 그는 투박한 최초의 아이디어에 생명력을 불어넣는 뛰어난 재능을 지녔다.

- 조나단 트로퍼와 엘리언트 인터내셔널 대학의 마샬 골드 스미스 경영대학원의 팀에게 감사한다. 이들은 우리와 함께 미국의 매니저와 리더들의 재무지능을 평가하기 위한 전국조사를 수행하는 일을 했다. 우리의 재무지능 테스트와 우리 접근법의 신뢰성을 위해 그들의 전문성에 많은 도움을 받았다. 그들은 재무지능 관점에서 미국

의 매니저와 리더들이 어느 위치에 있는지에 관한 데이터를 우리에게 제공해주었다.

- 에이전트인 제임스 리바인에게 감사드린다.

- 우리 에디터인 팀 설리반에게 감사드린다. 하버드 비즈니스 리뷰 프레스에 있는 나머지 팀에게도 감사드리며, 특히 줄리 데볼에게도 감사드린다.

- 그리고 우리가 제 갈 길을 가는데 도움을 준 모든 다른 사람들에게 감사드린다. 헬렌과 짐 버만, 토니 보넨 펜트, 켈린 거시크, 레리엔드 쥴 엘 나이트, 넬리 랄, 마이클리와 메인 그래픽스팀,돈 맨킨, 필로미나 멕엔드류, 알렌 밀러, 로렌 로버츠, 메를린 셸리, 브라이언 쇼어, 로베르타 올프, 페이지 우드워드, 조안 워렐, 그리고 브라이엔 젠더에게 감사드린다. 우리의 충심 어린 감사의 마음을 모두에게 전한다.

샘플 재무제표

다음은 가상 기업의 샘플 재무제표이다.

손익계산서
(단위 100만 달러)

	2012/12/31
매출액	$ 8,689
매출원가	6,756
매출총이익	$ 1,933
판매 및 일반 관리비	$ 1,061
감가상각비	239
기타이익	19
세전이익	$ 652
이자비용	191
법인세	213
순이익	$ 248

재무상태표
(단위 100만 달러)

	2012/12/31	2011/12/31
자산		
현금 및 현금성 자산	$ 83	$ 72
외상매출금	1,312	1,204
재고자산	1,270	1,514
기타 유동자산 및 이연자산	85	67
유동자산총계	2,750	2,857
유형자산	2,230	2,264
기타 비유동자산	213	233
자산총계	$ 5,193	$ 5,354
부채		
외상매입금	$ 1,022	$ 1,129
신용	100	150
유동성 장기부채	52	51
유동부채총계	1,174	1,330
비유동부채	1,037	1,158
기타 비유동부채	525	491
부채총계	$ 2,736	$ 2,979
자본		
보통주, 액면가 1달러 (발행가능 주식수 1억 주, 2012년, 2011년 유통주식)	$ 74	$ 74
자본잉여금	1,110	1,110
유보이익	1,273	1,191
자본총계	$ 2,457	$ 2,375
부채총계 및 자본총계	$ 5,193	$ 5,354

2012년 주석:

감가상각비	$ 239
보통주식수(단위 100만 주)	74
주당순이익	$3.35
주당배당금	$2.24

현금흐름표
(단위 100만 달러)

	2012/12/31
영업현금흐름	
순이익	$248
감가상각비	239
외상매출금	(108)
재고자산	244
기타 유동자산	(18)
외상매입금	(107)
영업으로부터의 현금	**$498**
투자활동으로 인한 현금	
유형자산(PPE)	$(205)
기타 비유동자산	20
투자에서의 현금	**$(185)**
재무활동으로 인한 현금	
신용한도	$(50)
유동성 장기부채	1
비유동성 부채	(121)
기타 비유동부채	34
자본	(166)
재무로부터의 현금	**$(302)**
현금의 변화	11
기초현금	72
기말현금	**$ 83**

[01]

1. Deloitte Forensic Center, Ten Things About Financial Statement Fraud: A Review of SEC Enforcement Releases, 2000~2006(June 6), http://www.deloitte.com/view/en_US/us/Services/Financial-Advisory-Services/Forensic-Center/5ac81266d7115210VgnVCM100000ba42f00aRCRD.htm.

[03]

1. For more, see our article, "Are Your People Financially Literate?" <Harvard Business Review>, October 2009, 28.

2. Mike France, "Why Bernie Before Kenny-Boy?" <Business Week>, March 15, 2004, 37.

[04]

1. Michal Rapoport, "U.S. Firms Clash Over Accounting Rules," <Wall Street Journal>, July 6, 2011.

[06]

1. H. 토마스 존슨(H. Thomas Johnson)과 로버트 S. 카플란(Robert S. Kaplan), 《관리회계시스템의 적합성 상실(Relevance Lost; The Rise and Fall of Management Accounting)》, 지구문화사, 1992

[07]

1.See "Vitesse Semiconductor Announces Results of the Review by the Special Committee of the Board," <Business Wire>, December 19, 2006; U.S. Securities and Exchange Commission, Litigation Release No. 21769,December 10, 2010;and Accounting and Auditing Enforcement Release No.3217, December 10, 2010, "SEC Charges Vitesse Semiconductor Corporation and Four Former Vitesse Executives in Revenue Recognition and Options Backdating Schemes."

[08]

1. Randall Smith and Steven Lipin, "Odd Numbers: Are Dompanies Using Restructuring Costs to Fudge the Figures?" <Wall Street Journal>, January 30, 1996.

[09]

1. For a brief summary, see Kathleen Day, "Study Finds 'Extensive' Fraud at Fannie Mae," <Washington Post>, May 24, 2006.

[11]

1. Manjeet Kripalani, "India's Madoff? Satyam Scandal Rocks Outsourcing Industry," <Bloomberg Business Week>, January 7, 2009.

[25]

1. 보 벌링엄(Bo Burlingham), 《스몰 자이언츠(Small Giants: Companies That Choose to Be Great Instead of Big)》, 팩컴북스, 2008.

2. See Chris Zook and James Allen, 《Repeatability: Build Enduring Businesses for a World of Constant Change》, Boston: Harvard Business Review Press, 2012.

[31]

1. U.S. Marine Corps Staff, 《Warfighting》, New York: Crown Business, 1995.

2. Edward E. Lawler Susan A. Mohrman, and Gerald E. Ledford, "Creating High Performance Organizations", Los Angeles: Center for Effective Organizations, Marshall School of Business, University of Southern California, 1995.

찾아보기

숫자의 진짜 의미를 읽어내는

재무제표 분석법

초판 1쇄 발행 2015년 12월 7일
초판 6쇄 발행 2021년 6월 21일

지은이 캐런 버먼, 조 나이트
옮긴이 이민주

펴낸곳 ㈜ 이레미디어
전화 031-908-8516(편집부), 031-919-8511(주문 및 관리)
팩스 0303-0515-8907
주소 경기도 파주시 회동길 219, 401호
홈페이지 www.iremedia.co.kr
이메일 ireme@iremedia.co.kr
등록 제396-2004-35호

책임편집 최연정
디자인 사이몬
마케팅 최민용

ISBN 979-11-86588-73-4 03320

가격은 뒤표지에 있습니다.
잘못된 책은 구입하신 서점에서 교환해드립니다.

이 도서의 국립중앙도서관 출판시도서목록(CIP)은 서지정보유통지원시스템 홈페이지(http://seoji.
nl.go.kr)와 국가자료공동목록시스템(http://www.nl.go.kr/kolisnet)에서 이용하실 수 있습니다.
(CIP제어번호: CIP2015028955)